语言科学研究丛书

总主编 胡开宝

语料库建设与应用基础教程

主　编　胡开宝　李晓倩　王晓莉
副主编　李　涛　田绪军

CORPUS

上海外语教育出版社
外教社® SHANGHAI FOREIGN LANGUAGE EDUCATION PRESS

图书在版编目（CIP）数据

语料库建设与应用基础教程 / 胡开宝，李晓倩，王
晓莉主编；李涛，田绪军副主编 . -- 上海：上海外语
教育出版社，2025
（语言科学研究丛书 / 胡开宝总主编）
ISBN 978-7-5446-8057-8

Ⅰ. ①语… Ⅱ. ①胡… ②李… ③王… ④李… ⑤田
… Ⅲ. ①语料库－建设－教材 Ⅳ. ①H0

中国国家版本馆CIP数据核字(2024)第051155号

出版发行：**上海外语教育出版社**
（上海外国语大学内） 邮编：200083
电　　话：021-65425300 (总机)
电子邮箱：bookinfo@sflep.com.cn
网　　址：http://www.sflep.com
责任编辑：田慧肖

印　　刷：上海华顿书刊印刷有限公司
开　　本：635×965　1/16　印张23.75　字数320千字
版　　次：2025年1月第1版　2025年1月第1次印刷

书　　号：ISBN 978-7-5446-8057-8
定　　价：99.00元

本版图书如有印装质量问题，可向本社调换
质量服务热线：4008-213-263

语言科学研究丛书

总主编
胡开宝

编委会成员
（以汉语拼音为序）

丁红卫　上海交通大学

韩子满　上海外国语大学

胡开宝　上海外国语大学

蒋晓鸣　上海外国语大学

梁茂成　北京航空航天大学

刘海涛　浙江大学

马　文　山东大学

施建军　上海外国语大学

王克非　北京外国语大学

王士进　科大讯飞股份有限公司

王延峰　上海交通大学

杨亦鸣　江苏师范大学

周晓林　华东师范大学

宗成庆　中国科学院

序
FOREWORD

　　纵观语言学的发展历程,现代语言学在 19 世纪经历了历史比较语言学阶段,又在 20 世纪相继发展出结构主义语言学、转换生成语法和系统功能语法等重要理论。至 20 世纪下半叶,现代语言学与数据科学、计算机科学、数学和神经科学等自然科学领域的融合日益加深,呈现出明显的科学化发展态势。在这一历史背景下,语言科学作为具有鲜明文理交叉特征的重要语言学研究领域应运而生。

　　语言科学以语言学为核心,融合数据科学、计算机科学、数学、神经科学和认知科学等学科的理论和方法,致力于实现语言研究的科学化。它具有可积累、可复制和可预测等显著特征,主要研究领域目前涵盖语言数据科学、心理语言学、神经语言学和生物语言学等。

　　语言数据科学基于对语言数据的挖掘与应用,研究人类语言及语言行为的本质和规律,其理论基础融合了语言学、数据科学和计算机科学等学科的相关理论。心理语言学采用实验心理学和统计学等学科的研究方法探讨人类学习、理解和使用语言的心理机制,其研究内容涉及言语的产生、觉知和理解,言语与思维、情绪的关系等。神经语言学利用神经科学的方法和技术揭示大脑如何产生、接收、存储和提取信息,从而探讨大脑与语言的关系,其研究内容主要是言语生成和理解、言语交际以及语言能力的获得等的神经生物学机制。生物语言学运用进化生物学、基因科学、神经科学和心理学的理论和方法探讨人类语言知识的构成、习得、应用及演化规律。受演化生物学发展的影响,生物语言学重点关注物种语言的演化、个体语言的发展以及语言认知的演化,并衍生出演化语言学这一新兴分支学科。

近年来,语言科学得到学界前所未有的关注。越来越多的学者加入语言科学研究的队伍,越来越多的语料库、数据库和实验室相继建成并投入使用。2021 年,多所高校以语言科学人才培养为主要内容,成功申报了教育部首批新文科研究与改革实践项目。然而遗憾的是,迄今为止,国内外尚未出版系统的以语言科学为主题的丛书。鉴于此,上海外语教育出版社决定组织出版"语言科学研究丛书"。本套丛书包含普及性学术著作和专业性研究著作。普及性学术著作系统梳理语言科学相关研究领域的基本概念、发展脉络、研究内容、研究路径和研究方法,展望未来的发展趋势,可作为语言科学相关专业的本科生和研究生教材。专业性研究著作则深入探讨语言科学的前沿问题。

"语言科学研究丛书"秉承开放和包容的精神,致力于推动语言科学研究的进步以及相关人才的培养。我们不仅邀请国内知名学者为本套丛书撰写书稿,也欢迎学界同人踊跃来稿。我们衷心希望本套丛书的出版能够促进语言学与自然科学的有机融合,拓展语言学科和自然科学研究的外延并丰富其内涵,为语言科学研究的发展以及新文科的建设贡献一份力量。

胡开宝

2025 年 1 月

目 录
C O N T E N T S

中编　语料库的检索

下编　语料库的应用

前 言
PREFACE

　　语料库的建设与应用研究始自 20 世纪 60 年代,迄今为止已有 60 余年的历史。自那时以来,随着计算机技术的快速发展,语料库的建设与应用进入蓬勃发展阶段。一大批根据不同研究目的建设的语料库先后建成,如以文字语料库为代表的单模态语料库和集成音频、视频及文字语料等多种信息的多模态语料库。而且,语料库应用研究的范围不断拓展,内涵日益丰富。除语言学和翻译学等领域之外,语料库开始应用于包括文学、传播学、教育学、外交学和法学等学科在内的人文社会科学、人工智能及其他相关研究领域之中。21 世纪初以来,人类社会进入人工智能时代和大数据时代,语料库作为语言数据集合的重要性日益凸显。国内外高校开始设置相关专业或机构,培养语料库建设与应用人才,推进语料库在不同学科领域中的应用。然而,遗憾的是,人们对于语料库应用的价值以及研究方法和路径的认识比较模糊、片面,对于语料库建设与应用的基本概念、建设的步骤和流程、数据的提取与分析以及应用的主要领域等不太了解。尤其令人担忧的是,学界对语料库应用研究一直存在这样或那样的误解,比如一些学者认为语料库应用研究过多强调技术,不能提供思想和知识,语料库应用研究往往仅能论证显而易见的道理,性价比不高。有鉴于此,笔者与自己指导的硕士生和博士生合作撰写《语料库建设与应用基础教程》这本小书。

　　本书分上编、中编和下编,共 12 章。

　　上编题为"语料库的建设",由第 1 章至第 3 章组成。第 1 章介绍语料库的基本概念以及语料库建设与应用的发展历程。第 2 章介绍语料库设计的原则、建库目的以及选择和加工语料时需要注意的问题等。第 3 章梳理了语料库建设的全过程，旨在帮助读者掌握语料库建设的具体步骤。

中编为"语料库的检索"，包括第 4 章至第 6 章。第 4 章介绍了常用语料库数据的内涵和意义，阐明了提取相关数据的切入点和方法。第 5 章讨论了常用语料库软件的功能与特征，并通过个案分析介绍如何使用语料库检索和提取数据。第 6 章分析了常用在线语料库的结构、特征和具体功能，介绍了如何使用这些在线语料库进行检索。

下编为"语料库的应用"，涵盖第 7 章至第 12 章。第 7 章至第 11 章分别阐述了语料库在语言研究、话语研究、文学研究、翻译实践与翻译研究以及外语教学等领域中应用的主要领域、切入点和研究方法，并通过个案分析介绍在这些领域中应用语料库的研究。第 12 章在分析国内外语料库建设与应用研究现存问题的基础上，提出未来的发展方向。

为帮助读者掌握本书的主要内容，深化读者对相关领域研究的了解，本书每个章节提供了思考题和推荐阅读的中英文文献。第 7 章至第 11 章提供了语料库在不同领域中应用的切入点、研究方法和个案分析，以期向读者全方位展示语料库应用研究的具体路径和方法。由于时间仓促，编者水平有限，本书必然存在疏漏和谬误之处，敬请广大读者批评指正。

本书是笔者所在团队成员精诚合作的结晶。本书主编为上海外国语大学语言科学研究院胡开宝教授、李晓倩博士和华东政法大学外语学院王晓莉博士，副主编为上海海洋大学李涛教授和上海立信会计金融学院田绪军副教授，编者为北京第二外国语学院李翼副教授和上海外国语大学博士生闫潼。在这里，笔者向大家表示真诚的感谢。没有团队成员的相互帮助与合作，本书不可能完稿并最终得以出版。

笔者希望借此机会对先师张柏然教授表示敬意与怀念。先生对学生耳提面命,将学生引入崇高的学术殿堂。

笔者感谢浙江大学许钧教授、北京外国语大学王克非教授和英国曼彻斯特大学 Mona Baker 教授,他们对本人一直给予关怀和指导,亦师亦友;感谢上海外国语大学姜锋书记、李岩松校长、查明建副校长、张静副校长和冯庆华教授给予本人的信任和支持。最后,笔者还要感谢家人多年来的理解、宽容和付出。

胡开宝
2023 年于上海闵行

上编

语料库的建设

第1章
语料库建设与应用概述

1.0　引言

随着计算机技术和信息技术的迅猛发展,语料库的建设与应用呈现快速发展的态势。一方面,满足各种研究目的的不同类型语料库先后建成,如书面语语料库、口语语料库、笔译语料库、口译语料库和多模态语料库。另一方面,语料库应用的范围不断拓展。除语言学和翻译学等领域之外,语料库还开始应用于文学、社会科学、语言智能及其他相关研究领域之中。然而,遗憾的是,人们对于语料库建设与应用的基本概念和发展历程、语料库的特征和类型以及应用的主要领域不甚了解。为此,本章将在介绍语料库的界定与特征和主要类型的基础之上,重点分析语料库的相关概念、建设与应用的发展历程以及代表性应用领域。

1.1　语料库的界定与特征

当前,数字化信息时代已然来临,语料库(corpus)已成为语言相关研究的重要资源。著名语言学家 John Sinclair 对语料库做出以下界定:

> A collection of naturally occurring language text, chosen to characterize a state or variety of a language.[1]

---

[1] Sinclair, J. *Corpus*, *Concordance*, *Collocation* [M]. Oxford：Oxford University Press, 1991：171.

由这个定义我们可以看出,语料库是语言材料的合集,但它不是语言材料的简单组合或堆砌,而是必须收录自然发生的语言,且具备严格的采样标准。此外,语料库收录的语料要能够代表某一种语言或语言的某一变体。

2011年,语言学名词审定委员会编写的《语言学名词》对"语料库"一词进行了系统阐释:

> 语料库是为语言研究和应用而收集的,在计算机中存储的语言材料,由自然出现的书面语或口语的样本汇集而成,用来代表特定的语言或语言变体。经过科学选材和标注,具有适当规模的语料库能够反映和记录语言的实际使用情况。通过语料库能够观察和把握语言事实,分析和研究语言系统的规律。语料库可以应用于语言学理论研究、语言应用和语言工程。①

根据以上定义,我们可以看到语料库有以下四个特征:1)电子化。语料库中的语料应是机器可读的电子文本。研究人员借助计算机操作系统和相关语料库软件,可以对语料进行清洗、分词、标注、对齐等技术处理,实现语料的电子化存储、检索和统计。2)收录真实发生的语料。语料应是现实世界中自然发生的语言,是真实可靠的。3)经严格取样而来。语料的选择一定是严格按照抽样标准的,而不是任意的,依据不同的建库目的,可采用的抽样方法有等距随机抽样、分类随机抽样、平衡抽样等。4)代表性。这一点指选取的语料应能代表某一语言的类别或变体,或者说,某一语言类别或变体中的各种语言现象及其频率分布都应该能够在语料库中得到真实再现。可以说,代表性事关语料库建设的成败和基于语料库的研究的科学性。如果所建语料库不具备代表性,那么基于语料库开展的数据统计和研究结果的可信度就较低。要保证语料库的代表性,一方面,要

---

① 语言学名词审定委员会编. 语言学名词 2011[M]. 北京:商务印书馆,2011:327.

确定好研究对象的外延,即明确语料库所代表的整体是什么,界定研究对象选材的内容和范围,清楚哪些文本应包含在内,哪些文本应排除在外。另一方面,要明确研究对象的内涵,对语料的具体类别以及各类别的占比、样本大小、样本总数等进行分析和界定,从而最大程度上保证语料库的代表性。

知道了什么是语料库,还需要了解什么不是语料库,这样才能对语料库有更为清晰的认识。Sinclair① 提到以下几种情况:第一,词表不是语料库。词是构建语言大厦的砖瓦,但一串词符并不能称为语料库。第二,文本档案库不是语料库。如前所说,如果只是简单地把文本堆积在一起,没有经过语料筛选标准采样,也就很难有一定的代表性,也称不上语料库。第三,例证的集合不是语料库。就是说,因为想搜集某个词语或词组而收录了一些例句,这些例句的集合也不能当作语料库。第四,截取的文本片段也不是语料库。人为设定某种标准选取某文本的一个片段,这样也不能算是语料库。第五,面向不同阐释路径的单一文本算不得语料库。第六,网络不能当作语料库。原因在于网络的边界未知并持续改变,且不是从语言学视角进行设计。

1.2　语料库的主要类型

研究目的、建库目的不同,所建语料库的种类也不尽相同。按照应用目的、语种数量、媒介形式、时间跨度等,语料库可以分为以下几方面多种类型。

按照应用目的来划分,语料库可分为通用语料库(general corpus)和专门用途语料库(specialized corpus)。通用语料库适用于一般性研究,通常涵盖不同的语体和语域,用于描写语言整体特征和风貌。常见的通用语料库有布朗语料库(Brown Corpus)、英国国家语料库

---

① Sinclair, J. *Corpus*, *Concordance*, *Collaboration* [M]. Oxford: Oxford University Press, 1991: 12.

（British National Corpus，BNC）、美国当代英语语料库（Corpus of Contemporary American English，COCA）、北京语言大学现代汉语语料库（BLCU Chinese Corpus，BCC）、智能网络语料库（iWeb）等。在语言研究中,通用语料库常被用作参照语料库（reference corpus）。研究者可以通过将其与专门用途语料库参照对比,发现语言的特征规律。专门用途语料库或称为专用语料库,则服务于某一特定的研究目标,代表一种专门语体或专门领域的语言。例如,专门用于口译研究的欧洲议会口译语料库（European Parliament Interpreting Corpus）和胡开宝教授团队研发的汉英会议口译语料库（Chinese-English Conference Interpreting Corpus，CECIC）①,专门用于莎士比亚戏剧汉译研究的莎士比亚戏剧英汉平行语料库,专门用于政治话语翻译研究的中央政治文献汉英平行语料库,以及用于外语教学研究的中国学习者英语语料库（Chinese Learner English Corpus，CLEC）等。

按照语料涉及的语种数量来划分,语料库可分为单语语料库（monolingual corpus）、双语语料库（bilingual corpus）和多语语料库（multilingual corpus）。单语语料库仅收录一种语言,双语语料库收录两种语言,而多语语料库则收录三种以上的语言。双语语料库和多语语料库常用于翻译研究,因此它们也可以是平行语料库（parallel corpus）或者可比语料库（comparable corpus）。平行语料库收录某一语言的源语文本及其对应的目的语文本,不同语种的文本之间构成不同层次的对应关系。例如,莎士比亚戏剧英汉平行语料库收录了23部莎士比亚戏剧英文原文及其对应的梁实秋汉译本和朱生豪汉译本。可比语料库指所收录语料具有可比性。衡量可比性需要考虑语料对比的共同出发点或参照点。常见的衡量标准有语内标准和语外标准。前者包括库容、体裁、翻译方向（译自本族语或译自外语）、翻译方式（笔译或口译）等,后者包括语料生成时间,语料影响力,作者和译者的地位、性别、影响力等。双语可比语料库和多语可比语料

---

① 胡开宝,陶庆. 汉英会议口译语料库的创建与应用[J]. 中国翻译,2010,31(5)：49-56+95.

库收录具有可比性但不存在翻译关系的两种以上不同语种的文本,主要用于语种之间的对比分析。此外,可比语料库也可以是单语的,主要包含某一语种的原创文本和译为该语种的翻译文本。例如翻译芬兰语语料库(Corpus of Translational Finnish)收录了芬兰语原创文本和译自英语、俄语、德语等十几种语言的芬兰语翻译文本。

按照媒介形式来划分,语料库可以分为书面语语料库(written corpus)、口语语料库(spoken corpus)和多模态语料库(multimodal corpus)。书面语语料库收录的语料为书面语文本,目前影响力较大的COCA、英语语料库(Bank of English)即为书面语语料库。口语语料库的语料是口语录音,常常涉及对音频和视频材料的获取和转写,因此建设难度要大于书面语语料库。英国英语口语语料库(London-Lund Corpus, LLC)、汉语语音合成语料库、汉英会议口译语料库等均为典型的口语语料库。多模态语料库是指包含经过转写、处理与标注的语言文本以及与文本紧密关联的音视频的数据库,目的在于采用实证的方法系统研究语言符号与非语言符号之间的相互作用①。多模态语料库是音频、视频、文字语料等多种信息的集成,因此相较于书面语语料库或口语语料库,其建设难度更大。目前已建成的多模态语料库有中国社会科学院的现代汉语现场即席话语多模态语料库。

按照时间跨度来划分,语料库可分为共时语料库(synchronic corpus)和历时语料库(diachronic corpus)。共时语料库收录同一时期的语料,当前大多数语料库均为共时语料库。历时语料库收录的语料时间跨度较大,一般用来研究语言的历时演化,揭示语言发展和变化的规律。例如田绪军和李晓倩②基于中国外交话语历时语料库(1949—2018)考察了中国外交话语主题词的演变。此外,常见的历时语料库还有赫尔辛基英语语料库(Helsinki Corpus of English Texts)、当

---

① Heiss, C. & Soffritti, M. Forlixt 1 — The Forlì corpus of screen translation: Exploring microstructures[A]. In D. Chiaro, C. Heiss & C. Bucaria (eds.). *Between Text and Image: Updating Research in Screen Translation*[C]. Amsterdam: John Benjamins, 2008: 51-62.

② 田绪军,李晓倩. 基于语料库的中国外交话语主题词演变研究[J]. 中国外语,2020,17(2): 16-25.

代英语口语历时语料库(Diachronic Corpus of Present-Day Spoken English)、国家语委现代汉语语料库等。

除上述分类方式外,语料库还有其他的划分标准。以结构为划分标准,语料库可以分为平衡结构语料库(balance structure corpus)和自然随机结构语料库(random structure corpus)。平衡结构语料库中语料的类型和各类型所占比例有严格的科学设计,例如布朗语料库;自然随机结构语料库则按照建库目的随机收集语料。以语料的加工深度为标准,可分为未经标注的生语料库(raw corpus)和标注语料库(annotated corpus)。此外,语料库还可以分为参照语料库和监控语料库(monitor corpus)。参照语料库是有限的、静态的,建成后其结构和内容不变;监控语料库是持续的、动态的,需要不断更新以反映语言的变化,例如英语语料库就是典型的英国语言监控语料库。

1.3 语料库的相关概念

介绍了语料库的界定和分类后,本小节将深入语料库内部,解释相关的重要基础概念,包括"语料""标注""类符/形符比""索引行""搭配和类联接"及"正则表达式",并对基于语料库的研究、语料库驱动的研究、语料库辅助的研究加以区分,为后续的语料库建设和研究奠定理论知识基础。

1.3.1 语料

语料库中包含了大量的语料,那么语料是什么呢?

语料(corpus data)即语言材料或语言应用的样本[1],因此语料必须是真实的与语言密切相关的材料,而现实生活的具体实物或某一

---

① 中国翻译协会. 语料库通用技术规范[EB/OL]. (2018-10-19)[2024-2-14]. http://www.taconline.org.cn/index.php?m=content&c=index&a=show&catid=396&id=3400.

抽象概念不能作为语料。例如,一棵百年老树的实物本身或者由百年老树延伸出的"坚忍不拔"等精神不能成为语料,但人们描写和赞颂百年老树的诗歌与文章、报纸对于百年老树的书面报道、游客在老树下的口头评论、电视台为老树所拍的专题纪录片等,都可以成为研究百年老树及其精神内涵的语料。

　　语料库中的语料,具体来说,是研究者依据研究目的,按照一定抽样方法采集的大量自然发生的语言,经计算机加工处理后,成为可以被计算机读取、检索和统计的电子化的语言材料。按照不同研究目的,我们可以采取等距随机抽样、分类随机抽样、平衡抽样等方法,后续的语料加工处理包括语料的降噪、分词、标注、平行等任务,处理完的语料通常以 TXT(纯文本格式)、TSV(制表符分隔格式)、XML(可扩展标记语言)等电子格式存储。例如,图 1.1 展示了以 TXT 文本格式存储的 2020 年版《中国外交》(*China's Foreign Affairs*)白皮书的部分英译语料。

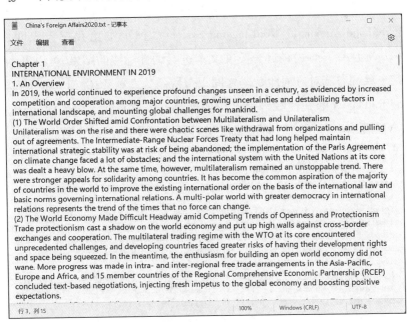

图 1.1　以 TXT 格式保存的 2020 年版《中国外交》白皮书的部分英译语料

从语言的系统来看,语料包括语言的符号系统,如语音系统、词汇系统、句法系统、文字系统、标点符号系统等;从语言的形式来看,它包括书面语语料、口语语料、语言参与的图像和视频语料等;从语言的价值来看,它是知识和信息的载体。因此可以说,语料是语言研究的数据源,基于大规模真实语料的统计和分析可以帮助研究者对语言进行全方位、深层次的观察与描写,发现、理解语言特征和语言使用规律,挖掘语言背后的潜在信息和价值。

1.3.2 标注

语料可以分为生语料,即未经标注的生文本(raw text),和经过标注的语料(annotated text)。那么什么是标注呢?

标注(annotation)就是用添加标签的方式对语料库中具体语料的属性或特征进行描述和标记,如此可以实现语言知识的形式化。例如,词性标注就是在相应词性类别的单词后添加标签,以说明此单词所属的词性类别。图 1.2 是利用词性赋码软件 CLAWS(Constituent Likelihood Automatic Word-tagging System)对《假如给我三天光明》(*Three Days to See*)的部分英文文本进行词性标注的结果,可以看到每个单词与其对应词性赋码之间以分隔符"_"隔开,例如 us_PPIO2 表示单词 us 的词性赋码为 PPIO2 即第一人称复数人称代词,read_VVN 表示单词 read 的词性赋码为 VVN,即动词的过去分词。

```
All_DB of_IO us_PPIO2 have_VH0 read_VVN thrilling_JJ stories_NN2 in_II
which_DDQ the_AT hero_NN1 had_VHD only_RR a_AT1 limited_JJ and_CC specified_JJ
time_NNT1 to_TO live_VVI ._.
Sometimes_RT it_PPH1 was_VBDZ as_CS31 long_CS32 as_CS33 a_AT1 year_NNT1 ;_;
sometimes_RT as_RG short_JJ as_CSA twenty-four_MC hours_NNT2 ,_, but_CCB
always_RR we_PPIS2 were_VBDR interested_JJ in_II discovering_VVG just_RR
how_RRQ the_AT doomed_JJ man_NN1 chose_VVD to_TO spend_VVI his_APPGE last_MD
days_NNT2 or_CC his_APPGE last_MD hours_NNT2 ._.
I_PPIS1 speak_VV0 ,_, of_RR21 course_RR22 ,_, of_IO free_JJ men_NN2 who_PNQS
have_VH0 a_AT1 choice_NN1 ,_, not_XX condemned_JJ criminals_NN2 whose_DDQGE
sphere_NN1 of_IO activities_NN2 is_VBZ strictly_RR delimited_VVN ._.
```

图 1.2 利用 CLAWS 对《假如给我三天光明》的部分英文文本进行词性标注的结果

　　语料标注的模式主要有 COCOA 参考系统模式和文本编码计划模式(Text Encoding Initiative，TEI)，语料标注的类型有篇头信息标注、段落标注、语句标注、词性标注、句法标注、语义标注、语篇结构标注等。本书第 3 章"语料的采集与加工"中的"语料的分词与标注"小节将对语料标注模式、类别、原则、软件等进行详细介绍。

　　语料标注的目的是提高计算机对于语言的处理能力，便于开展后续的语言研究。标注将语料从语言符号转换成另一种标签性符号，使具有相同特征的表达可以被标记为同一标签，从而实现语言特征的概括和抽象。研究者可以依据研究目的，对语料进行不同层级和类型的标注，并通过计算机对标注进行检索与数据统计，发现仅凭查阅难以体察的语言现象，从而进一步了解语言的内部特征和规律。从某种程度上来说，语料标注可以为语料库带来增值①，帮助研究者从语料库中发掘丰富、准确的知识和信息。

　　但需要注意的是，并不是所有语言研究者都赞同对语料进行标注，例如 Sinclair② 就提倡使用清洁文本(clean text)。因此，是否需要进行标注，进行何种层级和深度的标注，需要研究者在思考研究目的和具体研究问题的基础上，做出恰当选择。

1.3.3　类符、形符和类符/形符比

　　类符(type)指语料库中的不同词语，或每个第一次单独出现的词形③。形符(token)指语料库中出现的所有词形。类符/形符比(type/token ratio，TTR)指文本中类符与形符的比率，计算公式为：TTR＝type/token×100%。以英国作家查尔斯·狄更斯的作品《双城记》(A Tale of Two Cities)中的名句"It was the best of times, it was the worst of times."为例，句中类符数为 7 (即 it、was、the、best、of、

---

① Leech, G. Adding linguistic information [A]. In M. Wynne (ed.). *Developing Linguistic Corpora: A Guide to Good Practice*[C]. Oxford：Oxbow Books, 2005：25－39.

② Sinclair, J. *Corpus, Concordance, Collocation*[M]. Oxford：Oxford University Press, 1991.

③ 杨惠中. 语料库语言学导论[M]. 上海：上海外语教育出版社,2002.

times、worse），形符数为 12，则类符/形符比为：TTR = (7/12) × 100% = 58.33%。

类符/形符比可以显示文本词汇的变化性和丰富程度。类符/形符比越大，文本的词汇变化越多，词汇越丰富。但是类符/形符比容易受语料库容量和文本长度的影响。因为在一定时期内某一语言的词汇总量是有限的，且随着语料库规模的扩大和容量的升级，语料库的形符数提高，但类符数可能变化不大或趋于稳定，此时类符/形符比很大程度上会受到形符数的影响，而受类符数影响甚微。因此比较不同容量的语料库时，使用类符/形符比这一参数容易产生误差，可比性不强。为解决这一问题，Scott[①] 提出一种新的衡量词汇变化性的方法，即标准化类符/形符比（standardized type/token ratio，STTR）。

标准化类符/形符比的计算方法为：按照一定长度（如 1 000 形符）切分文本，再逐个计算各切分文本的类符/形符比，最后取其数值的平均值，即为标准化类符/形符比。注意当切分文本最后剩余部分不足所规定长度（如 1 000 形符）时，可以按照研究需要和文本实际情况，单独计算这部分文本的类符/形符比，也可以舍弃。例如，某文本形符数为 3 000，按 1 000 形符的长度进行切分，得到三组切分文本的类符/形符比分别为 52%、53%、57%，则该文本的标准化类符/形符比为：STTR = (52 + 53 + 57)/3 = 54。

标准化类符/形符比可通过 WordSmith、AntConc 等语料库检索软件自动统计得到。图 1.3 显示了 WordSmith 4.0 提供的某文本的标准化类符/形符比数据。

WordList	
File Edit View Compute Settings Windows Help	
N	Overall
text file	Overall
file size	37,514
tokens (running words) in text	3,474
tokens used for word list	3,474
types (distinct words)	1,192
type/token ratio (TTR)	34
standardised TTR	48.20

图 1.3　WordSmith 4.0 提供的某文本的标准化类符/形符比数据

---

① Scott, M. *The WordSmith Tools* [M]. Oxford：Oxford University Press，2004.

1.3.4　索引行

索引(concordance)指利用搜索功能,将某词语及其在文本中的语境一同逐行呈现出来。使用索引功能时,被检索的词称为"检索词",又称"节点词"(node),索引结果以索引行(concordance line)形式呈现。可以说,索引行展示了检索词的实际应用情况,尤其提供了检索词所在的语境。在实际操作中,词语索引提供的语境可分为以下几种:1)指定跨距(span),即使用者指定以检索词为中心,其左右相邻的词数;2)意元语境,即以某一意义单元结束为一微型语境,意义结束标识有","";"等;3)句子语境,即以句子终结符号如"."。""!"等为标识;4)可扩展语境,即对检索词所在语境可无限扩展[①]。

索引行的提取可通过语料库索引工具实现。目前,语料库索引工具较为多样,大致可分为两类。第一类是可下载使用的单机版软件,如 WordSmith、AntConc、ParaConc、Lancsbox、Sketch Engine 等。这类软件支持用户上传自建语料库文本,用户自由度较高。第二类是在线索引工具。这类检索工具专用性强,一般不支持用户上传自建语料。一些大型通用语料库如 BNC、COCA 等均提供在线检索服务。此外,国内一些科研院所也研发了专用语料库索引工具,如上海外国语大学语言科学研究院的智能化多语种教学与科研平台、《习近平谈治国理政》多语种数据库综合平台、国家语委现代汉语语料库检索平台、北京大学中国语言学研究中心 CCL(Center for Chinese Linguistics)语料库检索平台等。需要注意的是,我们提取出的索引行可能数目过于庞大,难以逐一阅读发现规律,这时可以依据研究目的与实际索引情况,进行索引行抽样处理。在保证抽样结果大概率代表原有索引行分布的情况下,可采取随机抽样或每隔几行

---

① 李文中,濮建忠. 语料库索引在外语教学中的应用[J]. 解放军外国语学院学报,2001(2):20-25.

抽取一行的方式进行。

图 1.4 展示了 COCA 提供的以 hope 为检索词的部分索引行。

| wanting (smuggled in a car or truck) # Food's expensive and you **hope** for water in this heat (water stations and maps) # OK, so)%> |
| outside, lol # (2012-10-01 10:35 am) Morning, Sunshine # Afternoon. **Hope** your AM went well. # It was busy, so that always helps the)%> |
| , we succeed in screwing over our victims and search for new ones. # **hope** this sums everything up for you all. im curious who will be next? |
| his/her dwarf lass looks like my girl!! (is it so wrong to **hope** there's a more feminine alternative like a corset? I just really want to |
| laying off a lot of Turbine, I feel slightly bad for saying it... **hope** he finds another job soon and still hope we get Orion! # ... I |
| feel slightly bad for saying it... hope he finds another job soon and still **hope** we get Orion! # ... I can't help but feel few of us |
| pleasant mixture of them all. " J. R. R. Tolkien, The Hobbit # **Hope** the guy did nt get fired and wish them well, but saw he posted |
| for the optimum website experience. # If this is going to happen, I **hope** Turbine will make the Warbands harder. I mean they're so easy to finish |
| but it's because I believe no one can survive without the other. I **hope** I have inspired you to not put television at the bottom of the creative pile |
| I voted Oberholtzer over Houser. Brett Oberholtzer # I don't have much **hope** for this season pitching at Double-A, Obie |
| Broadway, " said Chairman of the Board of Commissioners Lou Smith. " We **hope** to welcome them back again in the future. " # The inaugural visit wa |
| Personally, I'd almost rather any proof remain hidden. I harbor a secret **hope** that in the afterlife, we actually find out " the rest of the story |
| have given it a chance but the show is a joke. # hey i **hope** they find something but ya, i tend to agree with ya'll.... its |
| the fact that like everyone has stated its so not finding anything. I just **hope** that when the show is canceled that Cliff and Bobo can keep some of the |
| , if true, Romney would have known meant polarizingly conservative causes. # I **hope** the investigation is vigorous and thorough. President Obama ha |
| I'd watch an episode or two of Romney instead of Trump. I would **hope** Ann would also play a large role and hurts; it is a sword that |
| " # Felder said he has no plans to slow down. # " I **hope** to be able to pursue wherever my curiosity takes me for as long as possible |
| lives to protect against exactly what is happening now at home. Looks like no **hope** and more change than anyone bargained for has definitely arrived |
| going anywhere good. Stalin didn't give a shit about lawyers. # I **hope** that Ron Paul will be fine if He ever wants to give political speeches especially |
| will take some doing at this point. Ron Paul is our only short term **hope**, Mittrack Obamney is only going to give us more of the same. # |
| on October 30th this post covers some of my ideas on this topic -- I **hope** you like it! And if you have other ideas or suggestions, leave them |
| Sousa, " The red and white and starry blue is freedom's shield and **hope**. " # Er... it should remind you of that " the red, |

图 1.4 COCA 提供的以 hope 为检索词的部分索引行

索引行分析是语言研究的重要依据。研究者阅读、观察索引行，从中发现规律，并通过更多的索引行实例进行验证与完善。可以说，索引行所提供的检索词及其语境为研究者批量观察特定语言现象提供了便利，是研究者进行语言形式、语义、语境分析等的重要工具。

1.3.5　搭配和类联接

搭配(collocation)指一些词与另一些词的共现关系。20 世纪 50 年代，英国语言学家 J. R. Firth 首次提出"collocation"这一语言学术语，并认为"搭配是词项的习惯性结伴使用"[1]；Sinclair 认为搭配是"同一文本中一定距离内两个或多个词的共现"[2]。

[1] Firth, J. R. Modes of meaning[A]. In J. R. Firth. *Papers in Linguistics, 1934-1951*[M]. London: Oxford University Press, 1957: 190-215.
[2] Sinclair, J. *Corpus, Concordance, Collocation*[M]. Oxford: Oxford University Press, 1991.

在语料库语言学中，词语搭配强度的获取方法可分为以下四步：1）确定节点词。节点词的选取应该按照研究目的和研究内容而定，一般来说可以考虑高频词、关键词、实词、情态动词、人称代词、评价性词汇等作为节点词。2）界定跨距。跨距指节点词和搭配词相隔的形符数，常设置为 4 或 5。3）提取搭配词。利用语料库检索软件中的词语索引功能，即可得到节点词在跨距内的所有搭配词。4）计算搭配强度（collocational strength，或 collocability）。搭配强度指节点词对搭配词的吸引力，搭配强度越大，节点词与搭配词的搭配意义越强。搭配强度的统计方法主要有搭配序列频数与节点词频数之比、搭配词的相对频数、*Z* 值（*Z*-score）、*MI* 值（mutual information value）等，在实际研究中可以直接利用语料库软件得到。通常，研究者将 *Z* 值大于 2 或 *MI* 值大于 3 的搭配视为搭配强度高的显著性搭配。图 1.5 显示了借助 WordSmith 4.0 生成的 2020 年版《中国外交》白皮书中节点词 we 的搭配情况，跨距设置为 5，搭配强度以 *MI* 值计算。

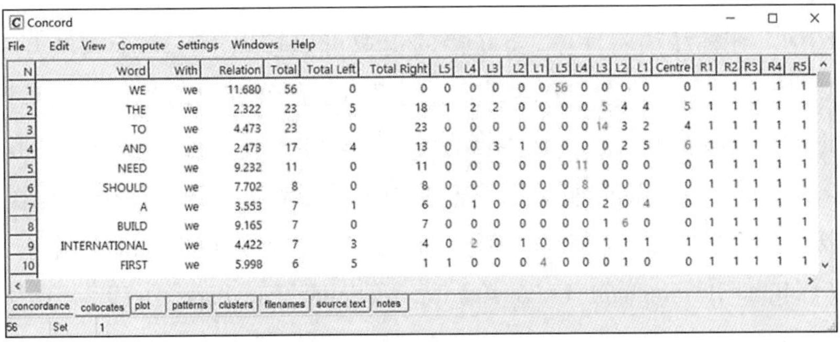
Concord
File Edit View Compute Settings Windows Help

N	Word	With	Relation	Total	Total Left	Total Right	L5	L4	L3	L2	L1	L5	L4	L3	L2	L1	Centre	R1	R2	R3	R4	R5
1	WE	we	11.680	56	0	0	0	0	0	0	0	56	0	0	0	0	0	1	1	1	1	1
2	THE	we	2.322	23	5	18	1	2	2	0	0	0	0	5	4	4	5	1	1	1	1	1
3	TO	we	4.473	23	0	23	0	0	0	0	0	0	0	14	3	2	4	1	1	1	1	1
4	AND	we	2.473	17	4	13	0	0	3	1	0	0	0	0	2	5	6	1	1	1	1	1
5	NEED	we	9.232	11	0	11	0	0	0	0	0	0	11	0	0	0	0	1	1	1	1	1
6	SHOULD	we	7.702	8	0	8	0	0	0	0	0	0	8	0	0	0	0	1	1	1	1	1
7	A	we	3.553	7	1	6	0	1	0	0	0	0	0	2	0	4	0	1	1	1	1	1
8	BUILD	we	9.165	7	0	7	0	0	0	0	0	0	0	1	6	0	0	1	1	1	1	1
9	INTERNATIONAL	we	4.422	7	3	4	0	2	0	1	0	0	0	1	1	1	1	1	1	1	1	1
10	FIRST	we	5.998	6	5	1	1	0	0	0	4	0	0	0	1	0	0	1	1	1	1	1

concordance collocates plot patterns clusters filenames source text notes
56 Set 1

图 1.5　WordSmith 4.0 生成的 2020 年版《中国外交》白皮书中节点词 we 的搭配情况

类联接（colligation）一词最初由 Harry F. Simon 于 1953 年使用。后来，Firth 在 1957 年发表的“A Synopsis of Linguistic Theory, 1930 – 1955”一文中对类联接的概念做了详细界定，从此引起语言学界的关注。Firth 认为类联接是“句法结构中语法范畴间的相互关系"①,Sinclair 进一步将类联接定义为"一个语法类或结构型式与其他语法类或结构型式,或其与某词或某短语的共现"②。因此,如果说搭配关注的是词汇之间的结伴共现关系,那么类联接关注的是更高一层的语法层面的抽象搭配关系,关注词语搭配发生于其中的语法结构和框架,涉及词语类别、语法类别之间或者它们与具体词形之间的结伴共现。例如,N+N 是类联接,代表名词和名词间的搭配行为,而 corpus data、reference corpus、monitor corpus 等则是该类联接的具体实例。DET+N+PREP 也是一个类联接,代表限定词、名词和介词之间的共现关系,实例有 a pair of、a series of、a sort of 等③。

如何得到类联接呢?类联接的获取常常在标注语料库中展开。类联接关注语法层面的搭配关系,涉及对于节点词及其周围语法型式的观察,因此研究者可以依据研究目的对所研究语料进行词性、句法等不同程度的赋码,这有助于在大规模语料中更加准确、高效地发现语言结构的共现关系。当然,语料标注不是必要的,我们也可以对生语料直接进行观察,只不过需要人工总结相关语法结构。在标注语料库中,类联接的提取可以按以下三个步骤展开:1) 依据研究目的确定节点词。要明确自己的研究目的是什么,想讨论的语言现象是什么。例如濮建忠④以动词 reach、名词 attention、形容词 same 为节点词,探讨了它们在中国学习者英语语料库中的类联接,以考察英语词汇教学情况。卫乃兴⑤分析了 COBUILD 语料库(Collins Birmingham University International Language Database)中 commit 一词的类联接,作为考察其搭配行为的线索。2) 在语料库中

---

① Firth, J. R. *Papers in Linguistics: 1934－1951*[M]. London: Oxford University Press, 1957: 12.
② Sinclair, J. *Reading Concordances: An Introduction*[M]. London: Pearson, 2003: 109.
③ Renouf, A. & Sinclair, J. Collocational frameworks in English[A]. In K. Aijmer & B. Altenberg (eds.). *English Corpus Lingusitics*[C]. London: Routledge, 1991: 128－143.
④ 濮建忠. 英语词汇教学中的类联接、搭配及词块[J]. 外语教学与研究,2003,(6):438－445+481.
⑤ 卫乃兴. 基于语料库和语料库驱动的词语搭配研究[J]. 当代语言学,2002,(2):101－114+157.

进行检索,获取索引行。在进行类联接研究时,节点词可能较为简单,是一个词语或短语,我们可以直接在语料库中进行检索。有时节点词较为复杂,可能是一个复杂的语法结构或者多个结构的组合等,我们就可以借助正则表达式实现最大程度的检索。正则表达式的使用将在下一节具体介绍。3)观察索引行,总结类联接模式及其频率分布。例如在 FLOB(Freiburg-LOB Corpus of British English)语料库中,节点词 totally 共出现 50 次,主要出现在 3 种类联接中,分别是ADV+ADJ(38 次)、ADV+V(7 次)、ADV+PREP(5 次)①。

　　搭配和类联接在语言研究中具有重要价值。一方面,搭配显示了词汇层面的共现关系,类联接显示了语法层面的抽象搭配关系。它们均体现了语言形式的习惯性和典型性,对于研究者探究语言系统内部规律,深入了解语言使用现状和语言的本质特征有重要作用。另一方面,类联接和搭配可以作为意义研究的出发点,通过分析其所在的语境及其具体语言表达,研究者可以探究搭配和类联接所反映的语言形式下的语义特征和规律,帮助深入认识词汇及短语如何在语境中获得意义。

1.3.6　正则表达式

　　正则表达式(regular expression,英文缩略形式为 regex 或 regexp)是记录文本规则的代码,可以描述文本中存在的一个或多个相匹配的字符串。正则表达式在语料库检索中应用广泛,它可以用较为简洁的字符串有效地匹配出形式上存在规律的语言特征。

　　正则表达式由普通字符和元字符(metacharacter)组成。普通字符包括大小写字母和数字,而元字符则是被定义过的具有特殊含义的字符。语料库检索中常见的正则表达式中的元字符如表 1.1所示:

---

① 张绪华. 语料库驱动的扩展意义单位研究——以最高程度强势语为例[J]. 外语与外语教学,2010,(4):25 - 30.

表 1.1　语料库检索中常见的正则表达式中的元字符

序号	符　号	描　　述
1	.	匹配除换行符外的所有单个的字符
2	*	匹配任意个数的字符(包括 0 个字符)
3	+	匹配+号前面的字符 1 次或 n 次,等价于{1,}
4	?	匹配? 前面的字符 0 次或 1 次,即可有可无
5	\	将其后的字符变成特殊字符
6			或者
7	{n}	匹配前面的 n 个字符(n 为正整数)
8	{n,}	匹配至少 n 个前面的字符(n 为正整数)
9	{n, m}	匹配至少 n 个最多 m 个前面的字符(n、m 为正整数)
10	[xyz]	字符集合,匹配所包含的任意一个字符
11	[a-z]	匹配指定范围内的任意字符
12	[^a-z]	匹配任何不在指定范围内的任意字符
13	\d	匹配一个数字,等价于[0—9]
14	\D	匹配任何的非数字,等价于[^0—9]
15	\n	匹配一个换行符
16	\r	匹配一个回车符
17	\s	匹配一个单个空格符
18	\S	匹配除空格符以外的一个单个的字符
19	\w	匹配所有的数字和字母以及下划线
20	\W	匹配除数字、字母外及下划线外的其他字符
21	^	表示匹配的字符必须在最前边

续　表

序号	符　号	描　　　述
22	$	匹配最末的字符
23	\<	匹配一个单词的开始
24	\>	匹配一个单词的结束

在语料库检索过程中,研究者常常需要依据研究目的编写合适的正则表达式,以实现检索的高效匹配。正则表达式的编写可分为以下三步:1) 熟悉赋码集和正则表达式元字符。在语料库建设阶段,语料的标注工具、标注方式不同,所采用的词性、句法等赋码集也有差异,因此在编写正则表达式前应明确所研究语料库的赋码特点,从而准确匹配赋码所对应的语言特征。2) 先编写单项,再进行组合。编写正则表达式可以采取"搭积木"的方法,将需要检索的语言项目进行拆分,分别编写再组合。例如,在 TreeTagger 标注软件标注后的文本中检索被动语态 be done,首先可将之拆分成 be、空格、done 三部分,其次确定 be 的正则表达式为\w+_VB\w,空格对应的字符为\s, done 的正则表达式为\w+_V\wN,最后将三部分进行组合则得到被动语态 be done 的正则表达式\w+_VB\w\s\w+_V\wN。3) 调试与修改。前一步所编写的正则表达式属于理论公式,还需要在所研究的语料库文本中进行实际检索操作,观察实际匹配情况及索引行所呈现的规律,对正则表达式做进一步修改或扩充,从而达到检索的最佳匹配效果。以上三个步骤是正则表达式编写的完整流程。此外,我们也可以借助正则表达式编写软件 Pattern Builder 的自动编写和调试功能辅助完成正则表达式的编写。

正则表达式的形式严格、逻辑性强,我们可以利用它精确提取和分析复杂语言特征。目前部分在线语料库不支持正则表达式检索,但一些单机版语料库检索软件如 AntConc、ParaConc 等均支持正则表达式的使用。此外,正则表达式还可用于语料文本的处理,我们可利用 EditPlus、EmEditior 等文本编辑器中的正则表达式检索功能,查找和替换复杂规则的字符串,完成去除多余空格、去除多余空行、添加句级或段落标记等任务,从而实现文本的批量降噪和编辑处理。

1.3.7 基于语料库的研究、语料库驱动的研究和语料库辅助的研究

Tognini-Bonelli[1] 首次区分了基于语料库的(corpus-based)研究和语料库驱动的(corpus-driven)研究这两类语料库研究范式,认为基于语料库的研究范式主要在于验证或完善现有理论假说,而语料库驱动的研究范式则撤除已有的语言理论范畴及研究框架,以真实语料作为观察对象,重新对各类语言现象进行描写归类。此外,两种研究范式对语料库语言学是一门独立的语言学学科还是仅仅作为一种研究方法也存在看法上的分歧。可以说,基于语料库的研究和语料库驱动的研究之间的区分具有重要的学科和方法论意义。它们分别代表着不同的研究趋向以及对语料库语言学学科地位的不同认知。而语料库辅助研究范式主要由意大利博洛尼亚大学学者 Alan Partington 倡导。他主张采用语料库辅助的方法考察话语特别是政治话语中的互动沟通。尽管近年来一些英国语料库语言学家也开始使用"语料库辅助"作为"基于语料库"的替代词,但是二者之间并无实质性差异,其理论价值及学科意义远不可与基于语料库与语料库驱动两类研究范式区分的提法同日而语。就目前而言,与语料库驱动的研究以及语料库辅助的研究两类研究范式相比,基于语料库的研究范式被更多学者采用,应用研究范围更加广泛,这也验证了梁茂成教授所说的"绝大多数语言研究者在学术取向上则更乐于信奉'温和的经验主义',采用'基于语料库'的研究范式,将语料库语言学视为一种研究方法"[2]。但许家金教授也表示,"若仅把语料库研究视

---

[1] Tognini-Bonelli, E. *Corpus Linguistics at Work*[M]. Amsterdam: John Benjamins, 2001.
[2] 梁茂成. 语料库语言学研究的两种范式:渊源、分歧及前景[J]. 外语教学与研究,2012,44(3):330.

作一门技术或研究方法,其学科地位和理论贡献将难以保证"①。因此,采用何种研究范式,需要学者依据自身的研究以及具体的研究问题而定。

1.4　语料库建设与应用的发展历程

　　语料库建设与应用的历史可追溯到 18 世纪,当时人们就用词表和词汇索引的方式来解读《圣经》。现代意义上的电子语料库的建设始于 20 世纪 60 年代,随着计算机技术的进步以及人们对语言本质认识的深入,语料库建设快速发展,不同规模、不同种类的语料库先后出现,应用于语言研究、话语研究、文学研究、翻译实践与翻译研究以及外语教学等多个领域。

1.4.1　语料库建设的发展历程

　　语料库建设的历史可以划分为手工语料库阶段和电子语料库阶段。20 世纪 60 年代以前的语料库主要是手工语料库,以制作卡片和人工检索为主要方式,制作成本高且检索效率低。20 世纪 50 年代,Quirk 建立的 SEU 语料库(Survey of English Usage Corpus)是典型代表。它收录了涵盖不同语体的、容量为 100 万词的英语语料,为电子化时代语料库的建设积累了经验。现代意义上的电子语料库的建设大致可以分为以下三个阶段:

　　1) 第一代语料库

　　第一代语料库指 20 世纪 60—70 年代建设的电子语料库。这一时期受计算机技术限制,语料库的规模不大,一般不超过百万级。第一代语料库的典型代表是 1963 年建成的布朗语料库(全称为 Brown University Standard Corpus of Present-Day American English)。它是一个美国当代书面语语料库,其取样分类标准参考了布朗大学的图书

---

① 许家金. 美国语料库语言学百年[J]. 外语研究,2019,36(4): 1.

分类目录,收录了美国 1961 年出版的各类书籍、杂志和期刊内容,共含 500 个样本,每个样本约 2 000 词,库容约 100 万词。布朗语料库的建立在语料库语言学界产生了重要影响,许多后来建成的语料库都采用了与其相同的语料取样方法。除了布朗语料库外,这一时期具有代表性的语料库还有收录了英国书面语语料的 LOB 语料库(Lancaster-Oslo/Bergen Corpus of British English)和 LLC 语料库,其中,LOB 语料库收录了英国书面语语料,LLC 语料库收录了英国口语语料。

可以说,第一代语料库改变了研究者手工采集加工语料的劳作方式,标志着语料库建设和语言学研究进入电子时代。这一时期语料库的规模虽然不大,但其建库原则、方法和思路,为后代大规模语料库的建设提供了重要的参考,并打下了坚实基础。

2)第二代语料库

20 世纪 80—90 年代,计算机硬件技术和索引技术的迅猛发展和广泛应用为大规模语料库的建设提供了便利和支持,同时人们开始反思 Chomsky 的语言思想,越来越多的人认识到内省法的不足,并开始关注语料库的建设与研究。在这种情况下,第二代语料库应运而生。相比于第一代语料库,这一时期的语料库建设有三大特征:第一,语料规模更大,出现了大批亿级单位的语料库;第二,语料库的描述语言、标注形式、文本格式更加规范化;第三,专门用途语料库发展迅速。这一时期代表性的语料库有:

① COBUILD 语料库。从 1980 年开始,柯林斯出版社与伯明翰大学合作建设 COBUILD 语料库。该语料库反映了当代英语的使用现状,包含了 25% 的口语文本和 75% 的书面语文本。到 2000 年,该语料库已达 4.15 亿词。

② BNC 语料库。BNC 语料库由牛津大学出版社在 20 世纪 90 年代初创建,语料由约 90% 的书面语和约 10% 的口语组成,包含小说、杂志、报纸、学术期刊等各种类型,库容约为 1 亿词,代表了 20 世纪末英国英语的使用情况。

③ 国际英语语料库(International Corpus of English, ICE)。ICE语料库于 1988 年开始建设,共有 20 多个国家和地区参与。每个国家或地区编制包含书面语和口语文本的 100 万词的英语语料库作为分语料库。该语料库的建设目的是开展世界范围内地区英语变体的书面语和口语的对比研究。

除了大型通用语料库,这一时期也出现了一批专门用途语料库,例如,用于研究英语语言变化的赫尔辛基英语语料库,用于英语教学研究的朗文学习者语料库(Longman Learner's Corpus),由 Mona Baker 教授建立的用于翻译研究的翻译英语语料库(Translational English Corpus, TEC),由杨惠中教授建立的用于词典编纂和英语教学的上海交通大学科技英语语料库(Jiao Da English for Science and Technology Corpus, JDEST)等。

3) 第三代语料库

进入 21 世纪,信息技术发展日新月异,互联网大范围普及,语料库深加工技术层出不穷,人们对语言活动本质的认识不断提升,语料库建设也呈现出新变化与新特征,主要表现在以下方面:

第一,语料库的容量更大。进入大数据时代,语言信息的产出速度和规模不断增加,亿词级的语料库建设成为常态,如美国历史英语语料库(Corpus of Historial American English, COHA)、COCA 语料库、北京大学 CCL 语料库等。同时,百亿词级的特大型语料库逐渐出现,例如网络新闻语料库(News on the Web, NOW)包含了从 2010 年至今基于网络报纸和杂志的 125 亿词数据,并且以每月约 1.8—2 亿词的规模动态增长,而 iWeb 语料库包含了 2 200 万个网页中的 140 亿个词。特大型语料库甚至监控语料库的出现使得实时记录语言的变化与发展成为可能。

第二,语料库的类型更加多元化。首先,随着国际交流日益频繁,翻译和语言对比研究不断升温,多语种语料库开始出现。例如,包含 6 种联合国官方语言的联合国平行语料库(The United Nations Parallel Corpus)、欧洲委员会联合研究中心建设的包含 22 种欧洲语言的 JRC Acquis 多语平行语料库、上海外国语大学胡开宝教授团队开发的包含 28 个语对的《习近平谈治国理政》多语种平行语料库。其次,数字化时代多模态语料库逐渐成为新趋势。多模态语料库集文本、音频、视频于一体,能够更全面、客观地重新呈现人类的话语活动。目前已建成的多模态语料库有:收录了总长约 100 小时的会议录像语料的欧盟 AMI 多模态语料库、收录了人机互动的语音与视频信息的德国 HuComTech 多模态语料库、中国社科院的现代汉语现场即席话语多模态语料库等。目前多模态语料库建设方兴未艾,仍存在标注不规范、加工难度大等问题,有待进一步完善。最后,网络语料库进一步发展。互联网的发展与普及使得网络衍生出大量的语言数据,语料丰富、信息量大的网络语料库层出不穷,例如 iWeb 语料库、NOW 语料库、网络英语语域语料库(Corpus of Online Registers of English, CORE)等。

第三,语料库的功能更加智能化。如今,语料库不仅可以提供基本的文本检索和语篇展示功能,还可以与现代技术相融合,呈现出自动化和智能化特色。例如,COCA 支持用户上传新文本,并根据语料库数据自动化地展示用户文本的词汇使用特征,如使用不同颜色标识高频词、中频词、低频词,各个词语的语体分类、英语释义、议题、同义词、常用搭配、词簇等。上海外国语大学《习近平谈治国理政》多语种数据库综合平台中的语料库可以自动实现词频、词簇、搭配等查询功能,并提供云图等可视化展示功能,此外,该平台将语料库、知识库、文献库相融合,提供多语种语料的术语信息和相关文字、音视频资料等文献信息,实现了语言教学与科研的智能化。

1.4.2 语料库应用的发展历程

在 20 世纪 50 年代之前的手工语料库阶段,人们就已经开始尝试利用语料库开展学术研究和探索,主要集中在以下领域: 1)《圣经》和文学作品研究。早在 18 世纪,英国学者 Alexander Cruden 就将《圣经》作为语料,通过熟读和人工词汇索引的方式对《圣经》的词汇使用以及内容进行评论和阐释。受其影响,后来人们也通过类似方式对莎士比亚的作品加以分析和解读。2)词典编纂。手工语料库阶段的词典编纂工作主要是人工阅读书籍并摘录例句,将例句记载在卡片或纸条上用于词义分析和用法展示,再经人工分类、查找和整理汇编。Samuel Johnson 编纂的《英语大词典》(*Dictionary of English Language*)以及牛津大学出版社出版的《牛津英语词典》(*Oxford English Dictionary*, OED)是这一时期的代表。3)语言教学。1921 年,美国的 Thorndike 和 Lorge 组织收集了含有 450 万词的英语语料库,并制作了词汇表用于美国的英语教学。4)语法研究。英国的 Quirk 建立了 SEU 语料库,后利用该语料库编写了语法书《英语语法》(*A Comprehensive Grammar of the English Language*)。

20 世纪 50 年代后期,受 Chomsky 语言理论的影响,经验主义思想开始受到压制,作为经验主义产物的语料库研究也陷入停滞。20 世纪 80 年代以后,人们逐渐意识到 Chomsky 提倡的理性主义方法具有不可验证性这一先天性不足,并承认语料库的科学性及其应用价值。此后,语料库开发在不同的语言和文化语境中落地,语料库的应用领域由最开始的语法分析、语体分析及词典编纂等,不断向邻近学科拓展,逐步延伸到话语分析、翻译对比研究、文学、心理语言学、认知语言学、法律语言学、社会学、政治学等研究领域。下面就其中几个代表性应用领域做简要介绍。

1)语料库与语言研究

语料库与语言研究是基于现实生活中语言使用的实例进行的语言研究[1],主张以真实语言材料为基础,借助数据统计,描写语言使用的客观规律。语料库方法可以应用到研究语言系统的各个层面,对语音、词汇、句法、语义、语用、语篇等进行深入的探讨和全面的描写,引出了搭配、类联接、语义韵等多项研究内容。可以说,语

---

① McEnery, T. & Wilson, A. *Corpus Linguistics*[M]. Edinburgh:Edinburgh University Press, 1996.

料库将定量研究的方法引入语言研究领域,是语言学研究手段的技术进步,标志着语言学研究从传统的直觉经验方法转向定量分析与定性研究相结合的方法。同时,语料库语言学的方法及理念极大地改进和丰富了语言学的内容和方法,为普通语言学的研究和描述提供了一种全新的思路和研究范式。

2）语料库与话语研究

自 20 世纪 90 年代 Hardt-Mautner 将语料库技术用于批评话语分析之后,语料库与话语研究的结合引起研究者的广泛关注。应用语料库开展话语研究主要包括两大研究内容:话语的构建研究和话语的翻译、传播研究。在话语的构建研究中,我们可以将语料库常用统计参数和话语中典型的词汇、句法结构、语篇特征等作为切入点,对包含话语的语言特征、语体风格、话语策略和话语修辞等在内的语体特征进行研究,或开展话语比较研究,还可以依据批评话语分析理论,对话语规范、话语塑造的形象进行研究。在话语的翻译、传播研究中,我们可以借助语料库,探讨术语译名的传播与接受现状。将语料库应用于话语研究,一方面弥补了定性话语分析的片面性与主观性的不足,另一方面,对话语语言特征进行全面描写和数据分析,更有利于深度挖掘隐藏在话语背后的意识形态,揭示话语与社会文化之间复杂而微妙的关系。

3）语料库与文学研究

应用语料库开展文学研究是指采用语料库方法,在分析文学文本的语言特征并进行相关数据统计的基础之上,深入探讨文学文本特征、作家风格以及文学与社会的关系等问题,其研究领域主要包括基于语料库的文学作品研究、作家研究、文学理论研究和文学史研究。基于语料库的文学研究将文学内部研究与外部研究融为一体,强调在对大量文学语料进行观察和数据统计的基础之上,分析文学语言和创作规律,既重视对文学语言特征和诗学传统等共性特征的分析,也关注对文学的创造性和作家风格等个性特征的研究。将语料库应用于文学研究不仅促进了文学研究方法的重要变革,而且在很大程度上拓展并深化了文学研究①。

4）语料库与翻译研究

1993 年，Baker② 教授指出语料库可用于翻译研究，这标志着"语料库翻译学"这一全新的研究领域的发轫。语料库翻译学是指采用语料库方法，在观察大量翻译事实或翻译现象并进行相关数据统计的基础上，系统分析翻译本质和翻译过程的研究。根据胡开宝③的划分，语料库翻译学的研究领域主要包括三类：第一类是源自传统译学的研究，包括基于语料库的文学翻译、翻译史、翻译教学、翻译实践、机器翻译和口译等领域；第二类是源自描写性译学的研究，涵盖翻译共性、翻译规范和批评译学等领域；第三类则为语料库翻译学特有的研究领域，包括译学研究语料库的建设、具体语言对翻译的语言特征和译者风格等。语料库翻译学的问世不仅实现了译学研究方法的重要变革，而且在很大程度上丰富了译学研究的内涵，并催生了新的译学研究领域。

5）语料库与外语教学

语料库具有批量呈现、语境共现、数据驱动等技术优势，可以提供关于语言应用的趋势和特征的数据。借助数据和大规模语料的有力支撑，语料库可以引导学生探索发现式学习，进而提高其自主学习能力，提升其语言意识。因此，语料库在外语教学中具有重要的应用价值。语料库在外语教学中应用的主要方向有：工具书的编写、教学大纲设计、外语测试、中介语分析、教学话语研究、外语教材研究、外语课堂教学实践等。语料库与外语教学相结合，可以推动外语教学的数据化、智能化和可视化，使得教学内容更具科学性，教学模式

---

① 胡开宝,杨枫. 基于语料库的文学研究：内涵与意义[J]. 浙江大学学报（人文社会科学版）,2019,49(5)：143－156.

② Baker, M. Corpus Linguistics and Franslation Studies：Implications and Applications[A]. In M. Baker, G. Francis & E. Tognini-Bonelli (eds.) *Text and Technology: In Honor of John Sinclair*[C]. Amsterdam：John Benjamins, 1993：233－250.

③ 胡开宝. 语料库翻译学：内涵与意义[J]. 外国语（上海外国语大学学报）,2012,35(5)：59－70.

更具自主性和开放性,教学效果更具启发性。

可以说,语料库在语言教学与研究领域具有重要价值。一方面,语料库的应用推动了语言研究方法的重要变革,使得数据驱动的定量分析进入语言研究领域。研究者凭借语料库技术,将语言描写建立在大规模真实语料分析的基础之上,避免传统定性分析导致的结论偏向主观、片面的弊端,使研究结果更具客观性和科学性。另一方面,语料库的应用可以带来新的研究内容和课题,使得语言教学与研究的内涵与外延不断丰富、拓展。

1.5　小结

作为具有代表性的、可以被计算机程序检索的语言数据合集,语料库的出现代表了语言研究方法与路径的重要转变,赋予了语言研究强烈的技术色彩和实证主义色彩。语料库具有语料真实丰富、提取方便、数据自动生成等技术优势。凭借电子计算机操作系统和相关语料库软件,研究者可以对语料进行赋码、标注等技术处理,实现语料的自动存储、自动检索和自动统计。近几十年来,语料库建设不断发展,类型更加丰富多元,并应用于语言学、话语研究、文学研究、翻译实践与翻译研究、外语教学等各个领域。这些领域的研究方法因之发生重要变革,内涵日益丰富,外延不断扩展。随着语料库的优势与重要性日益凸显,人们越来越意识到建设高质量语料库的重要性和迫切性。如何在科学方法指导下建设高质量语料库,如何将语料库具体应用于语言研究的各个领域,是本书介绍的重点内容,也是每一位语料库研究者需要掌握的技能。

 思考题

1. 什么是语料库? 语料库的主要特征是什么?
2. 语料库的类型有哪些?

3. 什么是索引行？通过索引行可以获得什么信息？

4. 搭配和类联接有何区别与联系？

5. 现代意义上的电子语料库发展经历了哪几个阶段？有哪些代表性语料库？

6. 语料库可以应用到哪些领域？其应用价值是什么？

 推荐阅读

Kennedy，G. *An Introduction to Corpus Linguistics*［M］. London：Longman，1998.

McEnery，T. & Wilson，A. *Corpus Linguistics*［M］. Edinburgh：Edinburgh University Press，1996.

O'Keeffe，A. & McCarthy，M. *The Routledge Handbook of Corpus Linguistics*［M］. London：Routledge，2010.

Sinclair，J. *Corpus，Concordance，Collocation*［M］. Oxford：Oxford University Press，1991.

Teubert，W. My version of corpus linguistics［J］. *International Journal of Corpus Linguistics*，2005，（1）：1–13.

常宝宝，俞士汶. 语料库技术及其应用［J］. 外语研究，2009，（5）：43–51.

李文中. 语料库语言学的研究视野［J］. 解放军外国语学院学报，2010，33（2）：37–40+72+127.

卫乃兴. 语料库语言学的方法论及相关理念［J］. 外语研究，2009，（5）：36–42.

第2章
语料库的设计

2.0 引言

语料库设计是语料库建设的第一步,也是十分重要的一步。做好语料库设计,首先要求我们对于语料库设计的总体原则和语料库建设的目的具有清晰的认识和把握。其次,我们应当考虑如何确保语料库的代表性,如何处理语料库的平衡性。可以认为,语料库的代表性和平衡性直接关系到语料库建设的成败。最后,我们需要根据研究目的和研究需要,确定语料库的规模和加工程度,做好语料的存储、管理和维护。

2.1 语料库设计的总体原则

语料库的设计主要是指对语料库建设与使用的总体规划,涉及建库目的和语料的代表性、平衡性、规模、加工程度、存储与维护等多个层面,是在具体建设语料库之前必须要考虑的环节。更为重要的是,语料库的设计直接影响该语料库的应用范围及可靠性。语料库的设计直接影响到语料库的质量,并进一步影响到以后基于语料库的研究,研究结果的好坏取决于语料库的设计原则[1]。因此,在建立语料库之前,我们必须充分考虑语料库建设和使用的总体原则,确定

---

[1] 何安平. 语料库在外语教育中的应用:理论与实践[M]. 广州:广东高等教育出版社, 2004.

语料库中应包含哪些语料,如何组织这些语料,后期如何处理或控制使用该语料库,以及在这一过程中可能出现的困难,以期合理、高效地建设语料库。

设计语料库时,我们首先应该明确语料库的建设目的。语料库的建设目的决定了语料库设计的总体原则,包括语料的选取、加工程度等多个方面。此外,除了总体建库目的外,具体的研究问题也是我们在设计语料库特别是小型或专门用途语料库时应考虑的主要因素。

在明确建库目的的基础上,我们需要对拟建设的语料库的科学性、合理性进行考察和论证,以进一步确定语料库的类型、规模和语料的采集原则等。可以说,语料采样的总体原则为较为全面、客观地反映语言事实。设计语料库时应明确这个语料库所采集的语言数据是否真正代表了某种期望的语言或语体①,考虑如何确保在该语料库基础上开展的相关研究是客观、可靠的。为此,在语料库设计阶段,我们应该明确语料采集的原则,分析语料的文类、主题等,并明确语料的最终形式和加工程度,还应从实际出发,考虑样本的分布。同时,应根据研究目的和实际需求考虑语料的加工程度,语料的加工涉及不同层面,包括标注层次、加工方式等。此外,设计语料库时,还应考虑语料库是静态语料库还是动态语料库。动态语料库的设计原则主要体现在可补充更新性,即一定规模的语料库建成后,可以根据需要定期地补充较有代表性的语料,逐步增加库容量。

需要说明的是,设计语料库时,很多原则并非绝对,而是保持整个语料库中的原则一致即可。例如,一般语料库不收录文本的注释,但如果确实需要利用语料库考察注释方面的应用,则应该通过合理、规范的方法收录注释。此外,语料库建设过程中用到的软件也应该遵循一致性原则。一般而言,如果某一软件可以满足建设需求,则不调用其他不同的软件处理建设过程中的同一个问题。

---

① Kennedy, G. *An Introduction to Corpus Linguistics*[M]. London:Routledge, 1998.

还应指出,设计语料库时需要将理想状态与语料的实际可及性相结合。也就是说,除了理论层面的考虑外,应遵循一套根据有关语言学理论明确界定的设计标准;并非所有的真实话语材料都可采作语料,应确保所需语料可以通过一定方法、渠道获取,而非人为编造。

2.2 语料库建设的目的

语料库并非一堆文本的堆积,而是为特定目的建设的有组织、有结构的语言集合。可以说,建库目的是影响语料库总体架构以及语料的采集和加工等的决定性因素。语料库建设与研究的一个主要作用在于反映语言的实际应用状况,给语言教学实践以启示。在语言教学与研究中,语料库的建设目的主要包括语言研究、话语研究、文学研究、翻译研究、外语教学等领域。不同应用目的的研究需要使用不同类型的语料库,或者是将几种类型语料库结合使用,例如,话语研究所需要的语料库多为单语语料库,翻译研究往往需要双语甚至多语平行语料库等,语言比较研究则可能需要类比语料库,同时需要考虑类比语料库的可比性。根据建库目的,可以明确语料库的设计原则、语料库中语料所涉的语种、语料的时间跨度、语言形式(书面语还是口语)和语言使用者(学习者还是专业人员)等。

为更好地明确建库目的,我们需要了解语料库可以提供的主要数据。总体而言,语料库可以提供四种主要类型的数据:1)与语料文本相关的总体特征数据,如类符、形符、(标准化)类符/形符比、平均词长、平均句长等;2)高频词、关键词等词汇特征;3)词簇、关键词簇、搭配、类联接等搭配特征;4)包含特定检索词的索引行。此外,根据不同的研究目的以及语料的标注程度,我们还可以进行更具针对性的相关检索,如检索语料库中隐喻、态度立场等话语信息。

普遍认为,语料库可以作为语言智能、机器翻译的学习语料,也可以用于自然语言处理等。此外,语料库还可以应用于语言教学与研究。

基于上述语料库提供的信息,语料库在语言教学与研究中的应用主要包括:语言研究、话语研究、文学研究、翻译研究、外语教学等。语料库在语言研究中的应用主要体现在对词汇、搭配、语义韵等的考察上。语言本体研究通常需要利用通用语料库,从语料库中提取丰富的语言实例以考察相关语言模式,进而分析语言现象。例如,可以利用语料库考察选定语料中具体词语的应用情况或者考察特定表达的语义韵。可以说,语料库语言学是语料库在语言研究中应用的重要体现。

除进行语言本体研究外,语料库还可以用于话语研究。设计用于话语研究的语料库时,应明确所需要的具体内容,例如政治话语、媒体话语等。用于话语研究的语料多来源于专题语料库,或者通用语料库中符合某些条件的语料,这样可以对某一垂直领域或特定话题的话语进行分析。语料库用于话语研究的主要研究领域包括话语构建研究及态度立场研究。

毋庸置疑,用于文学研究的语料库应收录文学文本。用于文学研究的语料库主要为单语语料库。根据具体的研究目的,语料库的标注信息往往有所差异。"如果文学研究需要解析以象征符号承载的文本信息,文学文本分析就不能拒绝语料库语言学分析方法。"①文学语料库的建库目的可以是基于语料库的文学作品研究、基于语料库的作家研究、基于语料库的文学理论研究、基于语料库的文学史研究等②。

翻译研究中常常用到双语平行语料库或类比语料库。语料库可以用于翻译共性、翻译语言特征、译者风格、翻译规范、口译研究等翻译研究的多个层面。根据具体的翻译研究问题,我们可以设计双语平行语料库、类比语料库、口译语料库或历时翻译研究语料库等。语料库的建设目的可以是开展基于语料库的口译研究,包括对口译语

---

① 秦洪武. 数字人文中的文学话语研究——理论和方法[J]. 中国外语,2021,18(3):99.
② 胡开宝,杨枫. 基于语料库的文学研究:内涵与意义[J]. 浙江大学学报(人文社会科学版),2019,49(5):143 – 156.

言特征、译员风格、口译规范、口译中的副语言特征等的研究。对多种语言进行考察时,往往需要建设多语语料库,这既可以是包含多种语言、不同内容的语料库,也可以是实现不同语言对平行对齐的多语种平行语料库。研究者应用多语语料库,可以基于多个语言对证实或证伪现有翻译共性等,并尝试提出更多的翻译共性假设,发现更多的具体语言对翻译语言特征。

语料库在外语教学中的应用主要体现在三个方面:语料库在课堂教学中的应用、语料库在教材编写中的应用以及语料库在教学质量评估中的应用。在实际操作中,这三种目的所对应的语料和加工标注方式均不相同。

如果研究目的涉及对语言或语言现象的历时描绘,则需要建设历时语料库。也就是说,考察语言的发展变化,需要考虑时间跨度。用于历时研究的语料库,设计时应考虑语料的时间段,并对其进行标注。可以通过元信息(具体见后文)标注每个语料文本的时间信息,以方便后期检索时对时间段的考量。一方面,应明确不同时间段语料采样的代表性、规模等;另一方面,需要以篇头信息或文件名等方式对语料的时间进行说明。

例如,北京外国语大学中国外语教育研究中心王克非教授主持研制的中国英汉平行语料库,建设目的涉及:1)平行语料库深加工与标注研究、对齐检索等工具研究;2)英汉语言对比、英汉互译、语言接触与汉语历时发展等方面的研究;3)专门语料库和口译语料库的建库类型与特点研究;4)建库过程中的语料采样标准、数据源标示等标准类研究等。因此,设计者考虑了分类架构、历时处理、语料平衡以及通用的和各种专门语料的采集。该语料库研制与加工并重、语言研究与翻译研究并重,是兼顾笔译和口译文本、兼顾文本共时和历时研究的语料库①。

与大型通用语料库不同,很多研究需要建设专门用途语料库。

---

① 王克非. 中国英汉平行语料库的设计与研制[J]. 中国外语,2012,9(6): 23 – 27.

专门用途语料库指的是"关于特定主题文本的集合"①,是关注某一特定主题、文本类型、语域的专业性语言文本库。专门用途语料库关注语言的特定方面,如某一主题、某一文本类型或是某一类语言变体,由于其专业性,可用于考察通用语料库所无法触及的特定语言使用模式②。专门用途文本除了可与同类文本进行类比外,还可以与通用语料库中的语言特征进行对比,亦可进行跨语言类比研究,从而扩大对比范围,发现专门用途语言与通用语言的差异性特征,可操作性更强。

不难发现,语料库建设的目的涵盖了语言教学与研究的多个层面。设计语料库时,应该根据具体的建设目的确定语料库的总体架构和语料采集原则。在此基础上,语料库建设的目的还对语料的加工程度产生影响。不同的建设目的决定了语料库的加工程度。例如,口译语料库需要进行副语言信息标注,学习者语料库则需要有一定的学习者错误标注。由广东外语外贸大学桂诗春教授和上海交通大学杨惠中教授等主持建设的中国学习者英语语料库(Chinese Learner English Copus, CLEC)建库目的是:1)通过分析中国英语学习者写作中的典型错误及其与学习者中间语发展的内在关系,为中国外语教学,尤其是英语写作教学提供反馈;2)对学习者语料库与英语本族语语料库进行对比分析。

2.3　语料库的代表性

语料库的代表性是指在该语料库上获得的分析结果在多大程度上可以概括为这种语言整体或其指定部分的特性③,或者说语料库所收录的语料可以在多大程度上代表某一语言应用的种类或文体,代

① Kübler, N. Corpora and LSP translation[A]. In F. Zanettin, S. Bernardini & D. Stewart (eds.). *Corpora in Translator Education*[C]. Manchester: St. Jerome, 2003: 29.
② Bowker, L. & Pearson, J. *Working with Specialized Language: A Practical Guide to Using Corpora*[M]. London: Routledge, 2002.
③ Leech, G. The state of the art in corpus linguistics[A]. In K. Aijmer & B. Altenberg (eds.). *English Corpus Linguistics*[C]. London: Longman, 1991: 8-29.

表一种语言或语言变体中各种不同的语言现象①。语料库的代表性是设计语料库时应该关注的首要问题,这直接影响基于该语料库的研究结论的合理性和可靠性。如前文所述,语料库是结构合理的语料的集合,而非任意收集、堆积在一起的文本数据。因此,在明确建库目的的基础上,我们需要分析语料的类别、主题、各类型语料所占比例等,确定语料库的类型、规模、采样原则等,以期保证语料库的代表性。

首先,设计语料库时,应根据研究目的明确研究对象及其选材的内容和范围,尽量让选取的语料涵盖研究对象的全部变量。如果说规模针对的是量的问题,那么内容就是要解决质的问题。就内容而言,最根本的是要真实。它包括两个方面:要收集实际使用中的文本,而不能是研究者杜撰的;要收集符合条件的文本。如要建立的是学习者语料库,要分析的是学生的真实语言能力,就不能把学生的摘抄收进来。

其次,需要分析语料的具体类别,进而确定语料库的内部结构。决定语料代表性的主要因素是样本的抽样过程和语料规模的大小。语料库一般采用随机抽样方法。一种做法是在抽样前首先确定抽样的范围,然后确定语料的分层结构,进行分层抽样,如把语料按文类(如小说、新闻报道、学术论文、法律文书、诗歌、散文等)和信道(如书面语和口语)进行分层抽样。

最后,根据研究目的和研究对象,确定不同语料所占的百分比、样本大小及样本的数量。只有在建设语料库的过程中合理地收集各类样本,才能保证基于该语料库的研究所得出的结论能够适用于语料库所代表的语言或语言变体。

保证语料库具有良好的代表性,既需要开展关于收集样本的相关理论研究,也需要对语料情况进行调查分析,以确定合理的采样原则。必须承认,语料库采样的主观性是一个永远不可能彻底解决的问题,绝对的代表性也是一个永远不可能达到的目标。对于选择什

---

① Biber, D. Representativeness in corpus design[J]. *Literary and Linguistic Computing*, 1993, 8(4): 243 – 257.

么样的文本建设语料库才能达到语料代表性的问题,目前还没有公认答案。一般而言,语料库规模越大,越具有代表性,但在实际操作中,由于语料版权、经费、时间、精力等因素的影响,将语料库做到最大只是一种理想。而且,无论语料库有多大,它所包含的都不过是整个语言的一小部分样本。虽然说规模和代表性影响着语料库的合法性和可靠性,但再大规模的语料库,同语言的总体相比仍是微不足道的。同时,一个语料库也许拥有海量文本数据,但如果设计不好,也不一定就可以通过它对语言做出概括。只要保证了语料来源的代表性、采样的随机性和语料来自各种层面比例的合理性,就不必片面追求规模,只要符合研究需要即可。

一般而言,语料库应为各种语言研究提供大量合理的语言实例。当然,用于不同研究目的的语料库对语料来源可能要求不同,这会影响到语料的采集。建设语料库的目的又可分为通用用途和专门用途。专门用途语料库针对某种特定的语言变体,具有明显的领域针对性。确定语料代表性时,需要考虑语料的来源、文体、内容等。与其过分关注语料库的数据规模问题,不如对数据质量予以关注。一个巨型语料库不一定能比一个较小语料库更好地代表一种语言或它的变体。

在实际操作中,语料代表性的实际操作并不像它的定义所表明的那么简单,因为不同类型的语料库指向不同的代表性含义。例如,通用语料库 BNC 通常被认为具有代表性,因为它包含了广泛的文本[1],但即使是像 BNC 这样经过精心建设的语料库也会不时受到代表性问题的挑战[2]、[3]。BNC 书面部分的文本是根据三个外部或情境

[1] Meyer, C. F. *English Corpus Linguistics: An Introduction* [M]. Cambridge: Cambridge University Press, 2002.

[2] Burnard, L. Where did we go wrong? A retrospective look at the British National Corpus[A]. In B. Kettemann & G. Marko (eds.). *Language and Computers, Teaching and Learning by Doing Corpus Analysis: Proceedings of the Fourth International Conference on Teaching and Language Corpora*[C]. Amsterdam: Rodopi, 2002: 51 – 70.

[3] Mitton, R., Hardcastle, D. & Pedler, J. BNC! Handle with care! Spelling and tagging errors in the BNC[R]. Paper presented at the Fourth Corpus Linguistics Conference, Birmingham, U.K. 2007.

标准选择的：领域（文本内容的类型，例如科学、社会科学或小说）、时间（文本制作的时期）和媒介（文本出版物的类型，例如书籍、杂志或期刊文章）。对于专门用途语料库，这些标准并不适用，因为大多数专门用途语料库已经专注于特殊领域、时间和媒介。必须承认，语料库的代表性几乎不可能被客观地评估①，它与语料库的平衡性有关。

2.4 语料库的平衡性

语料库的平衡性与规模和代表性同样重要。简单地说，"它包含的不同类型文本的比例应该符合明智和直观的判断"②。然而，到目前为止，还没有可靠的科学方法衡量语料库的平衡性。任何语料库平衡的主张在很大程度上都是一种信仰行为，而不是事实陈述③。

平衡语料库尤其重视语料的平衡性，即各类语料的比例，包括语料的科学领域分布、地域分布、时间分布和语体分布等。对于历时语料库而言，在考虑平衡性的基础上，还应关注收集语料的时间比例，"历时语料库在设计上除了考虑共时语料要注意的平衡性和代表性，还要特别重视时间（包括年份和年代）"④。

如果需要对语料进行抽样，就需要尽量考虑样本抽取的平衡性，确定各子库占总库数据的比例，各子库中汉语文本和英语文本的比例，源语言语料和目标语语料的比例，以及不同文本类型的语料所占的相应比例等。然而，对于抽取多少和如何抽取语料，学界尚未形成一致的看法。语料库的平衡性大多依据研究者的主观经验判断。实际上，如果语料库能充分解决研究问题，并且"语料库构建者公开提供其语料库

---

① Tognini-Bonelli, E. *Corpus Linguistics at Work*[M]. Amsterdam：John Benjamins, 2001.

② Sinclair, J. *Corpus, Concordance, Collocation*[M]. Oxford：Oxford University Press, 1991.

③ McEnery, T., Xiao, R. & Tono, Y. *Corpus-Based Language Studies*[M]. London：Routledge, 2006.

④ 王克非，秦洪武. 英汉翻译与汉语原创历时语料库的研制[J]. 外语教学与研究, 2012, 44(6)：823-824.

基础方法的文档"①,那么语料库的平衡性一般是可以接受的。

2.5　语料库的规模

　　语料库规模是制约基于语料库研究代表性的重要因素②。语料库中若只有几千或几万形符的语料,基于此语料库得出的研究结论往往不太具有客观性和说服力。鲜有文献对语料库的规模大小给出明确规定,但太小的语料库往往代表性不够。在考虑文本规模时,应在确保取样均衡全面的前提下,尽量扩大文本规模,语料库大小没有上限,但语料库最小规模的大小主要取决于两个因素:1)用户需要解决的研究问题;2)检查数据所采用的方法③。然而,这些标准主要适用于为词汇语法研究设计的一般语料库,而不一定适用于其他类型的语料库,例如专门用途语料库。

　　这就是说,语料库的总体大小并非至关重要④,它"可以次于充分抽样的需要"⑤,因为小型语料库也可以发挥作用,只要它们能够保证特定领域语言的平衡性和代表性。"在语料库创建过程中必须始终考虑实际因素,而较大的词典语料库(例如 BNC 和 COBUILD)对于个体研究人员来说并不是一个可行的选择。"⑥换言之,决定语料库的规模大小时,应权衡人力、物力以及时间等客观因素。

　　一般而言,只要条件允许,在保证质量的前提下,语料库的规模越大越好。然而,设计语料库的规模时,应考虑语料的实际情况。如果某些特定类型的语料相对较少,应该尽量穷尽收录语料。在这种

① McEnery, T., Xiao, R. & Tono, Y. *Corpus-Based Language Studies* [M]. London: Routledge, 2006: 60.

② 杨惠中. 语料库语言学导论[M]. 上海: 上海外语教育出版社,2002.

③ Sinclair, J. *Corpus, Concordance, Collocation*[M]. Oxford: Oxford University Press, 1991.

④ McEnery, T., Xiao, R. & Tono, Y. *Corpus-Based Language Studies* [M]. London: Routledge, 2006.

⑤ Nelson, M. Building a written corpus [A]. In M. McCarthy & A. O'Keeffe (eds.). *The Routledge Handbook of Corpus Linguistics*[C]. London: Routledge, 2010: 53.

⑥ 同上,第 55 页。

情况下,即使语料库的规模并非特别大,其研究结论也是可以接受的。例如,《习近平谈治国理政》多语种数据库综合平台收录了《习近平谈治国理政》目前已经出版的第一、第二、第三卷汉语原文及其对应语种的译文,对现有文本进行全文收入。此时,则不应该只关注该语料库的规模大小,因为它对该专题的语料已经进行了穷尽收录。

此外,还有一些语料库在设计时,其规模主要取决于语料采集的原则。胡开宝①教授团队研制的莎士比亚戏剧英汉平行语料库,收录23 部莎士比亚戏剧的英语原文及其对应的梁实秋译本、朱生豪译本和方平译本。三位译者翻译的莎士比亚戏剧均不止 23 部,然而,为了更好地进行比较分析,研发者取三位译者翻译的莎士比亚戏剧的交集,故而其语料库包含 23 部莎士比亚戏剧。

2.6　语料的加工程度

语料加工程度与层次是影响基于语料库研究内容与研究范围的重要技术因素,语料库的加工程度影响研究课题的选择。在进行语料库设计时,应根据建库目的、研究问题确定语料的加工层次和加工程度等。"语料库标注是插入以电子形式存储的文档中的标准代码系统,以提供有关文本本身的信息并用于管理格式、打印或进行其他处理。"②标注可以提供有关文本数据的额外语言信息,允许语料库使用者将数据置于具体语境。标注一般与正文分开,可以弥补文件名中信息的损失。"标注可以为语料库增加价值,并使得其能够解决更广泛的研究问题。"③

---

① 胡开宝. 基于语料库的莎士比亚戏剧汉译研究[M]. 上海:上海交通大学出版社,2015.
② McEnery, T., Xiao, R. & Tono, Y. *Corpus-based Language Studies* [M]. London: Routledge, 2006.
③ Reppen, R. Building a corpus: What are the key considerations? [A]. In M. McCarthy & A. O'Keeffe (eds.). *The Routledge Handbook of Corpus Linguistics* [C]. London: Routledge, 2010: 31 - 37.

　　语料库标注主要分两类：一类是篇头标注，即对文本的性质和特征进行标识；另一类是篇体标注，即对文本中的符号、格式等进行标识。单语语料库的加工主要涉及不同层次信息的赋码、标注，而平行语料库则需要在此基础上考虑对齐单位。例如，语料库加工时需要在句级对齐、段对齐或篇章对齐等多个层面做出选择。

　　篇体标注主要指语料文本的信息标注。标注也就是赋码，即对语料进行标记，如词性标注、语法分析、语用分析等。借助软件给语料提供词性、句法、语义等不同层面语言学信息的标注，可以便于后续利用语料库索引工具进行检索分析。词性标注是目前使用较为广泛的语料库赋码技术之一。如果语料库建设目的涵盖对文本中词性分布的考察，则应进行赋码。

　　某些研究不需要赋码语料库，而另一些研究需要赋码语料库。当前，语料库文本内容的赋码主要有两类：一类是词类赋码，又称语法赋码；另一类是句法赋码。词类赋码就是对文本中每一个词标注词类属性。这项工作通常是在传统语法对词类划分的基础上进行的，只是分类适应要求做得更细。目前自动词类赋码技术已经基本成熟，对英语可以通过计算机自动赋码，且赋码正确率在96%—97%。

　　句法赋码就是对文本中的每一个句子进行句法标注。以 UCREL（University Centre for Computer Corpus Research on Language）概率句法赋码系统为例，其句法赋码系统分三个步骤：第一步，对文本中每一个词赋以可能的句法码。该步骤主要依赖于一部标明每一可能词类码对子的句法符的词典。第二步，寻找一些特殊的语法码形式和句法片段，对句法结构进行必要的修改。最后，完成每一可能的句法分析，并逐一赋值，从中选出可能性最大，即所赋值最大的句法分析作为每句的分析结果。

　　词类赋码和句法赋码为语言的量化研究创造了条件，为进一步研究自然语言的概率性特征提供了方便，为进一步的语义、语法和语用分析等打下了基础。由于自然出现的中文句子由未分隔的连续字符串组成,因此在对中文语料进行标注时,分词构成了一项基本任务。分词可以将文本中的字符串拆分为单个有意义的单元的过程,这种操作可以避免或减少无意义的语料检索项。在进行高频词、关键词、搭配等语言分析之前,往往需要将语料库中的所有中文文本分割成合法的意义词单元,否则会显著影响后续的检索结果,因为未经过词语切分的数据常常不支持词汇相关的分析,或容易产生歧义或模糊的检索结果。另外,为实现特定研究目标,也可以按照一定的理论和原则对语料进行软件辅助的人工标注,如语义标注、语用标注、翻译策略与方法标注等。

篇头标注也称为元信息(metadata)标注。元信息是指关于信息的信息,一般会放在语料库文本的头部,可以为语料库检索和分析提供查询条件和依据。利用元信息对语料库进行检索,是对语料库的一种高级运用。利用元信息设定语料的条件,可快速创建大型语料库的子语料库,或者在语料库中查找符合某些条件的文本。在语料库文本中,元信息常用来提供文本的来源、文本产出者身份、文本产出年代、文本类型、语体、翻译方向等语言研究和翻译研究中的重要信息。将这些信息添加至语料库文本中,可以极大地方便语言研究和翻译研究。反之,如果语料库文本中缺失这些信息,文本的价值会大打折扣。

通常,检索软件只针对不包含或包含少量元信息的文本。网络语料库平台在结构和运行机制方面与独立发行(stand-alone)的语料库有较大差别,标注较为丰富,且多使用标准的标注语言(如Extensible Markup Language,XML),需要使用兼容该标注语言的软件,才能充分发挥元信息的作用。开展具体项目研究前,常常需要对语料库作一定筛选,选出其中某些类型的语料,并进行一定的对比。目前主流的在线语料库平台,如杨百翰大学的语料库检索平台、Sketch Engine、CQPweb语料库平台等都有针对语料库内部子库的限定性检索功能。这些筛选和限定主要是通过元信息来实现的。例如,基于BNC的元信息标注,可以开展跨语际、跨地域、跨代际、性别间的比较研究。

采集语料时应尽可能保留语料的不同属性,以方便后面的标注。类别、风格、体裁、作者、时间、出版社、时代等都可以用作标注条件,以保证语料检索定向准确、针对性强。不同的语料库应包含哪些类型的元信息,一方面取决于我们能获取到的相关信息,另一方面也需要建库人员对将来可能的研究目的有所预判,从而决定哪些要素应保留在元信息中。因而,不同语料库的元信息要素并不相同。在元信息基础上,还可以进行元信息标注,即说明语料库的标注方案、制定者、标注修改及时间等。具体操作时,不同类型的语料库往往需要不同的加工程度,主要如下:

其一,学习者语料库的标注类型。学习者语料库的加工需要确定其标注类型,不同研究目的的学习者语料库需要不同的标注类型。同样,标注类型的复杂程度往往决定加工程度。例如,中国学习者英语语料库 CLEC 标注了以下主要信息:学生类型、性别、累计学习年限、自然年龄、作文完成方式、是否使用词典、作文类型、所在学校、作文得分、作文标题、大学英语四级和六级试卷作文编码等。此类标识是必要的,因为它们可以用来对文本进行必要的分类,为灵活提取文本进行各类目的的研究提供便利,而且它们可以标注在文本开头或者作为另一个文件保存,丝毫不破坏语料的完整性和原始性。

其二,口译语料库副语言信息的加工程度。口译语料库标注的加工程度主要涉及对副语言信息的标识,可以根据不同的建库目的设定相应层面的副语言信息特征。例如,汉英会议口译语料库对停顿、言语打断、重复和修正等主要口语特征标注进行了标注赋码,以揭示口译语体特征和译员风格的差异性[①]。中国口译学习者语料库(Chinese Interpreting Learners Corpus, CILC)则进行了文本头、

[①] 胡开宝,陶庆. 汉英会议口译语料库的创建与应用研究[J]. 中国翻译,2010,31(5): 49–56+95.

词性、副语言、句法、核心信息、翻译策略等五个层次的标注,且每个标准层次涵盖多个不同的具体分类①。

其三,平行语料库的对齐单位。平行语料库绝非两个或多个语料库简单的合并或汇总,而是需要进行合适层面的对齐。可以说,除对语料库的标注外,对齐单位是平行语料库加工程度的重要考虑因素。目前,较为常见的为句级对齐、段对齐和篇章对齐。此外,平行语料库的篇头信息标注也是确定语料库加工程度时应考虑的问题之一。"双语对应的两个文本中的元信息相互关联,比起单语文本的元信息标记更为复杂。"②在平行语料库的建设过程中,往往需要对原文和译文进行单独的篇头信息标注,并设定合适的标注项,以表明原文和译文之间的关系。原文的篇头标注信息一般包括文类、题目、出版发行时间、作者、原文语种等,译文篇头标注信息则经常涉及文类、题目、翻译出版发行时间、译者、译文语种等。

其四,多模态语料的标注层次。近年来,多模态语料库建设与应用逐渐引起学界的关注③④⑤。然而,与文本语料库相比,多模态语料库的标注维度更为丰富,其加工的复杂程度较高。因此,多模态语料库的标注层次,是设计多模态语料库时应考虑的重要问题之一。

2.7 语料的存储、管理与维护

语料库不仅仅是单纯的文本集合,它应该具有良好的存取性能。因此,设计语料库时,还应该明确语料的存储、管理与维护方式。只

---

① 张威. 中国口译学习者语料库建设与研究:理论与实践的若干思考[J]. 中国翻译, 2017,38(1):53-60.
② 梁茂成,许家金. 双语语料库建设中元信息的添加和段落与句子的两级对齐[J]. 中国外语,2012,9(6):37.
③ Huang, L. Toward multimodal corpus pragmatics:Rationale, case, and agenda[J]. *Digital Scholarship in the Humanities*, 2021, 36(1):101-114.
④ 齐涛云,杨承淑. 多模态同传语料库的开发与建置——以职业译员英汉双向同传语料库为例[J]. 中国翻译,2020,41(3):126-135+189.
⑤ 刘剑,胡开宝. 多模态口译语料库的建设与应用研究[J]. 中国外语,2015,12(5):77-85.

有当语料库中的文本以及与这些文本相关的文本标注、篇头标注等信息能够方便地存储、管理或维护,语料库才有意义。

语料存储格式主要为纯文本 TXT 格式或 XML 格式。前者多用于本地使用,而后者主要方便语料的传递。语料库文件命名一般采用字母和阿拉伯数字,并且需要避免汉字和特殊符号等。语料库文件的命名可以体现部分关于文本的信息。以莎士比亚戏剧英汉平行语料库中的语料库文件为例,其命名参照"A_Othello_en""A_Othello_liang""A_Othello_zhu"的格式,这可以帮助我们迅速定位相互对应的英汉文本。其中,"A"代表平行文本,其余信息则可以较为直观地显示莎士比亚戏剧名称、原文或译本信息等。我们可以根据具体情况命名语料库中的文件,但语料库中文件的格式应保持一致,这样可以方便后期对语料库进行分类和检索等。

语料库建立之后,并非一劳永逸,而是需要对语料库进行管理、维护,甚至很多时候需要修正语料库中可能存在的一些错误或不规范的地方,对语料库进行改善升级,以适应软件的升级或者用户的特殊应用需求。因此,语料库的日常管理、维护与升级也是设计语料库时应该考虑的环节。语料库的存储、管理与维护可以分为本地与在线两种方式。前者主要将语料存储于本地硬盘、服务器等,必要时进行修改或维护;后者借助云端或平台,实现语料库的在线运维。因而,有关语料库的检索系统、语料库的处理和分析工具越来越引起人们的注意。例如,《习近平谈治国理政》多语种平行语料库因涉及语种较多,需要由不同语言背景的人合作建库。为方便不同语种语料的后期管理、维护以及使用,胡开宝教授团队研制了"《习近平谈治国理政》多语种数据库综合平台",借助在线平台的方式实现多语种语料的存储、管理、维护以及应用。

此外,语料的存储、管理和维护还需要考虑语料库的可拓展性。就语料库发展趋势来看,建立固定规模的语料库并不符合大趋势,因为语言本身是动态发展的,语料库也应当是动态的、可以不断扩充的。动态开放的语料库已经成为语料库建设与应用的发展趋势之一。随着语料的不断发展,语料库也不断扩充,设计语料库时应当考虑到这一点。目前,很多语料库已不再是静态的,而是开放、动态的。例如,大型的在线语料库 COCA、NOW 等均为动态语料库,库中的语料定期扩容增量。

2.8　小结

本章在分析语料库设计的总体原则基础之上,从语料库的代表性、平衡性、规模、加工程度,以及语料的存储、管理和维护等层面,详细介绍了语料库设计过程中需要重点考虑的问题。事实上,能否对于这些问题给予合理回答,直接关系到语料库质量的高低,影响到语料库研究的科学性和可靠性。尤其是语料库的加工程度和层次,对于语料库研究的广度和深度以及科学性会产生直接影响。为此,我们应当根据研究目的和研究需要,精心设计语料库,以确保语料库研究的科学性和可靠性。

 思考题

1. 语料库设计时应考虑哪些层面的问题?
2. 如何设计用于翻译语言特征研究的语料库?
3. 哪些因素可能影响语料的加工程度?
4. 语料库的代表性和规模之间的关系是怎样的?

 推荐阅读

Huang, L. Toward multimodal corpus pragmatics: Rationale, case, and agenda[J]. *Digital Scholarship in the Humanities*, 2021, 36(1): 101–114.

胡开宝,陶庆. 汉英会议口译语料库的创建与应用研究[J]. 中国翻译,2010,31(5)：49－56+95.

胡开宝,邹颂兵.莎士比亚戏剧英汉平行语料库的创建与应用[J].
　　外语研究,2009,(5)：64－71+112.

李晓倩,胡开宝.《习近平谈治国理政》多语平行语料库的建设与应
　　用[J].外语电化教学,2021,(3)：83－88+13.

梁茂成,李文中,许家金.语料库应用教程[M].北京：外语教学与研
　　究出版社,2010.

刘剑,胡开宝.多模态口译语料库的建设与应用研究[J].中国外语,
　　2015,12(5)：77－85.

秦洪武,王克非.历时语料库：类型、研制与应用[J].外语与外语教
　　学,2014,(4)：1－7.

王克非.中国英汉平行语料库的设计与研制[J].中国外语,2012,
　　9(6)：23－27.

张威.中国口译学习者语料库建设与研究：理论与实践的若干思考
　　[J].中国翻译,2017,38(1)：53－60.

第 3 章
语料的采集与加工

3.0 引言

计算机、互联网等科学技术的飞速发展为语料库的建设提供了便利。文字识别工具、数字出版物、网络共享资源、语料库软件等的开发与应用,使得语料库的建设不再是部分语言学专家的独门秘籍。每位学习者都可以通过学习与实践掌握语料库建设的本领。第 1 章和第 2 章介绍了语料库的基本知识、重要概念和设计原则。在掌握了理论知识并规划好设计蓝图后,本章将讨论语料库建设的实操环节,介绍如何按照语料库设计原则进行语料的采集与加工,具体包括语料的采集、校对与降噪、分词与标注、平行对齐等步骤。

3.1 语料的采集

语料的采集(data capture)是指将语料输入电脑,并以电子文本形式存储。根据中国翻译协会发布的《语料库通用技术规范》,总体来看,语料的采集应遵循真实性、准确性、代表性、电子化、一致性的要求①。真实性即所采集语料应为真实语言环境下使用的语料;准确性即采集到的语料应准确无误;代表性指语料库应最大限度代

---

① 中国翻译协会. 语料库通用技术规范[EB/OL].(2018 - 10 - 19)[2024 - 2 - 14].http://www.taconline.org.cn/index.php?m=content&c=index&a=show&catid=396&id=3400.

表语言或某一语言变体的实际使用情况;电子化指语料的存储格式应为电子格式,如 TXT、TSV、TML(一种符合 TMX 1.4b 规范的 XML 文件格式)等;一致性指语料的格式应统一。语料采集可分为书面语料采集和口语语料采集,由于书面语言和口头语言的介质与属性存在差异,二者的采集方法也不尽相同。

3.1.1　书面语料的采集

书面语料的采集大致可以分为以下三种方式:

1) 人工录入。人工录入是指通过手动输入数据的方式将文本文字录入电脑。使用这种方法采集到的语料文本噪声弱、准确率高,但需要耗费较多的人力、物力和大量时间。人工录入常用于以下几种情况:① 手写文档。一些手写材料如古籍、珍贵手迹、文献正本等具有特殊价值或容易受到损害,同时可能存在字体特殊、字迹模糊、辨识度不高等问题,常需要通过手工录入的方式采集语料,从而防止原版手写文档遭到破坏,并保证文字语料录入的正确性与整洁度。② 无法扫描、识别的文档。一些书面文档由于排版复杂、字迹清晰度不高、语言类型非通用而过于小众等原因,扫描录入时会出现排版混乱、大量乱码和识别错误,严重影响语料的准确率和整洁程度,这时也需要通过人工录入来完成语料的采集工作。

2) 扫描录入。扫描录入是指利用扫描设备将书面文档录入电脑。常见的扫描设备有扫描仪、文字扫描笔等。扫描录入与人工录入相比所需人力少且耗时短,但文字扫描的正确率受扫描设备和原文档文字清晰度的影响大。因此,使用扫描录入一方面应注意扫描系统的文字识别准确率,另一方面要对扫描录入的文档进行校对和编辑,根据研究目的和语料库设计方案,去除不必要的符号。例如,在采集 2018 年版《中国外交》白皮书的语料时,扫描仪器录入的文字"1. 世界经济形式稳中有忧"排版特殊且含有图形边框(如图 3.1 所示),应对其进行版面编辑并删减图形符号。

> 1. 世界经济形势稳中有忧
>
> 2017年，全球经济增速预计将达7年来最高，75%的经济体增速提升，世界经济可能进入新的上升周期。世界经济增长动能加快转变，发展方式深刻转型，发展活力和潜力得到进一步释放。同时，世界经济存在的深层次矛盾仍未解决，面临债务高企、资产泡沫、保护主义、国际和地区热点问题升级等多重风险，未来走向存在较大不确定因素。

图 3.1　2018 年版《中国外交》白皮书的扫描录入效果

3）利用现有的电子文本。随着信息技术的发展，除纸质文档外，电子出版物、网络数据库、电子书、网页、网络共享文档等电子资源愈发丰富。我们可以通过正规途径从网络获取这些电子资源并转换成语料库的指定格式。这种方式人工成本低、便捷高效，但需要语料采集者具有强大的数据检索能力。在利用现有的电子文本时，需要注意以下几点：① 电子文本的真实性与可靠性。来自官方电子出版物、数据库等的电子资源的内容较为真实可靠，而一些非官方网页或网络共享平台上的电子资源质量则参差不齐，难以保证其文本的真实性与完整性。对这类网络电子资源需要谨慎对待，对其内容进行对比甄别后方可使用。② 常需进行格式转换工作。网络电子资源的格式五花八门，如 JPG、PDF、DOX、CAJ 等，可借助文本处理软件如 Abbyy FineReader、Adobe Acrobat 等将下载的电子文本进行格式转换。③ 语料的处理与删减。网络下载的电子资源往往存在多余空格、空行、图片、符号等语言杂质，需要依据研究目的和设计进行剔除删减，以保证语料的质量。

3.1.2　口语语料的采集

口语语料的采集包括音频和视频材料等口语语料的获取和转写两个步骤。

口语语料的获取可以采取以下方式：1）利用录音和录像设备，对日常会话、会议交谈、演讲报告等口语交流活动进行现场录制，以获得相关音频和视频材料。2）录制或购买电视台、广播电台有关专题节目的录音带和录像。3）购买正式出版的音像资料。

口语语料的转写是指将音频和视频材料中口头表达的语言材料转写成书面语料。与书面语料相比,口语语料转写更加复杂,非常耗时耗力。在进行转写时,需要注意口语语料的形态特征:1）口语语料存在较多副语言特征。由于口语交流的即时性和即兴程度较高,口语语料中必然存在修正、重复、犹豫、停顿、笑声、言语打断等副语言特征,或其他语言错误和不规范现象。2）口语语料的辨识效果受客观因素影响大。由于录音设备、录音场所、说话者发音不清晰等原因,口语语料中往往会出现一些发音含混、难以辨识的词语。3）口语语料的语句间隔、语句类型等隐含信息需要人为识别。对于音频、视频中的语句间隔,我们可以根据语句之间停顿时间的长短、语调升降、句法功能、语句意义关系等正确选用标点符号进行标识。语句的类型往往可通过语调判断。例如,一般来说,汉语中升调表明某一语句为问句,降调则说明为陈述句或感叹句。因此,要将口语语料转写为书面文字,应充分考虑口语语料的形态特征,并在转写时尽可能保证相关信息转写的真实有效;根据研究目的和语料库设计方案,采用自然描写方法记录口语语料中的语言符号和副语言特征。

以胡开宝教授团队创建的汉英会议口译语料库 CECIC 为例,该语料库采用的部分转写方法如表 3.1 所示:

表 3.1　汉英会议口译语料库 CECIC 中口语语料的部分转写方法

序号	口语语料的转写符号	口语语料的语言特征
1	...(一个省略号)	短时停顿(2—3 秒的停顿)
2	......(两个省略号)	长时停顿(4—6 秒的停顿)
3	——(一个破折号)	不完整的语句或言语打断现象
4	一个省略号与修正词语并用	言语的修正

续　表

序号	口语语料的转写符号	口语语料的语言特征
5	……或 er 或 well	犹豫
6	er, mm, mn, erm, hm	非言语声音
7	*	发音不清晰现象

下面展示该语料库中口语语料的两则转写实例,其中发言嘉宾以姓氏表示,口译译员以 interpreter 的首字母的大写形式 I 表示。

例 1:

李:就中国的情况来说,如果民主,发扬民主,如果进行民——进一步推动——推进民主政治,这是我们的目的。

I:As far as China is concerned, it is our objective to promote democracy and to build democracy.(1989 年李鹏总理答记者问)

例 2:

姚:只要按照那个去执行的话,就能做到这一点。

I:As far ... as long as we implement the measures, we'll certainly attain our objective.(1989 年李鹏总理答记者问)

例 1 中,汉语原文中的破折号表示口语交际中的言语不完整性,紧跟其后的"进一步推动""推进"表示对前面话语的修正。例 2 中的... as long as 表示口译译员对前面所用词语 as far 的修正。

在实际操作中,可使用的语音转写工具种类繁多,常见的有网易见外工作台、腾讯云语音识别、i 笛云听写、讯飞听见等。其中网易见外工作台是网页在线模式,除支持语音转写、视频转写外,还具有视频翻译和语音翻译等多种功能。讯飞听见是科大讯飞旗下的产品,具有将音频、视频快速转写为文字的功能,且准确率较高。此外,科大讯飞推出的讯飞智能录音笔、讯飞听见智慧屏等设备针对不同场

景具有录音和转写等功能。但需要注意的是,所有语音转写工具的
正确率均达不到 100%,因此仍需要人工校对与修正,进行错误纠正
和口语语言特征转写等。

　　总而言之,作为语料库建设实践操作环节的第一步,语料采集关
系到语料库的整体内容质量。不同语料库的语料采集方法不尽相
同,我们应按照研究目的和语料库的建设实际,选择合适的采集方
法,为后续的语料加工处理奠定良好的基础。

3.2　语料的校对与降噪

　　语料的校对与降噪是指将电子化语料与原始语料进行对照,保
证语料的准确性与完整性,同时对语料进行清洗,消除语料中的乱
码、多余回车符或换行符、空格、空行等对于研究目的和语料库实际
应用来说没有意义的杂质。对于网络上现有的在线语料库来说,其
语料存储在远程服务器上,我们难以进行处理和更改,且清洗和改动
可能会使得基于该语料库的研究数据发生变化,造成研究结果无法
验证。因此,这里所说的语料的校对与降噪主要针对自建语料库。

　　为什么要对语料进行校对和降噪处理呢?首先,语料来源的多
样性和复杂性使得所采集的语料可能出现各种问题。在语料库实际
建设过程中,语料可能来自网络资源下载、文档扫描、网络爬虫、人工
录入等多种途径。其中,网络共享平台上的电子资源质量参差不齐,
不同文档格式转换、不同人的键盘操作和输入习惯差异都有可能导
致所采集语料在格式排版、空格段落、文字符号、标点符号等多方面
出现不符合规范的问题。其次,计算机程序的正常运行需要所输入
语料符合格式规范。标点符号错误、多余空格、错别字等问题不会对
人的阅读造成太大影响,但采集好的电子化语料需要输入语料库软
件或通过相关计算机程序进行进一步的分析和处理以及数据读取计
算。对于所输入的不符合规范的语料,计算机程序可能进行错误的
识别,从而影响分词、标注的准确性,得出不严谨的研究数据,甚至直

接导致计算机程序无法识别,对后续的语料处理和研究造成不利影响。最后,语料库研究的科学性和严谨性要求语料准确、规范。运用语料库进行学术研究是实证研究的重要手段,它强调基于大规模真实语料进行数据统计,借助定量研究的方法发现问题和规律。语料的真实性要求电子化的语料在内容上应与原始材料保持高度一致,不得随意增添或删改,因此语料收集后的校对工作必不可少。同时,定量研究中数据统计的严谨性要求对语料进行降噪,去除其中可能会对研究造成影响的多余成分,从而确保研究结果的科学性和准确性。

语料的校对与降噪一般包含语料查重、语料清洗、语料脱敏等环节。

1)语料查重,即检查所采集语料与已有语料是否重复,避免重复加工。

2)语料清洗,即与原始材料进行对照,保证字符内容的完整性与准确性,同时消除语料中对于研究目的和语料库实际应用没有意义的杂质。在实际操作中,语料清洗常常涉及格式排版、空格段落、文字符号、标点符号等几项内容。

① 格式排版。扫描得到的语料以及格式转换得到的语料,常存在格式排版的问题,尤其是页眉、页脚、页码、图片、表格、注释等成分。此外,网络下载的文本常含有网页标签,如<html>、<p>等。如果依据研究目的,原始材料中的这些格式成分不属于所研究的内容,则可以作为冗余成分直接删去。

② 空格段落。原始语料常带有多种段落格式,如空行、多余空格、段首缩进、分页符、软回车(换行符)等,可能会对后续标注、检索等产生不利影响,所以需要在语料降噪时进行删除清理。此外,通过扫描或格式转换得到的文本可能会存在断行、段落交叉等问题,同样需要与原始材料进行对照后,对电子化的语料进行调整与修复。

③ 文字符号。不同方式采集的语料可能会存在拼写错误、字符错位等问题,因此需要与原始材料进行认真比对后修改,如果这些错

误具有一定的规律性,可以借助语料库编辑工具进行字符的批量替换。但需要注意的是,并不是所有拼写错误都需要修改更正,应依据研究目的进行判断。例如,在构建学习者外语写作语料库时,语料中的拼写错误是学习者的写作特征之一,与研究内容密切相关,是原始语料的自身属性,因此不应更改。此外,在文字符号拼写的降噪处理中,全角、半角字符也是需要注意的重点。纯净的英文文本应由半角字符构成,如果语料中存在全角字母、数字,应全部替换为半角字符。

④ 标点符号。在语料库研究中,标点符号是语篇衔接与连贯的指标之一,具有重要的语言研究价值,因此在语料校对时不可忽略,应保证语料中标点符号的准确性。尤其是一些语言中存在特殊的标点符号,与常用的英语和汉语标点符号不同,扫描录入或格式转换时应格外注意。例如德语句子„Hallo, wie geht es dir?"(“你好,你过得怎么样?”)中,双引号位置、方向与英语和汉语不同,在格式转换后得到的文本中常出现错误,需要进行修改。此外,全角标点与半角标点的区别在语料清洗中十分重要。西方语言一般不使用全角标点符号,在语料降噪中应一并处理修改,否则会影响后续计算机程序的识别与检索。

下面以联合国安理会报告的部分语料为例,进行语料校对与降噪的处理展示。图 3.2 为联合国安理会报告的部分原始语料。如果根据研究目的仅需要标题及正文内容,原始语料中的页眉、图片、字体格式、段落缩进等内容标记在语料清理中可直接删去,同时对文字符号、标点符号进行校对检查,最终得到校对与降噪后的纯净语料,如图 3.3 所示。

3) 语料脱敏。若所建语料库专供商用,应注意语料脱敏问题,即在不违反系统规则的条件下,将语料数据中含有的违禁、涉及隐私安全等的内容进行改造,从而保护敏感数据。例如,身份证号、手机号、银行卡号等信息都需要进行脱敏处理。在对语料校对降噪的实际处理中,对于单个文本的清理,可以直接利用 Microsoft Word 中的“查找”“替换”“检查文档”等功能进行处理,但语料库建设往往不仅

United Nations

Security Council

S/2017/293

Distr.: General
5 April 2017

Original: English

Special report of the Secretary-General on the review of the mandate of the United Nations Interim Security Force for Abyei

I. Introduction

1.   The present report is submitted pursuant to paragraph 29 of Security Council resolution 2318 of 15 November 2016, in which the Council requested that the Secretary-General conduct a strategic review of the United Nations Interim Security Force for Abyei (UNISFA), comprising an in-depth examination of the related resources and structure of its uniformed and civilian components. The present report provides recommendations on how UNISFA should be optimally configured and streamlined, further to an evidence-based assessment of the impact of UNISFA activities aimed at the implementation of its mandate under resolution 2287 (2016).

图 3.2   联合国安理会报告的部分原始语料

Special report of the Secretary-General on the review of the mandate of the United Nations Interim Security Force for Abyei

I. Introduction

1. The present report is submitted pursuant to paragraph 29 of Security Council resolution 2318 of 15 November 2016, in which the Council requested that the Secretary-General conduct a strategic review of the United Nations Interim Security Force for Abyei (UNISFA), comprising an in-depth examination of the related resources and structure of its uniformed and civilian components. The present report provides recommendations on how UNISFA should be optimally configured and streamlined, further to an evidence-based assessment of the impact of UNISFA activities aimed at the implementation of its mandate under resolution 2287 (2016).

图 3.3   联合国安理会报告经校对降噪处理后的语料

限于单个文本,常常涉及大规模语料与多个文本的校对降噪。如果人工逐个进行文本的处理,过于耗时耗力。这时,可以利用文本编辑软件如 EditPlus、EmEditor、PowerGREP 等进行编辑。这些文本编辑软件功能强大,既可以处理单个文本问题,也可以进行批量编辑,支持多种语言与多种编码格式的文档处理,同时具有利用正则表达式进行查找与替换等功能,可以提高语料校对与降噪处理的效率。本书第 5 章"常用语料库软件及其应用"将会详细介绍这类文本编辑软件的功能及其应用。不过,需要注意的是,虽然可以利用文本编辑软件进行语料的批量处理,但不意味着不需要人工介入。对于没有规律的、个性化的语料问题,仍需要手动修改与处理,以确保语料的真实性与准确性。

以上是语料校对与降噪时常需要注意的几个问题。在实际操作中,建库者还可以依据研究目的进行个性化的校对与除噪工作。对语料进行清洗处理是保证后续语料加工和计算机程序识别检索的必不可少的步骤,得到真实准确、干净整洁的语料后便可进行下一步加工,即语料的分词与标注。

3.3　语料的分词与标注

如果说校对与降噪是对语料的初加工,那么分词与标注便是对语料的精加工。经过分词与标注的语料可被计算机准确识别并高效检索,为后续研究中语料的数据统计提供便利。

3.3.1　语料分词

语料分词(word segmentation)是指将自然语言的句段经处理后输出成一个个单独的有意义的词的过程,也就是识别出句子中词与词之间的(隐藏)边界并进行切分,且切分后形成的词义不能改变。例如,图 3.4 展示了鲁迅先生所著《野草》的部分未切分语料,图 3.5 展示了借助 CorpusWordParser 软件对《野草》的部分语料进行分词后的结果。

众所周知,在语言学中,词包含意义且能独立出现,是语言最基本的构成单位。分词是语料加工处理的关键一步。只有将独立的有完整意义的词切分出来,计算机程序才能顺利进行后续以词语为单位的统计与分析,如类符/形符比、词频、词汇密度等,以及进行更高层级的检索、信息抽取、篇章分析等。需要注意的是,不同语言的分

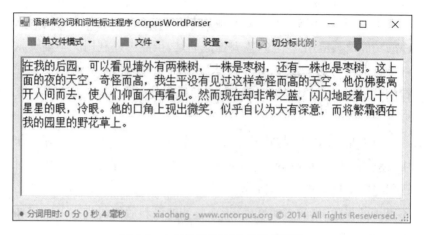

图 3.4 未切分的《野草》的部分语料

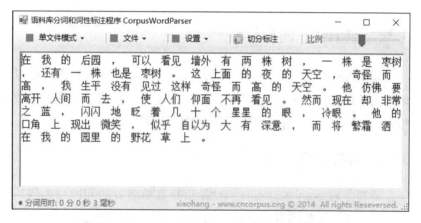

图 3.5 借助 CorpusWordParser 分词后的《野草》的部分语料

词难度不同。以英语和汉语为例,英语中词与词之间由空格隔开,比如在英语句子"I am a student."中,不同词语之间由空格隔开,计算机很容易判断 a 和 student 是两个不同的词语。但是在汉语中,一个句子由词语紧密连接组合而成,不同词语之间没有类似于空格的标记。比如在汉语句子"我是一名学生"中,由于"一名"和"学生"之间无切分标记,计算机很难识别"学"和"生"两个字的结合是一个词语,而非"名"与"学"两个字结合为一个词语。因此,汉语分词的难度要远远大于英语分词。

　　对于语料分词的判断,人们可以通过所积累的语言知识与常识轻松得出,但计算机本身无法像人一样自动判断哪些是词,哪些不是词,而是需要经过学习才能实现自动分词。下面,我们将以汉语分词为例介绍计算机自动分词的方法与原理。

　　自 20 世纪 80 年代起,科研工作者就开启了对于汉语分词的探索。近年来,随着信息技术的不断发展,汉语分词技术日渐成熟。目前,汉语分词方法主要有两大类:基于规则的分词方法和基于统计的分词方法。1)基于规则的分词方法又称机械分词法。该方法以词典与规则库为基础,将待切分的字串中的子串与词典中的词条进行匹配。若匹配成功,则将该子串切分出来;若匹配失败,则重新截取子串进行匹配。以正向最大匹配法为例,假设待切分句子为“语料库有很大价值”,词典中最长的词为 4 个字符,那么先截取待切分句子的前 4 个字符“语料库有”作为子串,并将其与词典中的词进行匹配。此时匹配不成功,便向前移动 1 个字符,得到“语料库”作为新的字符进行匹配。若匹配成功,便将“语料库”切分出来实现分词。这种方法操作相对简单,但分词精度有待加强且无法解决歧义问题。2)基于统计的分词方法通过计算字符之间的共现频率来确定相邻字符组成词语的概率。在汉语中,词由固定的字组成,字与字相邻且同时出现的频率越高,这些字组成词语的可能性越大。具体方法是计算机通过对一定规模的真实语料进行学习,得到字与字之间的共现频率,并训练出词语切分的规律模型,再利用规律模型和语言统计信息实现对原始文本的切分。基于统计的分词方法具有数学理论基础,无须借助词典辅助,但需要借助高规模语料库训练数据模型,且计算量较大。需要注意的是,不同分词方法各有优劣,在分词系统中常常需要依据场景需求在不同阶段采用不同方法或将不同方法融合,从而达到最优分词效果。

　　在语料库建设的实际操作中,我们可以借助汉语分词工具实现汉语语料的自动分词。常用的汉语分词软件有中国科学院计算技术研究所研发的汉语词法分析系统 ICTCLAS, hightman 开发的简易汉语分词系统 SCWS，Laurence Anthony 教授开发的 SegmentAnt，肖航开发的 CorpusWordParser 等。本书第 5 章"常用语料库软件及其应用"将会详细介绍语料分词工具的功能及其应用。有必要指出的是，由于对于"词"概念的认识不一，以及词语歧义、新词识别等问题的存在，目前任何分词系统的自动分词结果都达不到 100% 的正确率。我们可以借助语料分词工具中的用户自定义词典及人工介入的方法，对自动分词结果进行优化和修正。

3.3.2 语料标注

语料标注即针对语言任务处理需求，利用标签对语料库文本中的属性进行标记，其结果是带有标注信息的语料库。语料库标注的实质是语言符号的转换，标注过程就是将语料从语言符号序列转换成另外一种特定的符号序列的过程，转换前后的两类符号序列之间具有某种特定的对应关系①。例如图 3.6 和图 3.7 展示了马丁·路德·金所作的《我有一个梦想》（"I Have a Dream"）演讲的部分语料在利用 Treetagger 软件进行词性标注前后的效果。如图 3.7 所示，语料中每个单词与标点符号后方紧跟着特定的"_标注符号"的标签形式，例如 I 后的_PP 标记 I 为人称代词，have 后的_VVP 标记 have 为

I say to you today, my friends.And so even though we face the difficulties of today and tomorrow, I still have a dream. It is a dream deeply rooted in the American dream.I have a dream that one day this nation will rise up and live out the true meaning of its creed: "We hold these truths to be self-evident, that all men are created equal." I have a dream that one day on the red hills of Georgia, the sons of former slaves and the sons of former slave owners will be able to sit down together at the table of brotherhood.

图 3.6　未标注的"I Have a Dream"演讲的部分语料

---

① 邢富坤. 面向语言处理的语料库标注：回顾与反思[J]. 解放军外国语学院学报,2015, 38(3)：8-13.

实义动词,从而通过标签对前方的单词与标点符号进行标记,实现了由语言符号到标注符号的转换。

```
I_PP say_VVP to_TO you_PP today_NN ,_, my_PP$ friends_NNS ._SENT
And_CC so_RB even_RB though_IN we_PP face_VVP the_DT difficulties_NNS of_IN today_NN
and_CC tomorrow_NN ,_, I_PP still_RB have_VHP a_DT dream_NN ._SENT
It_PP   is_VBZ   a_DT   dream_NN   deeply_RB   rooted_VVN   in_IN   the_DT   American_JJ
dream_NN ._SENT
I_PP have_VHP a_DT dream_NN that_IN one_CD day_NN this_DT nation_NN will_MD rise_VV
up_RP and_CC live_VV out_RP the_DT true_JJ meaning_NN of_IN its_PP$ creed_NN :_: "_``
We_PP hold_VVP these_DT truths_NNS to_TO be_VB self-evident_JJ ,_, that_IN all_DT
men_NNS are_VBP created_VVN equal_JJ ._SENT
"_`` I_PP have_VHP a_DT dream_NN that_IN one_CD day_NN on_IN the_DT red_JJ hills_NNS
of_IN Georgia_NP ,_, the_DT sons_NNS of_IN former_JJ slaves_NNS and_CC the_DT sons_NNS
of_IN former_JJ slave_NN owners_NNS will_MD be_VB able_JJ to_TO sit_VV down_RP
together_RB at_IN the_DT table_NN of_IN brotherhood_NN ._SENT
```

**图 3.7　利用 Treetagger 进行词性标注的"I Have a Dream"
演讲的部分语料**

语料标注有多种模式,其中常使用的有两种:COCOA 参考系统模式和 TEI 模式。1) COCOA 参考系统模式最早出现在用于从机读语篇中提取索引行的计算机系统中。它由两部分组成。第一部分为语言特征名称的附码,如附码 A 代表作者,附码 T 代表译者。第二部分是具有该特征的语言单位,如 DICKENS。这两个部分放置在尖括号内,因此一个语篇的作者可以标注为<A DICKENS>。COCOA 参考系统模式已应用于朗文—兰卡斯特语料库(Longman-Lancaster Corpus)、赫尔辛基语料库等语料库的标注中。在国内,广东外语外贸大学桂诗春教授和上海交通大学杨惠中教授合作建设的中国学习者英语语料库 CLEC 的标注采用了 COCOA 参考系统模式。该语料库将学生类型分为高中、大学一到二年级非英语专业学生、大学三到四年级非英语专业学生、英语专业一到二年级学生、英语专业三到四年级学生等 5 个阶段,分别标注为<ST2>、<ST3>、<ST4>、<ST5>、<ST6>。但 COCOA 参考系统模式的标注能力有限,只能用来标注诸如题目、时间、作者、译者、性别等有限的语篇信息,因此随着时间推移逐渐淡出语料标注领域。2）TEI 模式由计算语言学学会（Association for Computational Linguistics，ACL）、文学与语言学计算协会（Association for Literary and Linguistic Computing，ALLC）和计算机与人文科学学会（Association for Computers and Humanities，ACH）等三家学术团体共同参与制订，采用标准通用标记语言（Standard Generalized Markup Language，SGML）词性标记附码，使用模式简单，更易为用户理解和接受。根据 TEI 模式，语料标注包括篇头信息标注和篇体信息标注。篇头信息标注说明整篇语料的属性，例如语体、内容所属领域、作者、写作时间、来源出处等；篇体信息标注是指文本内部各种语言学属性的标注，主要包括段落标注、语句标注、词性标注、语法语义标注等。语料中的语言单位可以采用赋码标记标识，具体的格式为<...>...</...>。其中，<...>表示一个语言单位的开始，尖括号内为标注附码；</...>表示一个语言单位的结束，需要在尖括号内标注附码的前面加一条斜线。例如，一个句子"我正在学习语料库建设"可以进行句级标注为"<seg>我正在学习语料库建设。</seg>"。BNC 等许多大型语料库都采用了 TEI 模式标注。

如前所述，语料标注根据标注内容可以分为两大类，即篇头信息标注和篇体信息标注。篇体信息标注还可以分为一般语言内容标注、特定语言内容标注。

1）篇头信息标注。篇头信息标注，也称元信息标注。篇头信息标注说明了语料的背景及属性，例如作者的姓名、性别、年龄、国籍，语料的语种、时间、来源、内容类别、所属章节，等等。不同语料库的研究目的不同，篇头信息标注也不尽相同，因此需要根据研究实际设计个性化的标注内容。在语料库中添加对语料基本属性的描述可为后期的检索、统计和分析提供检索条件和查询依据等。以胡开宝教授团队创建的汉英会议口译语料库 CECIC 为例，该语料库采用了 TEI 模式对口译语料库的篇头信息进行标注，说明新闻发布会的主要参与者、译员的性别、文本发表的时间及编号。以 CECIC 的新闻发布会汉英会议口译语料子库为例，具体标注情况如图 3.8 所示：

```
<Text_head>
< Participant > Wen Jiabao < /Participant>
<Time>2008</Time>
<Id>cht051.txt</Id>
</Text_head>
```

```
<Text_head>
< Participant> Wen Jiabao < / Participant>
<Interpreter>Male</Interpreter>
<Time>2008</Time>
<Id>ent082.txt</Id>
</Text_head>
```

图 3.8　汉英会议口译语料库中的篇头信息标注

由图 3.8 可知,在 CECIC 的元标注中:<Text_Head>...</Text_Head>为文本标题的标注;<Participant>... </Participant>用于说明主要参与者的姓名;<Time>...</Time> 表示语料发表的时间;<Id>...</Id>表示语料的文件名和编号。cht051.txt 和 ent082.txt 既是相互对应的中英文语料的文件名,又交代了语料的具体编号是 051 和 082。cht 和 ent 分别是 Chinese text(汉语文本)和 English text(英语文本)的缩写形式。此外,基于语料库建设的目的,CECIC 在对译文的篇头信息进行标注时,还注意到了口译译员这一参与口译交际事件的重要变量,但由于口译译员的姓名常常隐去不提,所以难以展示在篇头信息标注中。不过,出于分析男性译员和女性译员在翻译策略和方法上呈现差异的考虑,英译语料的篇头信息标注使用<Interpreter>...</Interpreter>标明了译员的性别。

2) 一般语言内容标注。这类标注建立在已有的语言学理论基础之上,以语言学理论作为依据,具体包括段落标注、语句标注、词性标注、句法标注、语义标注和语篇标注等。

① 段落标注。段落标注是指将语料以其自然段落为单位进行

标注。常使用的段落标注赋码形式为<p>...</p>,其中<p>标志段落的起始,</p>标志段落的结束。图 3.9 展示了 2021 年《政府工作报告》的段落标注情况。对语料进行段落标注为后续语料在段落层级的平行对齐提供了便利。

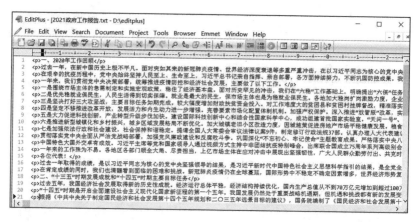

图 3.9 借助 EditPlus 对 2021 年《政府工作报告》部分语料进行段落标注

② 语句标注。语句标注是指将语料以自然语句为单位进行标注。常用的语句标注赋码形式为<seg>...</seg>。与段落标注形式相似,<seg>标志语句的起始,</seg>标志语句的结束。图 3.10 展示了 2021 年《政府工作报告》的语句标注情况。在实际操作中,我们可以借助文本编辑工具 EditPlus 或 EmEditor 等的查找替换功能,实现段落标注和语句标注的批量处理。

③ 词性标注(part-of-speech tagging,POS tagging)。词性标注是依据语言学研究中对于词类的划分标准并结合上下文信息,对语料中所有单词的词性以及标点符号进行赋码,即在语料中的所有词语之后加上名词单复数、动词原型、动词过去式、形容词比较级等词性标签。词性标注是语料库建设中最为常用的标注类型之一,其结果为后续的句法分析和语义标注等奠定基础,并为后续研究阶段的语料检索统计与语言处理提供极大便利。初期的词性标注主要依靠人工手动实现。后来,随着计算机技术的发展,计算机

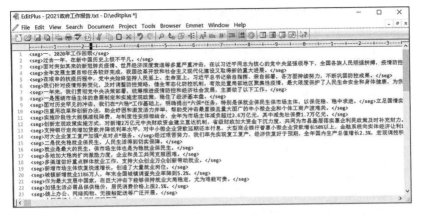

图 3.10　借助 EditPlus 对 2021 年《政府工作报告》部分语料进行语句标注

程序可自动识别并标注语料。具体来说,计算机通过机器学习,总结已标注语料中的词性标注规律,并根据这些规律建构计算模型,利用模型程序对更多的语料进行自动标注,经人工判断并修正后继续进行机器学习,不断完善词性标注效果。目前,计算机词性标注功能已相对成熟,标注结果准确率较高,并演变出基于规则、基于统计、基于神经网络的三种赋码模式。其中,基于统计和基于神经网络的赋码结果最为理想。在实际操作中,我们可以利用已开发的标注工具进行词性标注,例如英国兰卡斯特大学开发的曾用于 BNC 词性标注的软件 CLAWS、斯坦福大学开发的词性标注软件 Stanford Log-linear Part-Of-Speech Tagger、Mick O. Donnell 博士开发的 UAM Corpus Tool、德国斯图加特大学 Helmut Schmid 开发的 TreeTagger、中国科学院计算技术研究所研发的汉语分词标注系统 ICTCLAS、肖航开发的中文标注软件 CorpusWordParser 等。这些软件大多支持多个语种的词性标注,并附有赋码集说明书。不过,需要注意的是,不同标注工具的赋码集有所差异。在利用词性标注工具进行标注时,应仔细阅读该工具的赋码集,以便于后续的语料检索与语言研究。表 3.2 展示了 TreeTagger 中英语词性标注的部分赋码集。

表 3.2　TreeTagger 英语词性标注的部分赋码集

赋码	说　　　明
JJ	Adjective
JJR	Comparative adjective
JJS	Superlative adjective
MD	Modal verb
NN	Common noun, singular or mass
NNS	Common noun, plural
NP	Proper noun, singular
NPS	Proper noun, plural
RB	Adverb
TO	to
UH	Exclamation or interjection
VB	BE verb, base form (be)
VBD	Past tense verb of BE (was, were)
VBG	Gerund or present participle of BE verb (being)
VBN	Past participle of BE verb (been)
VBP	Present tense (other than 3rd person singular) of BE verb
VBZ	Present tense (3rd person singular) of BE verb (is)
VD	DO verb, base form (do)
VDD	Past tense verb of DO (did)
VDG	Gerund or present participle of DO verb (doing)
VDN	Past participle of DO verb (done)
VDP	Present tense (other than 3rd person singular) of DO verb
VDZ	Present tense (3rd person singular) of DO verb (does)

由表 3.2 可知,TreeTagger 针对不同词性的英文单词设计了不同的赋码。例如,JJ 表示形容词原级,JJR 表示形容词比较级,JJS 表示形容词最高级,VB 表示 BE 动词原形(be),而 VBD 表示其过去式 was 或 were,VD 表示动词原形,VDD 表示动词过去式等。

④ 句法标注(Syntactic Annotation)。句法标注也称句法分析,是指把句子的句法成分特征用赋码标注出来。经句法标注的语料库称为树库(treebank)。句法标注技术以直接成分分析为基础,采用短语结构标注、依存关系标注等方法对语料的不同句法成分进行标识,例如宾夕法尼亚大学树库(Penn Treebank)的 PTB－1 版本标注英语的形容词短语、副词短语、名词短语等 8 种词组,简单陈述句和主语-助谓词倒置的陈述句等 2 种陈述句,以及从属句、wh-直接疑问句等成分。

句法标注对输入的自然语言文本进行句法结构的分析和标注,其目的在于确定句子中的词与词之间的结构关系,例如主谓关系、动宾关系等。它可以将句子分解成一系列有层次结构的语法单元,如短语、子句等。句法标注通常借助于语法规则、规则模板和机器学习等方法进行。在传统方法中,基于规则的句法标注器使用人工定义的规则和模板,通过匹配和推理来确定句子的句法结构。近年来,基于机器学习的句法标注方法被广泛应用,可以通过训练使用已标注的句法树数据的统计模型,如隐马尔可夫模型(Hidden Markov Model,HMM)、最大熵模型(Maximum Entropy Model, MaxEnt)和条件随机场(Conditional Random Field, CRF)等。句法标注一般包括句法依存标注、句法成分标注和语块标注等。

句法依存标注(Syntactic Dependency Annotation)是关于句子中词与词之间依赖关系的标注。在句法依存标注中,通常使用依存树(Dependency Tree)来描述句子中词与词之间的依存关系。每个词语在依存树中都有一个父节点(Head),表示它所依赖的词语,而子节点表示依赖于当前词的其他词语。根据词语之间的关系,可以给每个弧上标注具体的句法依存关系,如主谓关系、动宾关系、修饰关系等。句法依存标注的任务是通过对句子进行分析和推测来构建依存树,并为每组词与词之间的连接标注合适的依存关系。句法依存标注对于自然语言处理和语言理解非常重要,因为句法结构可以提供词汇之间的语法信息,适用于语义分析、问题回答、命名实体识别等任务。

句法成分标注(Constituency Parsing Annotation)旨在确定并标注句子中的每个词所属的短语结构成分,将句子分解成具有层次结构的短语,使我们可以更好地理解句子的组成和结构。短语结构成分表示句子中的词与词组之间的层次关系,如名词短语、动词短语、从句等。句法成分标注通常使用短语结构树(Phrase-Structure Tree)来描述句子中的层次结构。短语结构树是一种树状结构,其中树的节点表示短语结构成分,叶子节点表示词汇。每个节点可以有一个父节点和一些子节点,用于表示词与词组之间的关系。句法成分标注可以通过规则和机器学习方法来实现,其中常用的方法包括基于规则的短语结构分析、统计概率模型和神经网络等。

语块标注(Chunking Annotation)旨在将句子切分成连续的语块,识别和分析这些语块或词块,并对每个语块进行标注。语块是指一个或多个相邻的词在句子中组成的短语单位,通常具有一定的语义和语法功能。常见的语块包括名词短语(noun phrase,NP)、动词短语(verb phrase,VP)、介词短语(prepositional phrase,PP)等。与传统的句法分析方法相比,语块标注更加关注句子中的局部结构,而不需要考虑完整的句法树。语块标注对于自然语言处理任务中的信息提取、句法分析和文本理解等很有帮助。

⑤ 语义标注(Semantic Annotation)。语义标注是指描述谓词与其关联词之间语义关系的标签,如施事者(Agent)、受事者(Patient)、目标(Goal)等。语义标注可以帮助识别句子中每个词语的语义角色,即每个词语在给定谓词的上下文中扮演的角色,为句子中的语义关系提供细粒度的信息。通常,语义标注涉及对词语意义和句子语境的理解,需要根据整个句子的上下文来确定每个词的语义角色。例如,在"I ate an apple."一句中,动词 ate 是谓词,I 是施事者,an apple

是受事者。语义标注可以为问答系统、机器翻译、信息提取和文本生成等任务提供丰富的语义信息。我们可以采用手工编制的方法或基于统计和机器学习的方法来给文本提供语义标注。其中,支持向量机、条件随机场和深度学习模型(如循环神经网络和注意力机制)等基于机器学习的方法进行标注的效果不错。

目前,Wmatrix 在线语料分析软件可以对文本中的词汇单元进行自动语义标注,它包含 21 个上位语义域(如表 3.3 所示)和 200 多个次语义域。

表 3.3　Wmatrix 的 21 个上位语义域赋码集

A General and abstract terms	B The body and the individual	C Arts and crafts	D Emotion
F Food and farming	G Government and public	H Architecture, housing and the home	I Money and commerce in industry
K Entertainment, sports and games	L Life and living things	M Movement, location, travel and transport	N Numbers and measurement
O Substances, materials, objects and equipment	P Education	Q Language and communication	S Social actions, states and processes
T Time	W World and environment	X Psychological actions, states and processes	Y Science and technology
Z Names and grammar			

⑥ 语篇标注（Discourse Annotation）。语篇标注是指用于识别和分析文本中的语篇结构和关系的标注。一般说来，语篇是指一段文本中的连贯句子序列。这些句子序列通过逻辑和语义关系相互连接，形成完整的语义单元。语篇标注旨在将文本切分成不同的语篇单元，并为这些语篇单元之间的关系进行标注。常见的语篇单元包括段落、句子和话题等。与句法分析关注句子内部结构不同，语篇标注关注的是句子之间的逻辑关系、主题转换以及文本结构。语篇标注可以提供更高层次的文本理解和推理，以及更深入的语义和语用分析。例如，识别段落之间的转换关系，可以帮助更好地理解文本的组织结构；识别句子之间的推理和逻辑关系，可以帮助进行推断和推理；识别话题和主题转换，可以帮助实现更准确的信息提取和文本生成。语篇标注可以使用规则和机器学习方法来实现。传统的方法包括基于规则的解析和统计概率模型，而现在常常运用神经网络模型，如递归神经网络（recursive neural network，RNN）、转换器（Transformer）等。语篇标注在文本挖掘、文本理解和文本生成等领域具有广泛应用，可以应用于问答系统、信息检索和摘要生成等任务。

3）特定语言内容标注。在实际研究中，除了篇头信息标注、词性标注、句法标注等一般语言内容标注外，还可以依据研究目的进行特定的语言内容标注，如隐喻标注、术语标注、语误标注等。例如，上海外国语大学胡开宝教授团队开发的《习近平谈治国理政》多语种数据库综合平台对《习近平谈治国理政》的译文进行了翻译策略与技巧标注，以直接应用于外语课堂教学实践。此外，在口语语料库中，还需要依据实际建库需求和研究目的对副语言特征进行标注，比如：语调、重音等韵律特征；说话时的笑声、哭泣声等突发性特征；鼻化音等次要发音特征；说话时的面部表情、视觉接触、体态、手势等。例如，胡开宝教授团队创建的汉英会议口译语料库 CECIC 对停顿、言语打断、重复、修正等主要口语特征进行了标注。该语料库使用的标注方式如表 3.4 所示：

表 3.4 汉英会议口译语料库 CECIC 的口语特征标注

口语特征	口语特征标注
停　　顿	\<pause\>…\</pause\>
言语打断	\<interrupted\>…\</interrupted\>
重　　复	\<repetition\>…\</repetition\>
修　　正	\<revision\>…\</revision\>

应当指出,不同的建库目的或研究目的所要求的标注类型和赋码形式有所不同,研究者一直在尝试寻求统一的规范和标准。英国著名语言学家 Leech[①] 提出了语料标注的 7 项原则:

1)标注附码可以删除,可以恢复到原始语料。

2)所作的标注可以单独抽出,另外储存。

3)语料的最终使用者应该清楚标注的原则和附码的意义。

4)在语料的使用和说明文件中,应该说明标注者以及标注所使用的方法。

5)应向用户表明,语料的标注并非完美无缺,它只是一种可能有用的工具。

6)标注应该尽量采用被人们普遍接受的中立的模式。

7)任何标注模式都不能作为第一标准。即使有,也只能通过大量的实践和比较才能得到。

上述 7 项语料标注原则被研究者认可采纳,成为语料标注的指导性原则。但需要注意的是,首先,在实际标注和使用过程中,标注者关注的标注可行性和用户关注的标注详细程度往往存在一定矛盾,因而要结合研究目的选择恰当、合理的标注方式。其次,尽管语料标注工具可以帮助我们实现自动化标注,但即使是最成熟的词性

---

① Leech, G. Corpus annotation schemes[J]. *Literary and Linguistic Computing*, 1993, 8(4): 275 – 469.

标注工具也无法达到100%的准确率。最后,语篇标注和口语特征标注等方面还未出现成熟的标注工具,因此语料标注不能完全依赖计算机,许多标注工作仍需要人工修正甚至人工标注。

必须指出,语料标注在语言研究中具有重要价值。首先,由于语言符号与标记符号之间存在对应关系,语言符号所承载的语言特征可以由标注符号显现出来,从而实现语言特征的抽象和概括。其次,语料标注为语料检索提供了便利。依据研究目的进行不同形式的标注,借助标注符号可以实现具有一定规律性的甚至是复杂的语言结构的检索。例如,关于英语语料库中过去分词的检索,过去分词虽然遵循相对统一的结构形式,但不同动词的过去分词具体形式不一,在未标注语料库中很难全部检索。在已完成词性标注的语料库中,可以借助标注符号和正则表达式,检索\w+_V\wN 便可实现对于语料库中过去分词的查找。最后,语料标注是语料库数据统计的重要基础。对标注内容进行数据统计与分析,可以帮助研究者发现通常查阅时难以体察的语言现象,从而总结语言特征与规律。

综上所述,语料的分词与标注是语料加工中的关键步骤,关系到计算机能否准确识别或高效检索相关语料,并依据研究目的得出科学的统计数据。对于单语语料来说,完成语料的分词与标注后,即可输入语料检索工具进行检索统计,但对于双语语料来说,在语料分词与标注后,在正式入库检索前,还需要进行极为重要的加工步骤——语料的平行对齐。

3.4 语料的平行对齐

语料的平行对齐(alignment)是针对双语或多语语料进行的加工处理,旨在将源语语料与目的语语料的语言单位一一对应起来,体现二者的翻译对应关系。

语料的平行对齐一般可分为篇章、段落、语句、词汇四个层级。双语语料的质量与其加工程度、对齐单位密切相关,对齐层级越精细,其质量越高,同时加工难度也越大。

1) 篇章平行对齐,指源语语料与目的语语料的各篇章之间实现对应,即一篇原文对应一篇译文。篇章层级的平行对齐很容易实现,因为我们采集的双语语料基本以一个或多个篇章形式展示,无须进行文本细读,凭借文本标题、时间、首句、结尾句等特征性信息,就可以快速判断语篇之间的对应关系。需要注意的是,对于存在对应关系的双语篇章,在文档命名时可以加以区分和标记。一般中文文档以"…_CN"命名,英文文档以"…_EN"命名,其中"…"为文档内容标题,"CN"指中文,"EN"指英文。例如,2020 年版《中国外交》白皮书的中文语料文档和英译语料文档可以命名为"China's Foreign Affairs 2020_CN"和"China's Foreign Affairs 2020_EN",从而将具有语篇对应关系的两个语料文本进行标识,为后续的研究和处理工作提供便利。

2) 段落平行对齐,指源语语料与目的语语料的每段文本实现对应,即一段原文对应一段译文。段落平行对齐的实现难度也不大,尤其是在语料标注时进行了段落标注的情况下,段落对齐的难度将被进一步降低。绝大多数语料的段落,借助新西兰奥克兰大学 Michael Barlow 教授研发的 ParaConc 软件可以自动实现。但段落层面的自动对齐准确率通常只有 80% 左右,因此需要进行人工校对修改。图3.11 展示了借助 ParaConc 软件实现的段落对齐。

图 3.11　借助 ParaConc 软件实现的段落对齐

3) 语句平行对齐,指将源语和目的语语料以句子为单位实现对应。然而,需要注意的是,源语和目的语译文在语句层面并不总是存在一一对应关系。在翻译过程中,由于不同语言和文化间的差异,译者有时会将一个源语语句译为多个目的语语句,或把多个源语语句译为一个目的语语句,这就造成了语句层级的平行对齐具有一对一对齐、一对多对齐、一对零对齐、多对一对齐等多种形式。同时,与语篇对齐和段落对齐相比,双语语料中语句平行对齐的难度也大大增加。目前,语句层面的平行对齐需要借助软件应用和人工干预相结合的方式来实现。具体步骤为:首先,将源语语料和目的语语料分别存为独立的文档,实现篇章对齐;其次,利用语料平行对齐软件实现源语语料和目的语语料在段落层面以及大部分语句之间的对齐;最后,利用语料平行对齐软件内置的分割对齐、合并对齐单位、添加空白对齐行、剪切、粘贴等功能,以语句为单位,实现双语语料的人工句级对齐处理。在采用人工方法进行语句层级的对齐过程中,对于源语语料和目的语语料不可一一对应的问题、语句分割的标点符号判定问题等,可依据以下原则:① 以原文为基准,尽量实现源语和目的语语句的一一对应,也允许一对二、一对多,或二对一、多对一等情况的存在。② 句号、问号、感叹号和破折号均视为语句的标记。③ 如果分号用于隔开较长的语句成分,则该符号为语句的标记。但是,以分号为单位来切分语句单位时须满足原文和译文一一对应。如果不能一一对应,则不以分号为界切分。应用以上步骤和原则,借助语料平行对齐软件与人工干预相结合的方法,便可实现双语语料的句级平行对齐。图 3.12 展示了利用语料平行工具 ABBYY Aligner 实现的 2020 年版《中国外交》白皮书中文语料和英译语料的部分句级平行对齐。与对齐程度较为粗糙的篇章对齐和段落对齐,以及操作难度极大的词汇对齐相比,语句层级的平行对齐既可以保证源语语料和目的语语料对齐的精细度以及平行语料库的质量,在实际操作中又具有较强的可行性,因此被广泛使用。目前,大多数大型双语平行语料库均以句级对齐为标准,例如胡开宝教授团队开发的莎士比亚戏剧英汉平行语料库、《习近平谈治国理政》多语种数据库综合平台等均实现了句级对齐。

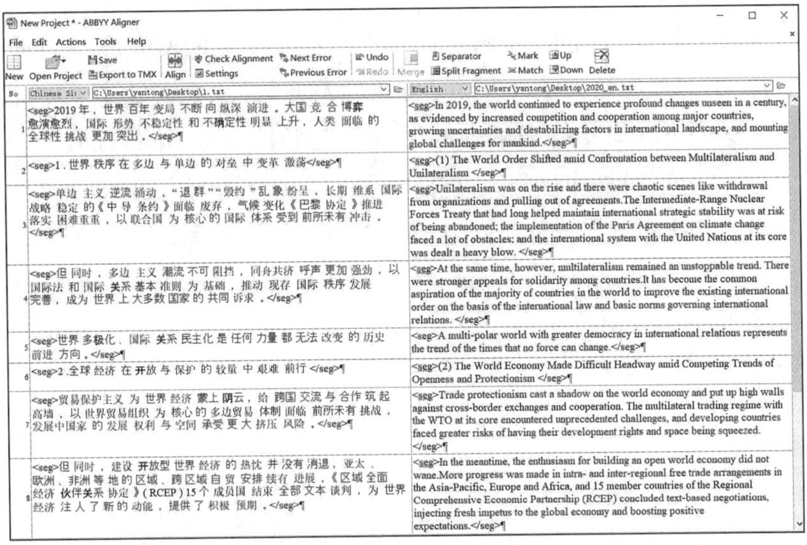

图 3.12　借助软件 ABBYY Aligner 实现的 2020 年版《中国外交》白皮书中文语料和英文语料的部分句级平行对齐

4）词汇平行对齐，指源语语料与目的语语料以词为单位实现对应，即一个源语词对应一个翻译词。与篇章、段落、语句层面的平行对齐相比，词汇层面的平行对齐难度要大很多。因为词汇的翻译极为灵活多变，且同一个源语词往往可译为多个目的语词，或译为短句甚至省译。例如，英语原文"The year 1949 witnessed the founding of PRC."和汉语译文"1949 年中华人民共和国成立了"，显然英语原文中的 witnessed 在汉语译文中并无对应词，被省译了。此外，不同语言在组成句子时具有不同的句法规则和语序，将源语语料与目的语语料以词为单位对应，可能会破坏原有的语序，并造成语境的不完整性。例如，由于英汉语言之间的差异，汉语原文句子"你要学好英语，这很重要的"和英语译文"It is important that you learn English well."若实现词汇对齐，将导致整体语序和语义的混乱。因此，除非源语和目的语语料均由单个词语组成，而非句子，或者专门建设术语库，否则词汇层面的平行对齐几乎很难实现。

在语料平行对齐的实际操作中,我们可以借助一些常用的平行对齐工具,如 ParaConc 软件、ABBYY 公司发布的 ABBYY Aligner 软件、上海外国语大学开发的语料平行对齐软件 SISU Aligner 1.0.0 等。这些工具均支持多语种的语料自动平行处理,并具有人工辅助对齐功能,可操作性强。此外,SISU Aligner 1.0.0 还支持多个文档在同一界面的对齐平行操作,实现了"一原文对多译文"的视图和操作模式,极大地便利了不同译本之间的观察与对比分析。图 3.13 展示了利用 SISU Aligner 1.0.0 实现的《离骚》原文与两个英译本的平行对齐。

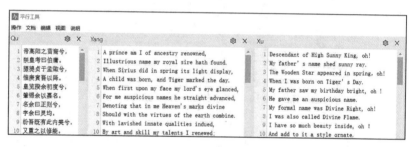

图 3.13　利用 SISU Aligner 1.0.0 实现的《离骚》原文与两个英译本的平行对齐

平行对齐的语料具有重要的应用价值。1）在翻译研究中,我们可以利用平行语料库进行检索和数据分析,展开基于语料库的翻译语言特征研究、译者风格研究、翻译规范研究等,还可以利用对齐语料辅助双语词典编撰。2）在翻译教学中,对齐语料提供了开放的、未经改编的真实翻译素材,以鼓励学习者在语言学习中强化自我发现意识和对翻译的感性认知。3）在翻译实践中,可以利用平行语料库生成翻译记忆库,提高翻译实践的效率,并保证翻译风格的统一。4）在机器翻译中,平行对齐语料是重要的语言数据,可用于机器翻译模型的训练,优化翻译结果。可以说,语料的平行对齐关乎语料的质量与应用范围。高质量、大规模的平行对齐语料是重要的语言资产。

3.5 小结

本章从语料的采集、校对与降噪、分词与标注、平行对齐等角度,结合相关案例及图表,详细介绍了语料采集与加工的全流程。事实上,语料的采集与加工流程是否规范、合理,直接关系到语料库建设质量的高低。我们认为,对于语料的采集与加工而言,相关软件或技术的应用可以提高语料库建设的效率,但人工干预不可缺少。无论是语料的采集、校对与降噪,还是分词与标注、平行对齐,都离不开人工校对和调整。

 思考题

1. 语料的采集与加工一般涉及哪些环节?

2. 口语语料的采集需要注意哪些问题?

3. 什么是语料降噪?

4. 为什么中文需要分词?中文分词如何实现?

5. 语料标注的类型有哪些?如何判断语料库需要进行哪种标注?

6. 最常见的是哪一层级的语料平行对齐?可以借助哪些方法实现?

 推荐阅读

Abeillé, A. *Treebanks: Building and Using Parsed Corpora*［M］. Beijing: Peking University Press, 2014.

O'Keeffe, A. & McCarthy, M. *The Routledge Handbook of Corpus Linguistics*［M］. London: Routledge, 2010.

陈桦,文秋芳,李爱军. 语音研究的新平台:中国英语学习者语音数据库[J]. 外语学刊,2010,(1)：95－99.

胡开宝,陶庆. 汉英会议口译语料库的创建与应用研究[J]. 中国翻译,2010,31(5)：49－56+95.

胡开宝. 语料库翻译学概论[M]. 上海：上海交通大学出版社,2011.

胡开宝,邹颂兵. 莎士比亚戏剧英汉平行语料库的创建与应用[J]. 外语研究,2009,(5)：64－71+112.

李晓倩,胡开宝.《习近平谈治国理政》多语平行语料库的建设与应用[J]. 外语电化教学,2021,(3)：83－88+13.

肖航. 语料库词义标注研究[M]. 昆明：云南教育出版社,2016.

杨惠中. 语料库语言学导论[M]. 上海：上海外语教育出版社,2002.

中编

语料库的检索

第4章
常用语料库数据及其生成

4.0 引言

本书前三章分别介绍了语料库相关基础知识、语料库的设计以及语料库的建设。语料库建设完成以后，我们可以利用相关软件对语料库进行检索与应用。本章将介绍如何从建好的语料库中提取各种语言数据，如词表、词簇、关键词、高频词、关键词簇、显著搭配以及索引行等。这些语言数据是后续相关研究的必要基础。研究者对这些语言数据进行分析和解读，可以发现语言使用的现象和规律。

4.1 词表及其生成

词表（word list），也称词汇列表，是将一个文本或一个语料库中的词汇及每个词出现的频率（绝对频率或相对频率）以清单形式呈现所生成的表格。词表功能把文本转换成一系列统计数字，对文本量化分析具有重要意义。基于通用语料库建成的词表反映了语料库所代表的语言词汇分布特征，基于专门语料库建成的词表则反映了专门语料库的词汇分布特征。通常，二者在词汇频率方面存在较大的差异。

除非另有特别说明，通常所说的词表指的是词频表，即将一个文本或一个语料库中出现的所有词语按照其出现频率（绝对频率）高低顺序排列所生成的表格。通常，语料库检索软件都能生成词表。本节将以 AntConc 为例介绍几种常用词表的生成过程。

AntConc 软件是日本早稻田大学 Laurence Anthony 博士开发的一款免费的语料库分析工具包,用于语料库的检索和文本分析。在他的个人网站上可以免费下载适用于 Windows 系统和 macOS 的不同版本的 AntConc 软件及其他相关资源。

AntConc 的主要功能是实现语料库相关项的检索、提取与分析,如图 4.1 所示:

图 4.1　AntConc 3.5.7 的主要功能

根据图 4.1,AntConc 的主要功能依次包括索引(行)(Concordance)、索引词图(Concordance Plot)、文件中视图(File View)、词簇/N 元组(Clusters/N-Grams)、搭配(Collocates)、词表(Word List)和关键词表(Keyword List)等。

下面,以 AntConc 3.5.7 为例,简单介绍词表的生成过程。首先,我们打开 AntConc 3.5.7 软件,点击文件(File),就会出现一个下拉菜单,第一个选项为打开文件(Open File[s]),第二个选项为打开目录(文件夹)(Open Directory)。此处,根据研究需要,选择打开文件或者文件夹。文件或文件夹打开以后,可以在软件左侧窗口显示出已经打开文件的文件名。同时,软件左下角显示打开文件数目,如图 4.2 所示。

在文件或文件夹导入成功以后,单击词表选项,进入词表生成界面,然后选择按频次排序(Sort by Freq),单击开始(Start),软件将自动生成一个列表,如图 4.3 所示:

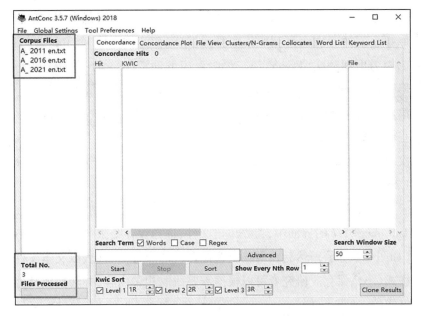

图 4.2　文件导入后显示图

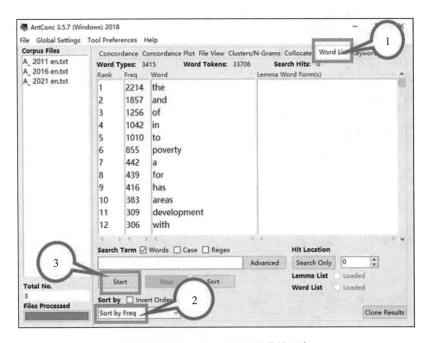

图 4.3　用 AntConc 3.5.7 生成的词表

由图 4.3 可见，AntConc 3.5.7 生成的词表是按照每个词在语料库中出现的频次由高到低依次排列，第一栏为排列序号（Rank），第二栏为出现频次（Freq），第三栏为对应的词汇（Word），第四栏为原形词（Lemma Word Form［s］）。同时，表格上方还显示了当前整个语料库所包含的类符（Word Types）数和形符（Word Token）数。在当前语料库中，频次最高的词为 the，在语料库中共出现了 2 214 次，依次为 and 和 of，分列第 2 和 3 位，出现频次分别为 1 857 次和 1 256 次。

在研究过程中，通常需要把检索结果导出，制成表格。在 AntConc 3.5.7 的界面中，首先单击文件，选择保存结果（Save Output）（如图 4.4 所示），然后在电脑上选择合适的位置，将词表以文本文件格式（.txt）保存。研究者可以根据需要截取相关内容，并转换成其他格式的文档。

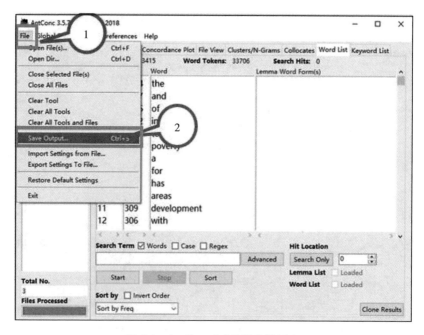

图 4.4　AntConc 3.5.7 词表的导出

　　制成词表是语料库分析的基本操作之一。词表的生成将文本转换成统计数据,对文本的量化分析具有重要意义。在语料库或文本的词表中,词汇的频次反映了语料库或文本所代表语言的词汇分布特征。一般来说,词表中实(义)词可以反映文本的所言之事(aboutness),虚词则反映了文本的风格(style)。

　　需要指出的是,如果在词表中不需要某类词,可以采用停词表(stoplist),让这些不需要的词不出现在词表中。依次点击参数设置(Tool Preferences)→词表,在词表范围(Word List Range)栏目下选择使用停词表(Use a stoplist below),然后单击逐个输入(Add Word),逐个输入要停用的词,或者通过打开一个停用词表添加停用词(Add Words from File)添加,最后点击应用(Apply),完成设置。具体操作如图 4.5 所示:

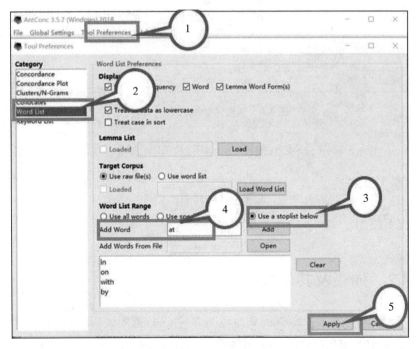

图 4.5　停词表使用设置

如果图 4.4 词表中的介词、连词和冠词不需要出现在词表中,可以按图 4.5 所示步骤,分别把介词、连词和冠词按上述步骤输入,然后点击生成词表,得到的结果如图 4.6 所示:

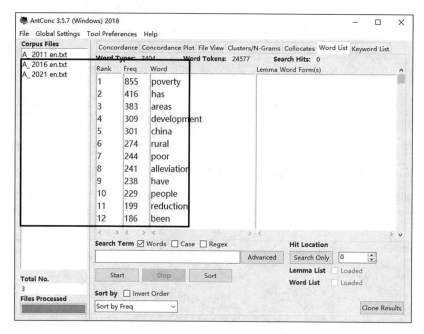

图 4.6　使用停词表以后的词表

图 4.6 显示,原来出现在图 4.4 中的介词、连词和冠词(a、and、by、for、from、in、of、on、the、to 和 with)等,没有出现在新的词表中。为了以后操作方便,我们还可以制作不同的停词表,在不同的情况下使用。

4.2　词簇及其生成

词簇(Cluster/N-Gram),也称为 N 字(词)词频表,是指目标语料库的多字(词)词频表。例如,句子"It is my pen."的 2 字(词)词频表的检索结果为:"It is""is my""my pen"。词簇表分为语料库词簇表和某一个词的词簇表。语料库词簇表或 N 字（词）词频表的制作方法如下：首先，打开要生成词簇或 N 字（词）词频表的目标语料库。其次，单击词簇/N 字（词）词频表，进入词簇或 N 字（词）词频表生成界面。然后，在词簇大小（Cluster Size）处根据自己的需要，调整最大词簇（Max.）和最小词簇（Min.），即设定最长词簇和最短词簇包含的字（词）数的范围。之后，选择按频次排列。最后，单击开始即可生成整个语料库的词簇（频次）表（如图 4.7 所示），然后保存检索结果。

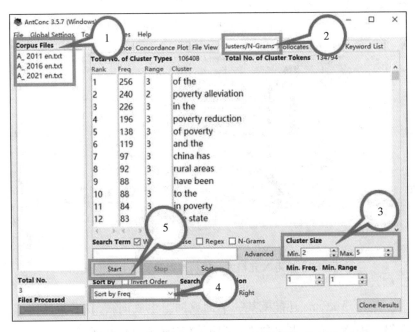

图 4.7　采用词簇形式时语料库词簇表的生成步骤

值得注意的是，在制作词簇或 N 字（词）词频表过程中，AntConc 软件默认的是采用词簇（Cluster）形式。如果想要采用 N 元（N-Grams）模式，操作步骤大同小异。首先，打开要生成词簇或 N 字（词）词频表的目标语料库，单击词簇/N 字（词）词频表，进入词簇或 N 字（词）词频表生成界面。其次，在检索项（Search Term）栏目勾选

N 元检索,再在 N 元长度(N-Gram Size)处根据自己的需要,调整最大词元(Max.)和最小词元(Min.),即设定最长词簇和最短词簇包含的字(词)数的范围。再次,选择按频次排列,单击开始即可生成整个语料库的词簇(频次)表(如图4.8所示)。最后,保存检索结果,以备后续使用。

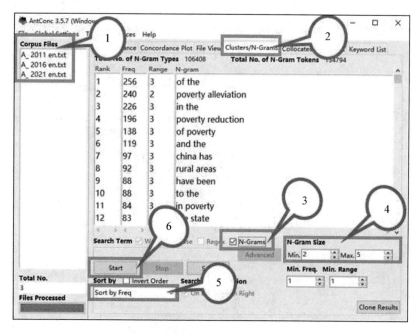

图 4.8　采用 N 元模式时语料库词簇表的生成步骤

此外,AntConc 还能就某一个词或词组生成词簇,以考察该词或词组的语境。操作步骤与语料库词簇表或 N 字(词)词频表有一定的差异。首先,打开要生成词簇或 N 字(词)词频表的目标语料库,单击词簇或 N 字(词)词频表,进入词簇或 N 字(词)词频表生成界面。之后,在检索项中输入要检索的词或词组,根据自己的需要,在词簇大小栏中调整最大词簇和最小词簇,即设定最长词簇和最短词簇包含的字(词)数的范围。之后,选择按频次排列,并在检索节点词或词组位置处勾选左侧(On Left)词簇或右侧(On Right)词簇。左侧词簇则呈现以检索词或词组在最左边的词簇,右侧词簇则显示检索词或词组在右边的词簇。此外,可以选择最低频次和最小范围来限定词簇的最低频次和最低范围,排除低频词簇。最后,单击开始即可生成该词或词组的词簇(频次)表(如图 4.9 所示),然后保存检索结果。

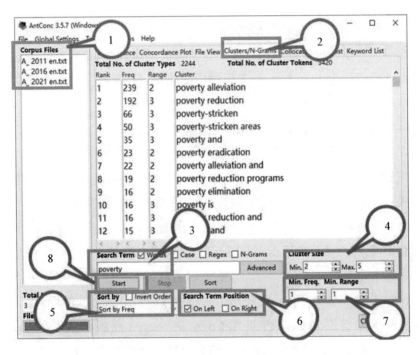

图 4.9　单个词或词组的词簇生成步骤

词簇分析是语料库语言学和话语分析的重要内容之一。词簇与搭配的概念紧密联系,但也存在显著差别。搭配研究主要是考察两个词之间的搭配关系,而词簇分析则考察两个或多个词语连续使用的情况。搭配研究考察的是词语之间的共现情况,包括不连续的词语之间的关系,而词簇分析简单地计算语料库中多词连续序列的频率。此外,搭配研究经常结合索引行一起来确定意义单位,而词簇分析一般不涉及索引行分析。

4.3 关键词及其生成

关键词(keyword),也叫主题词,是指"与参照库相比,出现频率远超常态的词汇"①。关键词与高频词不一样。高频词的判断依据是一个词在文本或语料库中的出现频次,是一个绝对值。关键词则是依据一个相对值而定,指的是一个词在观察库中的出现频率与其在参照库中的出现频率相比存在显著差异,即频率的相对超高或超低。前者称为正关键词,后者则称作负关键词。实词关键词凸显文本的主要内容,虚词关键词反映文本的文体风格。

从关键词的定义可以看出,关键词的产生需要一个参照语料库。在生成关键词表之前,要提前准备好一个参照语料库,或者参照语料库的词频表,用作参照。下面就以 BNC 为参照语料库,展示如何生成一个文件或语料库的关键词表。首先,打开要生成关键词表的文件或语料库。然后,单击 AntConc 左上角的参数设置,即可弹出一个对话框,在对话框中逐步完成以下设置(如图 4.10 所示):首先,在左边框中选择关键词表。其次,在右侧参考语料库栏目下,选择使用语料库文件(Use raw files)或使用词表(Use word list[s])。然后,在下面选项中选择添加文件目录(Add Directory)或添加文件(Add Files),添加一个或多个语料库文件目录或者已经生成或下载的参照语料库的词表(本次示范操作添加的是从 Laurence Anthony 个人网站上下载的 BNC 的词表)。接着,点击上载(Load),其后面的进程绿条完成后,上载按钮前的方框打钩,则表示上载完成。最后,点击应用,完成关键词表的参数设置。

在完成如图 4.10 所示的参数设置之后,点击应用,参数设置完成,页面自动消失,就回到 AntConc 的主界面。在主界面按照图 4.11

---

① Scott, M. & Tribble, C. *Textual Patterns: Keywords and Corpus Analysis in Language Education*[M]. Amsterdam: John Benjamins, 2006: 55.

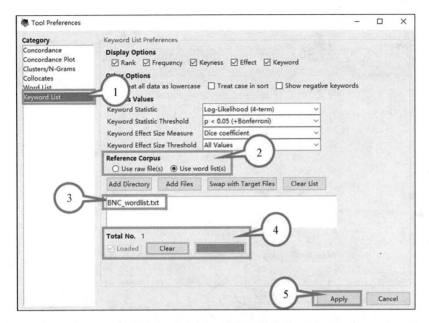

图 4.10　关键词表的参数设置

的步骤进行操作即可生成关键词表。首先,点击关键词表,然后选择
按关键性值排序(Sort by Keyness),最后点击开始,软件即可自动生
成关键词表。关键词表包括关键词形符数(Keyword Types)、关键词
类符数(Keyword Tokens)、排序(Rank)、频次(Freq)、关键性值
(Keyness)、效应(Effect)和关键词(Keyword)等信息。点击文件,然
后选择保存结果,即可将关键词表结果进行保存。

　　在语料库研究中,关键词分析是语料库分析的一种常用研究方
法,主要进行语料库之间的对比。研究所使用的语料库通常被称为
观察语料库(Observed corpus),作为参照对象进行对比的语料库称为
参照语料库。参照语料库的选择直接影响研究结果的客观性和可靠
性,故而尤其重要。在通常情况下,可以选择大型通用语料库或可比
语料库作为参照语料库,因为通用语料库代表了一种语言的整体状
况,而可比语料库则在题材、体裁、库容、时间跨度等各方面与观察语
料库高度一致,能凸显观察库与参照库的差异。本质上,关键词分析

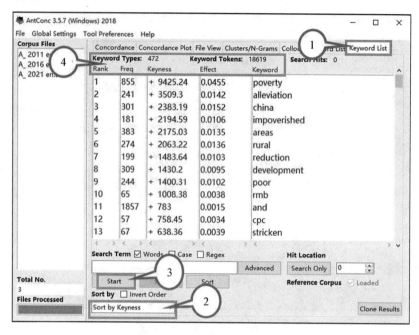

图 4.11　关键词表的生成步骤

是一种频率对比。从关键词的定义可以看出,关键词是两个语料库
中出现频率存在显著差异的词。

　　一般情况下,语料库分析工具都集成了关键词分析功能,按照研
究者的设置自动生成关键词表。研究表明,实词关键词通常反映观
察语料库的主题和所言之事,虚词关键词则揭示语体或语言风格方
面的差异。此外,关键词/主题词有正、负之分,如果某个词在观察语
料库中的标准化频率高于其在参照语料库中的标准化频率,该词的
主题性即为正值——正主题词。若 p 值达到显著水平,则表明该词
在观察语料库中的频率显著高于其在参照语料库中的频率。反之,
如果某个词在观察语料库中的标准化频率低于其在参照语料库中的
标准化频率,其主题性即为负值——负主题词。若 p 值达到显著水
平,则表明该词在观察语料库中的频率显著低于其在参照语料库中
的频率。

4.4 搭配词表及其生成

搭配指的是"文本中短距离内出现的两个或多个词"(the occurrence of two or more words within a short space of each other in a text)①。学界在谈到搭配时,经常提到 Firth 的一句经典名言,"You shall know a word by the company it keeps."(由词之结伴可知其意)②。Sinclair 认为搭配才是真正的意义单位,搭配是词语构成的序列,是语言研究的基础,是形式和意义的完美结合。通过搭配来研究一个词在特定语境下的意义是语言学研究的重要内容之一。学界一般从语言学和统计学两条路径考察搭配。本节主要讨论统计学路径上搭配的提取及其词表生成。

从搭配的概念可以看到,搭配是词汇层面的研究。搭配涉及一个文本中的两个或多个词。搭配词之间相距不远。这里还涉及几个概念,一是节点词(Node),即要考察其搭配的词。二是跨距(Span),即从节点词到左右两端的距离。Sinclair③ 建议的跨距为 5,即检索词左右各 4 词。AntConc 默认的跨距是左右 4 词,但是研究者也可以根据自己的需要,调节检索词左右跨距。

此外,Sinclair 主张利用大型语料库,在语境中研究搭配,并提出了几种基于概率的计算方法来统计搭配的显著性(significance),也称搭配强度(collocation strength)。搭配强度的计算主要考察两个词在语料库中的共现情况,最常见的方法有 *MI* 值、*Z* 值、*t* 值(*t*-score)、对数似然率(log-likelihood)等,也可以几种方法联合使用。本章只介绍如何在软件中选择这些不同的计算方法,以及不同方法的差异(详细计算方法和计算公式见梁茂成教授等主编的《什么是语料库语言学》

---

① Sinclair, J. *Corpus, Concordance, Collocation*[M]. Oxford: Oxford University Press, 1991: 170.
② Firth, J. R. A synopsis of linguistic theory, 1930-55[A]. In J. R. Firth. *Studies in Linguistic Analysis. Special Volume of the Philological Society*[C]. Oxford: Basil Blackwell, 1957: 11.
③ 同①。

的第 42—43 页)。

下面我们以一个自建语料库为例,逐步介绍如何用 AntConc 生成一个词的搭配(如图 4.12 所示)。

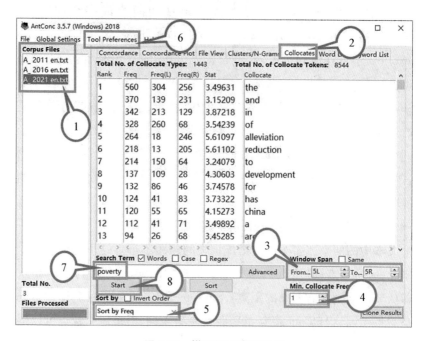

图 4.12　搭配提取步骤设置

如图 4.12 所示,首先,导入目标语料库,然后点击搭配,设置搭配跨距(Window Span),其默认值为左右 4 词(5∶5),设置最小搭配频次(Min. Collocate Freq),默认最小值为 1,然后设置排序规则(Sort by),排序规则的下拉菜单有按频次排序、按统计数值排序(Sort by Stat)和其他多个选项,研究者可以按照自己的需要进行选择。在设置好上述步骤以后,进行具体参数设置,单击参数设置,在弹窗中完成设置(如图 4.13 所示),然后选择搭配,在右侧显示项(Display Options)栏目下面勾选搭配提取所需要显示的内容,在统计数值选项(Statistics Options)栏的下拉菜单选择搭配计算方法(Collocate Measure)。AntConc 软件中搭配的计算方法包括对数似然率、互信息值、互信息值+对数似然率(MI+Log-Likelihood[p>0.05]）、t 值四种方法。此处，选择默认的互信息值选项。最后，单击应用，完成设置，同时弹窗自动关闭。

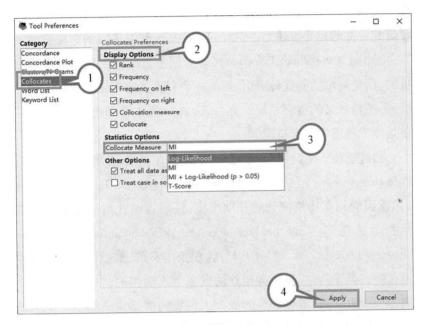

图 4.13　搭配提取过程的参数设置

在这些参数设置好，弹窗自动关闭以后，回到主界面，然后在检索项栏目的条形框中输入要检索搭配的节点词（Node），单击开始，即可生成检索词的搭配，然后保存检索结果，根据研究需要进行格式调整即可生成搭配词表。图 4.12 显示的是，在中国扶贫话语汉英平行语料库的英译文语料库中检索 poverty 一词搭配的结果，参数设置大多数是默认值。为了避免搭配计算采用 MI 值时出现低频搭配排列在前的情况，我们在排序规则栏选择了按频次排列。检索结果栏显示，在设置好的检索条件下，检索项的总搭配类符（Total No. of Collocate Types）为 1 443 项，总搭配形符（Total No. of Collocate Tokens）为 8 544 项。在此栏目下显示的具体信息，依次包括排序、频次、左侧频次（Freq[L]）、右侧频次（Freq[R]）、统计数值（Stat）和搭配词

(Collocate),可以将检索结果导出,然后根据研究需要,进行格式调整(如做成表格、词云图等),以供后续研究和展示所用。

搭配一直是语言教学和研究中关注的热点问题之一。伦敦学派代表人物 Firth[1] 指出搭配是一种词汇之间的横向组合关系,是语言学研究意义的重要方法之一。Sinclair[2] 基于词汇之间的搭配提出了"习语原则"(the Idiom Principle),认为词汇之间的出现序列不是随机的,而是词汇之间彼此吸引,形成一个有意义的单位。对搭配的分析,是解释意义的重要手段。此外,Sinclair 还主张利用大型语料库,在具体的语境中研究搭配。

通过搭配,我们可以研究一个词语在具体语境中的语义韵(semantic prosody)和语义倾向(semantic preference)。语义韵是指"词项因受到常用搭配词的长期感染,进而逐渐获得了与搭配词相同的语义色彩"(the product of a long period of refinement through historical changes)[3]。语义韵可分为积极语义韵、消极语义韵和中性语义韵三类。其中,包含肯定性的或者令人愉快的情感意义的语义韵为积极语义韵,暗含否定的或令人沮丧的情感意义的语义韵为消极语义韵,无任何明显情感趋向的语义韵属于中性语义韵[4]。语义倾向是"一个词项与其他一些表达评价意义的词项的共现行为"[5],语义倾向表现为一个词项与一组搭配词之间的共现,而且这组搭配词在语义上互相关联,共享一个抽象的语义特征[6]。语义韵主要用来判断说话者的态度与意愿,而语义倾向则是对一组搭配词的语义进行

---

① Firth, J. R. The technique of semantics[J]. *Transactions of the Philological Society*, 1935, 34 (1): 36 – 73.

② Sinclair, J. *Corpus, Concordance, Collocation*[M]. Oxford: Oxford University Press, 1991.

③ Louw, B. Irony in the text or insincerity in the writer? The diagnostic potential of semantic prosodies[A]. In M. Baker, G. Francis & E. Tognini-Bonelli (eds.). *Text and Technology: In Honor of John Sinclair*[C]. Amsterdam: John Benjamins, 1993: 164.

④ Xiao, R. & McEnery, T. Collocation, semantic prosody, and near synonymy: A cross-linguistic perspective[J]. *Applied Linguistics*, 2006, (1): 103 – 129.

⑤ Hunston, S. Semantic prosody revisited [J]. *International Journal of Corpus Linguistics*, 2007, (2): 266.

⑥ 梁茂成. 什么是语料库语言学[M]. 上海: 上海外语教育出版社, 2016.

抽象概括。二者都是意义层面的概念,都是从意义层面进行语言分析,是扩展意义单位的重要组成部分。

4.5　索引行及其提取

　　索引行,也称词语索引,或称语境中的关键词(Key Word in Context,KWIC),指利用软件的搜索功能,将某一词语或多个词语及其在文本中的语境一同逐行呈现出来。索引行技术是语料库研究中最具代表性的操作之一。一般说来,操作者可以自定义语境的宽度,包括检索词语左右两侧语境的宽度。宽度可以以词数为单位定义,也可以以字符数为单位定义。当检索词语的主要搭配词在左侧语境中,则可以设定更宽的左侧语境,反之则可以设定更宽的右侧语境。绝大部分索引软件都有索引行排序功能,可以针对检索词语左侧词语和右侧词语的不同,按照字母顺序对所有索引行进行排序。排序的目的是便于研究者发现索引行中的规律。

　　索引行检索包括单语索引行检索和双语平行索引行检索。下面以 AntConc 和 ParaConc 为例,逐步来介绍如何提取一个或多个词的单语和双语索引行。

　　按照一贯操作,首先在 AntConc 中导入目标语料库,然后点击索引行,进行具体参数设置(如图 4.14 所示)。

　　单击参数设置,在弹窗中完成设置(如图 4.15 所示)。首先选择索引行,然后根据需要在显示项栏目下面勾选搭配提取中需要显示的内容,最后点击应用。

　　把这些参数设置好,弹窗自动关闭以后,回到主界面。在"词语索引分类栏"(KWIC Sort)设置索引行中与检索词邻近词语的分类,分别设置邻近三词(Level 1、2、3)在其左侧(L)还是右侧(R)分类,以及每个词的颜色等,在检索项栏目的条形框中输入要检索搭配的节点词,单击开始,即可生成检索词的索引行,然后点击分类(Sort),即可生成检索词的索引行,保存检索结果,根据研究需要进行格式调

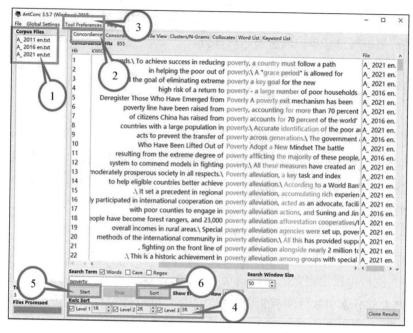

图 4.14　索引行提取步骤

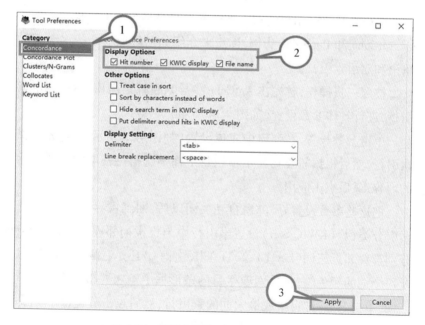

图 4.15　索引行提取过程中的参数设置

整,以备后续研究使用。图 4.14 显示的是在中国扶贫话语英译文语料库中检索 poverty 一词搭配的结果,共 855 个检索结果,按照默认设置,进行右侧三个词按照默认值进行分类,在每一个索引行左侧显示索引行的序号,右侧则显示该索引行所在的具体文件名。

　　除了单语索引行以外,语料库软件还能从双语和多语平行语料库中提取索引行。ParaConc 是一款用于检索双语或多语(多译本)语料的纯文本语料检索软件。下面以 ParaConc 软件为例,简单介绍一下如何从平行语料库中提取索引行。首先,打开 ParaConc 软件,点击文件,然后点击加载语料库文件(Load Corpus [Files]),即可弹出一个对话框。按照图 4.16 的步骤,依次通过下拉菜单选择语料库文件的语言,加载不同语言的语料库文件,选择平行文件的平行格式(Align Format),然后单击确定完成语料库文件加载。

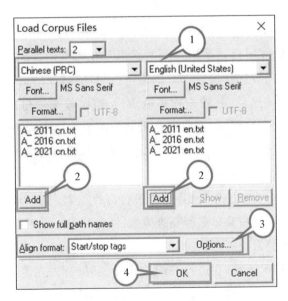

图 4.16　ParaConc 平行文件加载步骤

　　在文件加载完成以后,弹窗自动消失。ParaConc 的主界面左下角会提示加载平行文件的数目,右下角则显示已经完成加载的不同语言的语料库文件的形符总数。

如图 4.17 所示,软件成功加载了 3 对平行语料库文件,其中,英文形符数分别为 28 451 和 34 133。在文件加载完成以后,就可以进行检索。ParaConc 包括文本检索(Text Search)、高级检索(Advanced Search)和平行检索(Parallel Search)三种检索模式。下面将一一进行介绍。

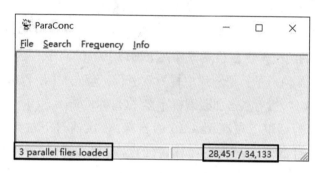

图 4.17　ParaConc 加载完成的信息

在进行文本检索时,首先在 ParaConc 主界面上点击检索(Search),软件便自动弹出一个对话框。在语言(Language)的下拉菜单中根据需要选择检索项目的语言,平行语料库的每种语言都可以用来检索。然后,在检索项栏输入检索项,检索项可以是单个的词,也可以是一个词簇,也可以是带通配符的某一类词语或词簇、词组等。完成这些设置以后,单击确定(OK),弹窗将自动关闭,检索结果将通过一个新弹窗呈现出来。

除了进行文本检索外,还可以进行高级检索。在 ParaConc 主界面上的检索栏下拉菜单选择高级检索,便会弹出一个对话框,在对话框进行高级检索设置。

如图 4.18 所示,在进行高级检索设置时,首先在语言栏的下拉菜单中选定检索项的语言。然后,在检索栏输入要检索的项目,可以是单个的词汇,也可以是带通配符的检索项,也可以是正则表达式。输入完成以后,在下面的检索语法(Search Syntax)方框中选择对应的检索形式,检索形式包括简单的文本检索、正则表达式检索(Regular Expression)和标签检索(Tag Search)三种。在一般检索控制栏(General

Search Control），可以根据需要选择是否勾选忽略字母大小写（Ignore case of letters）、使用跳过字符和相等字符（Use skipping and equal characters）和句子模式（Sentence mode）。还可以在其他检索控制栏（Additional Search Control）设置篇头/上下文（Headings/Contexts）。此外，为了让检索结果更加精准，点击左下角的选项（Options），可以看到下面的弹窗，在其中进行一些具体设置。

图 4.18　ParaConc 高级检索设置

如图 4.19 所示，可以对语言、检索结果数目及上下文（Hits/Context）、通配符（Wildcards）、特殊符号（Special Characters）等进行设置。首先，在语言栏下拉菜单，选择检索项的语言；在检索项数目及上下文栏，可以设置最大检索结果数目（Max Search Hits），检索结果频次（Frequency of Hits）和上下文形式（Context type）。通常根据研究需要，对上下文形式中下拉菜单的字（Characters）、词（Words）、行（Lines）、句（Sentence）和片段（Segment）五个选项中选择其一。在通配符栏，通常采用默认设置。在特殊符号栏，通常根据需要对@符号所代表的跨距（代表从最小几个词到最大几个词的范围）进行调整，其他设置保持默认设置。

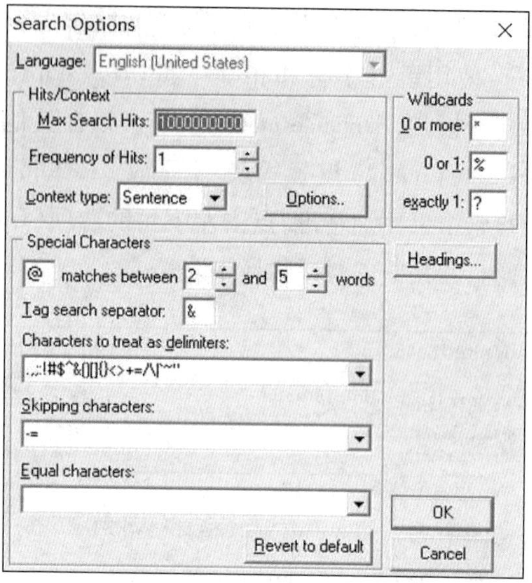

图 4.19　ParaConc 高级检索的具体设置

　　完成以上设置以后，以中国扶贫话语汉英平行语料库为例，点击检索，然后点击高级检索，在检索栏输入正则表达式：\ba\W\w+\Wof\b，然后选定正则表达式检索，点击确定，得到的检索结果如图 4.20 所示：

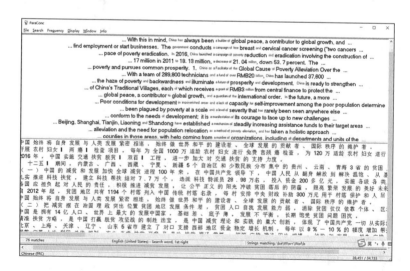

图 4.20　正则表达式检索结果

图 4.20 显示,共得到了 76 个符合条件的检索结果。在 ParaConc
主界面的结果呈现栏(Display)下面选择上下文内呈现关键词
(KWIC),同时选择显示行数(Show Line Numbers),得到以上视图。
可以根据研究需要,将检索结果导出保存。

此外,在 ParaConc 软件里面也可以生成平行语料库各种语言的
词表,以及任何一种语言语料中某一个词的搭配情况。下面对
ParaConc 的词表功能进行简单介绍。

在 ParaConc 中生成词表,大概的步骤如下:首先,跟上文提到的
检索步骤一样,将平行语料库导入 ParaConc 软件。然后,在 ParaConc
的主界面点击频次(Frequency),便出现下拉菜单,在下拉菜单上按
频次顺序(Frequency Order)和按字母顺序(Alphabetical Order)选择
词汇的排列方式。如果是按频次顺序,软件将按语料库中出现的形
符按频次高低顺序进行排列。如果是按字母顺序,软件将按语料库
中出现的形符按字母顺序进行排列。通常选择按频次顺序。最后,
在右侧的弹窗中再选择是生成平行语料库的所有语言的词表(All)
还是某一种语言的词表,如汉语(Chinese)或英语(English)。具体如
图 4.21 所示:

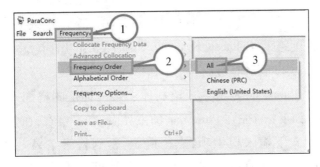

图 4.21　ParaConc 中词表的生成步骤

以中国扶贫话语汉英平行语料库为例,点击频率,然后点击按频
次顺序,然后选定所有语言,最后点击确定,得到的检索结果如图
4.22 所示:

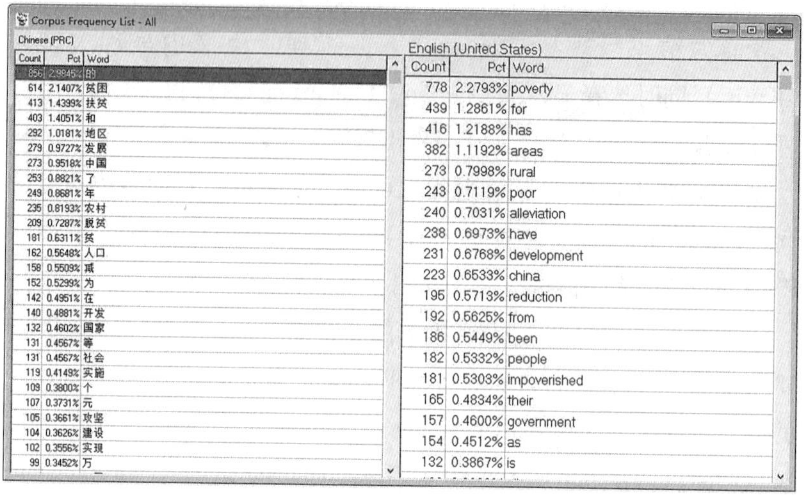

图 4.22 ParaConc 生成的中国扶贫话语汉英平行语料库中英文词表

如图 4.22 所示，ParaConc 分两栏按频次高低顺序呈现了中、英文词表。其中每个词表都包括词频（Count）、百分比（Pct）和词汇（Word）三项。我们可以根据研究需要，将检索结果导出保存。此外，在生成语料库的词表之前，可以通过 ParaConc 主界面频次的下拉菜单里面的频次选项（Frequency Options）功能，对词表进行设置，如词表的最低频次（Minimum Frequency）、最大行数（Maximum Lines），搭配跨距（Collocate Span）以及是否使用停用词（Stop Words）或停用词表（Stop List）等。

此外，ParaConc 也能生成语料库中某一词汇的搭配表。具体操作步骤如下：首先在 ParaConc 的主界面，点击检索，在弹窗的文本检索模式下输入检索项，点击确定，得到检索结果。之后，在 ParaConc 的主界面点击频次，在下拉菜单点击搭配频次数据（Collocate Frequency Data）。然后，在其右侧的菜单中单击选择相对应的语言，即可生成该词汇的搭配，如图 4.23 所示：

同样，以中国扶贫话语汉英平行语料库为例，生成英文词汇 poverty 的左右 4 词搭配。首先，在 ParaConc 主界面点击检索，然后

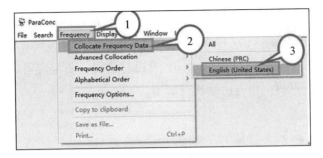

图 4.23　ParaConc 中搭配生成步骤图

点击文本检索,在弹窗的文本检索模式下输入检索项"poverty",点击确定,得到检索结果。其次,利用 ParaConc 主界面频次下拉菜单里面的频次选项功能,设置最低频次为 3、搭配跨距为左右 4 词(4∶4)以及只显示实词(Content Words Only),然后在 ParaConc 的主界面点击频次,在下拉菜单点击搭配频次数据。最后在其右侧的菜单中选择相对应的语言,单击英语,即生成了 poverty 的左右 4 词搭配,得到的检索结果如图 4.24 所示:

ParaConc - [Frequency Statistics - English (United States) - [poverty]]
File　Search　Frequency　Display　Window　Info

4-Left	3-Left	2-Left	1-Left	1-Right	2-Right	3-Right	4-Right
18 poverty	14 has	30 out	56 develop...	239 alleviation	24 has	21 has	18 poverty
10 for	10 people	21 battle	42 against	192 reduction	21 programs	15 develop...	14 rural
9 china	9 areas	17 fight	39 for	23 eradicati...	19 through	13 china	12 has
9 people	9 battle	16 for	35 extreme	16 eliminati...	18 work	11 for	9 been
7 rural	8 have	11 against	25 from	16 is	17 is	10 been	7 as
8 been	8 lifted	11 national	16 off	15 china	17 program	10 have	7 for
7 has	8 outline	10 shake	14 develop...	13 through	16 for	7 china's	6 governm...
7 national	7 progress	8 develop...	12 china's	10 has	13 efforts	7 from	6 areas
6 million	7 governm...	7 emerged	11 targeted	9 relief	12 policies	7 through	6 china
6 counties	6 been	7 people	9 people	6 as	11 funds	6 chinese	6 have
6 develop...	6 china's	6 cause	9 internati...	6 have	9 as	6 is	6 is
5 its	6 confere...	6 eliminati...	9 into	6 line	8 effort	6 own	6 set
5 who	6 populati...	6 has	9 its	6 it	7 their	6 all	6 that
4 alleviation	6 internati...	6 incidence	9 national	5 at	7 projects	5 are	5 all
4 areas	5 areas	5 areas	7 global	3 but	6 be	5 as	5 carried
4 china's	5 its	5 back	6 fighting	3 exit	5 been	5 its	5 efforts
4 chinese	5 national	5 free	6 reduce	3 had	5 china	5 new	5 impoveri...
4 help	5 out	5 participa...	6 special	3 threshold	5 china's	5 poverty	4 13th
4 society	5 poverty	5 plans	5 eradicate		5 it	5 rural	4 from
4 support	5 reduction	5 poverty	5 alleviate		5 plan	5 that	4 made
4 that	4 social	5 reduction	4 eradicati...		5 poverty	5 their	4 more
3 all	4 billion	4 social	4 their		5 this	4 at	4 over
3 are	4 china	4 combining	3 alleviation		4 actions	4 common	4 people
3 as	4 develop...	4 countries	3 eliminate		4 have	4 developi...	4 prosperity
3 at	4 financial	4 eradicati...	3 made		4 its	4 poor	4 rights
3 departm...	4 strategy	4 escape	3 out		4 these	3 be	4 these
3 economic	3 below	4 experien...	3 priority		4 will	3 central	4 work
3 final		4 from			3 all		3 are
		4 funds					

3 parallel files loaded　　　　28,682 / 34,133

图 4.24　ParaConc 生成的 poverty 的搭配

如图 4.24 所示,ParaConc 生成的 poverty 的搭配词表包括了其按频次排序的跨距内(左右 4 词)搭配实词的基本情况,同时也很好展示了这些搭配词与节点词 poverty 的相对位置。研究者可以将这些索引行进行保存,以备后续研究所用。

4.6 小结

本章以 AntConc、ParaConc 为例介绍如何运用语料库软件,从建好的语料库中提取各种数据,包括词表、词簇、关键词、搭配和索引行等。除了以上数据外,还可以提取其他语料库数据。利用这些数据,我们可以开展不同主题的语言研究,研究将因有数据支撑而趋于客观、科学。

 思考题

1. 关键词表和高频词表有什么差异?

2. 在语料库研究中,观察一个词的搭配有何意义?

3. AntConc 和 ParaConc 生成的搭配词表,有什么异同? 各有什么优势?

4. 如何在不同的词表生成中使用同一个停词表?

 推荐阅读

Baker, P. Querying keywords: Questions of difference, frequency, and sense in keywords analysis [J]. *Journal of English Linguistics*, 2004, 32 (4): 346-359.

Bassi, E. A contrastive analysis of keywords in newspaper articles on the "Kyoto Protocol" [A]. In M. Bondi & M. Scott (eds.). *Keyness in Texts* [C]. Amsterdam: John Benjamins, 2010: 207-218.

Olohan, M. *Introducing Corpora in Translation Studies* [M]. London：Routledge, 2004.

Scott, M. & Tribble, C. *Textual Patterns: Keywords and Corpus Analysis in Language Education* [M]. Amsterdam：John Benjamins, 2006.

Sinclair, J. *Corpus, Concordance, Collocation* [M]. Oxford：Oxford University Press, 1991.

Sinclair, M. H., Jones, S. & Daley, R. *English Collocation Studies: The OSTI Report* [M]. London & New York：Continuum, 2004.

胡开宝,李晓倩. 语料库批评译学：内涵与意义[J]. 中国外语,2015,12(1)：90 - 100.

胡开宝. 语料库翻译学概论[M]. 上海：上海交通大学出版社,2011.

李晓倩,胡开宝. 中国政府工作报告英译文中主题词及其搭配研究[J]. 中国外语,2017,(6)：81 - 89.

第5章
常用语料库软件及其应用

5.0 引言

在上一章,我们讨论了如何运用语料库软件生成相关语料库数据。不过,能否获取研究所需的语料库数据,取决于我们能否根据研究目的正确选用语料库软件,并熟练使用这些软件。本章将重点介绍语料库建设过程中涉及的文本编辑软件、分词与标注软件、平行对齐软件,语料库应用过程中涉及的单语检索软件、双语检索软件、句法分析软件、词汇/句法复杂度分析软件,以及多模态语料库软件和它们的应用。

5.1 文本编辑软件及其应用

在语料库建设和检索过程中,首先要对按语料库建设要求采集到的不同格式的语料进行编辑处理,使其符合各种语料库建设的使用要求,从而顺利进行语料库的建设。在语料库文本编辑中,最常用的文本编辑软件有 EmEditor、EditPlus 等。本节将以 EmEditor 为例,详细介绍语料库建设过程中文本编辑软件的应用。

EmEditor 是一款功能强大、方便快捷、可扩展的 Windows 文本编辑软件。EmEditor 由美国 Emurasoft 软件开发公司的程序员 Yutaka Emura 开发。EmEditor 支持宏功能、Unicode,还能处理大数据以及 CSV 文件,比较适合用于语料库建设中的批量语料编辑和处理。EmEditor 的文本编辑功能主要是进行文本批量替换、添加语料界定标志、添加篇头信息、进行编码转换等。

　　下面就 EmEditor 几个主要的文本编辑功能进行介绍。首先，打开 EmEditor 主界面，单击文件，单击打开文件，然后选择要打开的文件，可以选择一个文件，也可以选择一个文件夹里面的所有或部分文件。然后，根据需要对打开的文本进行拼写检查。在 EmEditor 主界面单击编辑，然后，在下拉菜单中找到拼写检查功能项，点击右侧箭头，在右侧下拉菜单中选择进行拼写检查。软件将自动执行命令，并把软件认为有问题的用红色下划线标识出来，如图 5.1 所示：

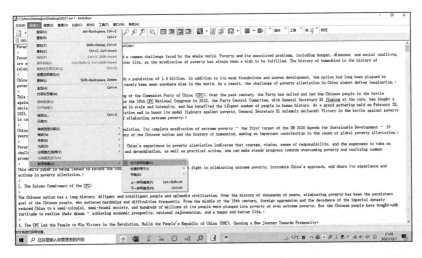

图 5.1　EmEditor 拼写检查结果图

　　EmEditor 的文本编辑功能主要包括添加空格、空行、对齐标志和篇头信息以及特定内容的编辑与替换等。下面简单介绍其中几个功能，其他功能的操作步骤也基本相似。以处理“Poverty Alleviation：China's Experience and Contribution”这一文档里面的空行和添加对齐标志为例，对 EmEditor 的操作步骤进行简单展示。

　　首先，打开文件，然后点击搜索，在下拉菜单中选择替换，随即弹出一个对话框。在弹出的批处理窗口中进行设置。在查找框中输入“\n”，在替换框中输入空格。勾选使用转义符，然后点击替换

全部,文本中的所有空行就被替换,整个文本变成一个连续的文本。如图 5.2 所示:

图 5.2　在 EmEditor 中替换空行

通常,EmEditor 可以使用正则表达式来完成批量替换。使用正则表达式进行批量处理和操作包括以下步骤:1) 在搜索菜单下选择查找(在当前文件中查找文本模式),替换(查找文本模式然后替换它们),或在文件中查找选项(在多个文件中查找文本模式)。2) 勾选使用正则表达式复选框以及其他搜索参数,例如区分大小写。最后,输入要搜索的正则表达式,点击查找。如果在文件夹中查找,还要输入文本类型(如果多于一个文本类型的话,用分号隔开)以及要搜索的文件夹。如果用替换,需要输入要替换的相应文本模式的文本。

如果建设平行语料库,则需要添加界定对齐标志,通常会选择标点符号作为句子划分和添加界定对齐标志的参照。以英语句号"."为例,进行示范操作。首先,打开处理好的清洁文本文件,然后点击搜索,在下拉菜单中选择替换,随即弹出一个对话框。在弹出的

批处理窗口中进行设置。在查找框中输入"\."，在替换框中输入
".</seg>\n<seg>"。勾选使用正则表达式，然后点击替换全部，文本
中的所有句号结尾的句子都添加了界定对齐标志。如图5.3所示：

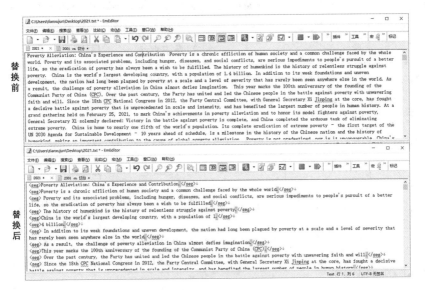

图5.3　用 EmEditor 添加界定对齐标志

　　正则表达式是一种用来描述字符串规则的表达式，可以用来描
述或者匹配一系列符合某个句法规则的字符串，即符合该正则表达
式描述规律的字、词、数字、电子邮件、短语、句子等。借助正则表达
式，可以用几个常用的特殊符号来匹配各种存在一定规律的字符串，
提高检索效率。因此，正则表达式在语料库文本编辑和检索中被广
泛使用。

　　一般来说，正则表达式由常量和变量两部分构成。常量是指字
符串中不变的部分，而变量则是指用特殊符号来代替的部分。在正
则表达式中，常量只需简单输入即可，变量则需根据不同需求，使用
一些常用符号和方法来表示，如 [a-zA-z] + ://[^\s] * 匹配网址
URL，* tion 匹配由 tion 结尾的英文字符。正则表达式常用的符号和
方法及其对应的含义如表5.1所示：

表5.1 正则表达式的常用符号

符 号	意 义	检 索 项	检 索 结 果
\b	词的边界	\band\b	匹配 and,但是不匹配 band、an 等
\w	任何字母或数字	\w	匹配字母 a—z、A—Z、数字 0—9,以及下划线_
*	0 个或多个字符	book *	匹配所有以 book 开头的词,如 book、books、booking、bookshop 等
		* book	匹配所有以 book 结尾的词,如 book、notebook 等
		* book *	同时匹配包括以上两类词
+	0 个或一个字符	book+	匹配所有以 book 开头的词,但之后有零个或一个字母,如 book、books
?	任意一个字符	? ough	匹配所有以字母组合 ough 结尾的,但之前有一个字母的词,如 cough、rough 等
@	0 个或一个词	think@ of	匹配所有含有的词组,如 think of、think highly of 等
#	任意一个词	look#	匹配所有与 look 的搭配,如 look after、look at 等
.	任何单一字符串	.e	匹配任何在 e 之前的文字,如 he、we,或 me
{n, m}	至少 n 次,最多 m 次	o{1,3}	匹配 fooooood 中的前三个 o
[ ]	[ ]中的任意字符	[abc]	匹配 a 或 b 或 c
		或者	book|good	匹配 book 或 good
( )	组合,把( )中的内容当作一个符号处理	act(ing)?	匹配 act 和 acting;A(BB) * 匹配 A、ABB、ABBBB 等

符号	意　义	检索项	检　索　结　果
\w *	0 个或多个任意数目的字母、数字以及二者的组合	book\w *	匹配 book、books、booking、bookworm、bookshelf 等
\w+	任何数目的字母、数字以及二者的组合	comput\w+	匹配 computer、computers、computation、computational 等
a[^b]+b	a 和 b 以及所有位于 a 和 b 之间的成分	\b(a|an|the)\b[^of]+of	匹配冠词 a、an、the 到 of 之间的内容

　　表 5.1 只是列举了正则表达式的一些常用符号及其意义,更多 EmEditor 专属正则表达式符号和正则表达式可以参见该软件的官网。

　　除了正则表达式以外,EmEditor 的宏功能在文本编辑过程中也发挥重要作用。宏功能就是创建一连串的命令集。通过运行宏,可以让软件自动执行这一系列命令。EmEditor 具有宏录制功能,具体操作步骤为:1) 在主界面单击宏,然后在下拉菜单中选中并单击开始/停止宏;2) 在 EmEditor 进行多个命令的操作,操作结束后,再次在主界面单击宏,然后在下拉菜单中选中并单击开始/停止宏,即完成一个宏的录制。下次要进行同样命令的操作的时候,只要在主界面单击宏,然后在下拉菜单中选中并单击运行宏,即可完成上述一系列命令操作。

　　譬如,需要对文本去除空行,然后以不同的标点符号(.！？：；)为标志,给语料添加界定对齐标志。可以将这些命令的执行过程录制成一个宏,然后在导出同一语料库的其他语料时,导入文件以后,单击运行宏,就可以一键完成上述一系列操作。在实际操作过程中,可以根据需要录制不同的宏,然后把这些宏保存下来,在后续的文本编辑和处理过程中如果有需要，随时可以调用以前保存好的宏，这样既便于操作，又节省时间。

5.2　分词与标注软件及其应用

在语料库建设过程中，首先对语料进行识别、校对、转码、清洗、除噪等一系列操作，得到适合软件处理的清洁文本。然后，根据语料库建设的需要，通常需要对清洁后的语料进行标注。语料的标注方式分为自动标注和人工标注两种。一般来说，语料库的使用者希望语料标注得越详尽越好，而语料库的建设者则需要考虑标注的可行性。因此，任何标注模式都是二者之间相互妥协的结果。

通常，汉语的分词与标注采用中国科学院计算技术研究所研制的汉语词法分析系统 ICTCLAS（Institute of Computing Technology, Chinese Lexical Analysis System）和语料库分词和词性标注软件 CorpusWordParser 等工具。CorpusWordParser 界面简洁，操作简单便捷。下面以 CorpusWordParser 为例，简单介绍汉语的分词与标注。

CorpusWordParser 由教育部语言文字研究所计算机语言研究室肖航研究员开发。CorpusWordParser 集分词和标注于一体，可以处理单个文件，也可以批处理多个文件。软件只支持打开文本格式（.txt）的文件，其他类型文件需先另存为文本文件格式后再处理。软件可以自动识别、处理文本文件的不同字符编码（GB 或 Unicode 等）。CorpusWordParser 的词性标注比较简单，具体的标注集如表 5.2 所示。

CorpusWordParser 软件默认的是单文件模式。打开软件主界面，单击文件，选择打开文件，然后单击设置，在下拉菜单中根据自己的需要确定是否勾选识别专有名词或标注词性。如果只是简单分词，不需要进行词性标注，可以不勾选标注词性。之后，单击切分标注，完成分词或者分词与标注，最后点击文件，选择保存文件即可。

表 5.2　CorpusWordParser 的词性标注集

代码	意　义	代码	意　义	代码	意　义
n	名词	vu	能愿动词	i	习用语
nh	人名	q	量词	g	语素字
ni	机构名	p	介词	wu	其他符号
vl	联系动词	o	拟声词	nl	处所名词
m	数词	k	后接成分	ns	地名
r	代词	ws	非汉字字符	vd	趋向动词
e	叹词	nd	方位名词	f	区别词
h	前接成分	nhg	名	d	副词
w	标点符号	v	动词	u	助词
nt	时间名词	a	形容词	j	缩略语
nhf	姓	mq	数量结构	x	非语素字
nz	其他专名	c	连词		

　　如果需要采用批处理模式进行语料批量分词与标注,可按照以下步骤操作:1) 在 CorpusWordParser 主界面单击单文件模式,在其下拉菜单选择批处理模式,然后在弹出的对话框中单击文件,单击选择一个或多个文件或选择一个文件夹,选择好的文件或文件夹中的文件在左侧下方的对话框中出现;2) 在右侧文件位置方框中设置标注文件的存储位置,默认的文件扩展名为“.Tag”;3) 在标注设置栏下面,选择是否勾选识别专有名词和标注词性,最后点击开始分词与标注,即可开始批量分词和标注。软件会显示批处理开始、处理文件的进程和结果,批处理结束后会提示完成,并统计本次处理的总字符数。具体操作如图 5.4 所示:

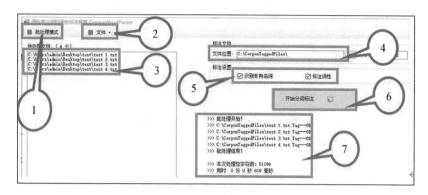

图 5.4 CorpusWordParser 批处理模式下的分词与标注步骤

此外,CorpusWordParser 支持用户自定义词表。用户可以自行添加词表,词表文件名规定为"UserWordList.txt",词表须置于程序文件夹中。词表文件要求每行一词,词后可带也可不带词性标注。带词性标注的格式为"词/词性代码",如"细颗粒物/n"。用户可以根据自己的需要,参照表 5.2 中 CorpusWordParser 的词性标注,添加自己的用户词表,实现更加精准的标注。

此外,我们还可以采用 ICTCLAS 进行分词与标注。ICTCLAS 全称为汉语词法分析系统,由中国科学院计算技术研究所 NLPIR 大数据搜索与挖掘实验室开发和研制。该软件的功能主要包括中文分词、词性标注、命名实体识别、新词识别。此外,ICTCLAS 还支持用户词典。另外,NLPIR-ICTCLAS 大数据语义智能分析平台功能强大,具有数据采集、文档转换、编码转换、批量分词、新词发现(新词发现+关键词提取)、文本分类、摘要实体(自动摘要+实体抽取)、情感分析、全文检索等功能。具体软件下载和操作见其网站。

同样,英文语料库也可以进行词性标注和语义标注,有多款软件可以帮助实现自动标注。其中,应用比较广泛的有英国兰卡斯特大学开发的自动词性赋码系统 CLAWS 系列词性和语义标注软件。CLAWS 采用的是基于概率统计的方法,提高了标注的准确率。目

前,CLAWS 已经从第一代 CLAWS 1 发展到第四代 CLAWS 4。BNC
就是用 CLAWS 4 标注的。CLAWS 标注的正确率较高,可达 96%—
97%。有必要指出,该软件标注正确率的高低与文本类型有直接关
系。CLAWS 分为在线免费版和付费版。免费版可以一次性免费标
注 10 万英文单词。其网站界面如图 5.5 所示:

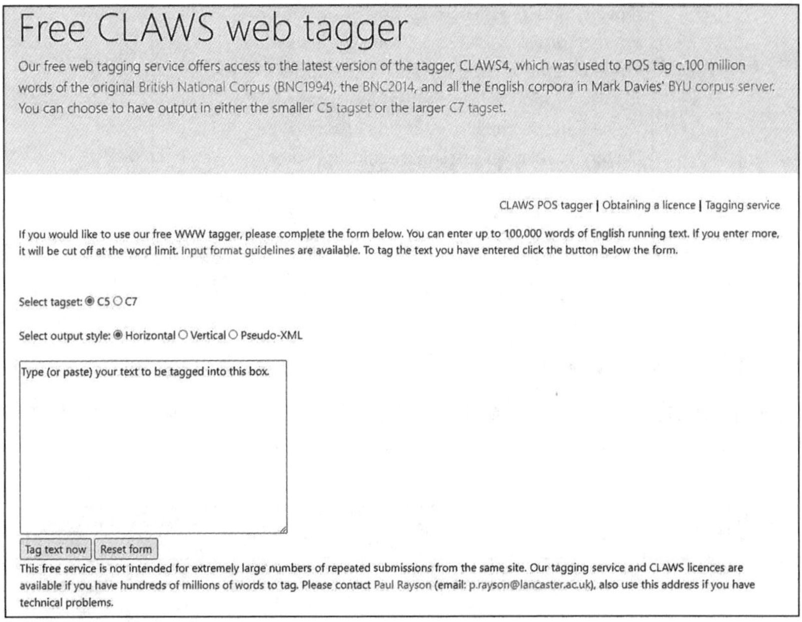

图 5.5　CLAWS 在线免费标注界面

如图 5.5 所示,在进入 CLAWS 在线免费标注界面后,可以选择
词性附码集 C5 或 C7。C5 和 C7 是不同的赋码集,其中,C5 包括 60
多种赋码标记,C7 包括 160 多种,具体赋码详解请见其网站。此外,
还可以选择标注以后的文本输出样式,包括横向模式(Horizontal)、
纵向模式(Vertical)和网络模式(Pseudo-XML)。之后,在对话框中输
入或者粘贴需要标注的文本,点击标注文本(Tag text now)即可,如图
5.6 所示:

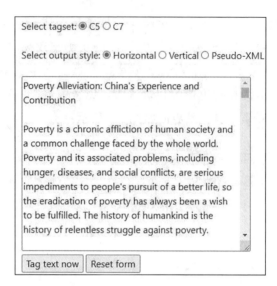

图 5.6　待标注的语料

标注以后的语料如图 5.7 所示。在文本标注以后，将标注好的文本从网站上复制下来。新建文本文档，把标注好的文本粘贴上去，保存下来即可。

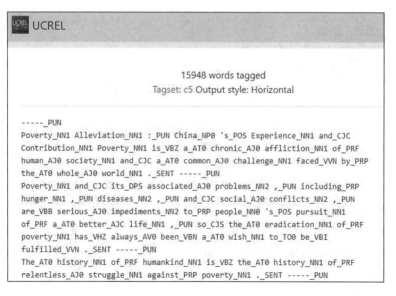

图 5.7　CLAWS 标注后的语料

　　此外，TreeTagger 也可以用来进行多语种标注。TreeTagger 是由 Helmut Schmid 研发的一款用于词性标注和文本词形还原的软件。TreeTagger 的界面简洁、操作比较方便。

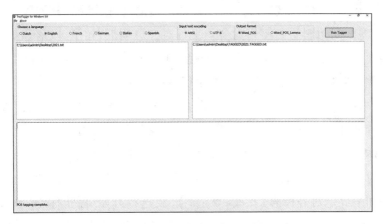

图 5.8　TreeTagger 操作界面

　　如图 5.8 所示，打开 Windows 多语言版 TreeTagger 3.0 的主界面，点击文件，根据自己的需要选择打开文件或打开目录。然后，在工具栏从左到右依次选择语言（Choose a language），包括荷兰语、英语、法语、德语、意大利语和西班牙语 6 种语言。文本编码（Input text encoding）包括 ANSI 和 UTF8 两种编码。输出格式（Output format）分为词性标注（Word-POS）以及词性标注和词形还原（Word-POS-Lemma）两种格式。选择完成以后，点击运行标注（Run Tagger），软件即在后台运行。在主界面的左下角会显示相应运行结果，如词性标注完成（POS tagging complete.）。同时，标注完成的文件将以一个文件夹形式输出，文件夹的名称为"TAGGED"，主界面的右侧窗口中则会出现标注完成的文件夹的存储路径，如图 5.9 所示：

```
C:\Users\admin\Desktop\TAGGED\2019.TAGGED.txt
C:\Users\admin\Desktop\TAGGED\2020.TAGGED.txt
C:\Users\admin\Desktop\TAGGED\2021.TAGGED.txt
```

图 5.9　TreeTagger 标注完成文件夹的存储路径

5.3 平行对齐软件及其应用

在平行语料库建设过程中,完成语料的清洗、除噪、分词和标注后,需要对语料进行平行对齐。平行对齐分为词汇、句子、段落和篇章层面。平行语料库一般采用句子层面的平行对齐。下面以 ParaConc 为例,简单介绍句子层面的语料平行对齐的操作步骤。

首先,打开 ParaConc 主界面,单击文件,选择加载文件,然后在平行文件数目下拉菜单选择需要平行的文件数目,选择对应的语言、字体(Font)和编码格式(Format)。其次,在对应的语言栏下添加要平行对齐的文件,接着在对齐格式下拉菜单选择对应的格式。如果文本添加了界定对齐标志(<seg></seg>),就选择开始/停止标志(Start/stop tags)。最后,单击确定,文件上载完成。具体步骤如图 5.10 所示。

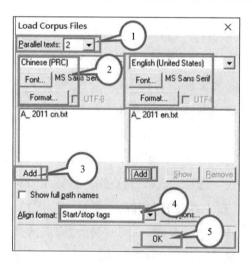

图 5.10 ParaConc 上载待平行对齐文件步骤

在文件上载成功以后,重新回到 ParaConc 主界面,单击文件,在下拉菜单选择查看语料库对齐(View Corpus Alignment),界面会弹出一个小对话框。在对话框中单击选中要对齐的文件。单击对齐(Alignment),即完成平行设置。之后,该对话框自动消失,随即弹出另外一个对话框。双击弹窗中的待平行对齐文本,即可展开窗口,呈现的是左右两列待平行对齐的文本。这时,可以根据文本的内容,逐一对片段予以拆分、合并,进行平行对齐。这一步骤的具体操作流程为:1)将光标置于要合并或拆分的位置,单击鼠标左键,该字符变成红色,然后单击右键,弹出可以进行操作的选项(如图 5.11 所示);2)根据具体情况选择拆分句子(Split Sentence)、与下一句合并(Merge with Next Sentence)、与上一句合并(Merge with Previous Sentence)、拆分片段(Split Segment)、与下一片段合并(Merge with Next Segment)、与上一片段合并(Merge with Previous Segment)、插入空白片段(Insert Empty Segment)以及撤销(Undo)。

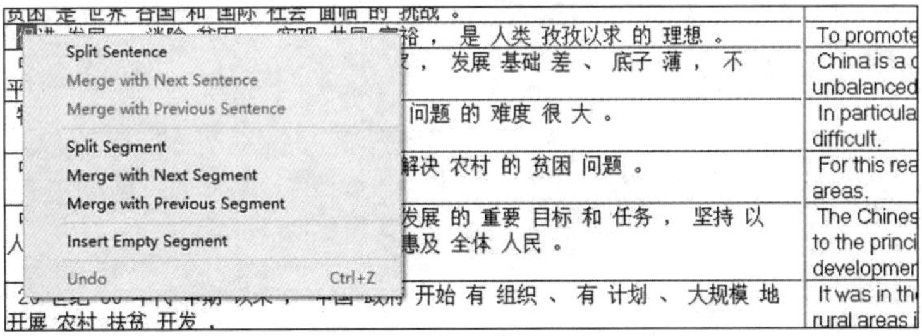

图 5.11　ParaConc 平行对齐过程中的操作选项

在对整个文档从头至尾进行平行对齐以后,导出文档:点击文件,选择导出语料库文件(Export Corpus File),然后在弹窗中设置好导出文件夹(Export Folder)、文件名前缀(Files Prefix)、平行对齐的格式是对齐标签(Tags)还是新行(New Lines)等,如图 5.12 所示:

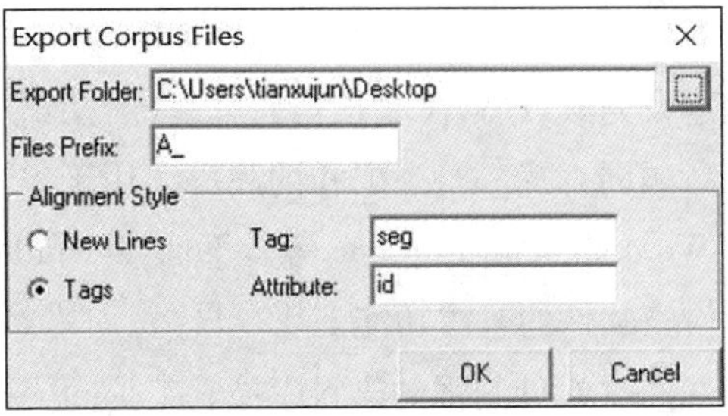

图 5.12　ParaConc 平行对齐后的文件导出设置

在设置完成以后,单击确定。之后,平行对齐的文件被导出并保存在指定的文件夹,文件名以 A_开头。至此,整个平行对齐过程完成。

此外,上海外国语大学开发的 SISU Aligner 平行工具也非常好用。该软件界面简洁,操作简单便捷,文本自动对齐准确率高,后续编辑工作量小。原文和译文均能进行编辑,编辑环境跟 Word 很相似,句子的拆分与合并操作便捷,并且在左右两个文本框最左侧用数字标示,文本框的大小可以自行调节,以便对照阅读。

SISU Aligner 的具体操作步骤为:1) 导入要平行对齐的文件,或者把原文和译文分别粘贴于新建的文本框中,软件自动进行对齐。2) 在左右两个文本框进行检查,通过对原文或译文进行切分或合并,对未对齐的文本进行调整,然后导出保存即可。该软件的操作界面如图 5.13 所示:

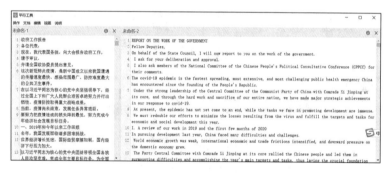

图 5.13　SISU Aligner 平行工具操作界面

5.4　单语检索软件及其应用

在语料库建设完成以后,需要根据研究目的,从语料库中提取信息,如索引行、高频词、关键词、搭配和词簇等。用于单语语料库检索的常用软件有 WordSmith 和 AntConc 等。下面以 WordSmith 为例,介绍单语语料库检索软件的基本功能。

WordSmith 是一个功能超强的语料库检索工具,可用于各种大、中、小型语料库的检索,也可以用于各类自建语料库的检索。WordSmith 主要用来进行索引、关键词、词表等的生成与检索。下面就这三大主要功能进行介绍。

　　首先打开软件（如图 5.14 所示），进入 WordSmith 的主界面。工具栏有三个主功能键和一系列设置选项。其中，索引（Concord）可用于检索，关键词（KeyWords）用于制作文本的主题词表，词表（WordList）用于生成一个或多个文档的词频列表。

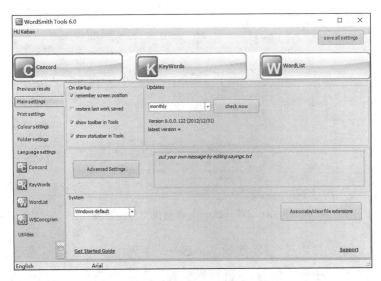

图 5.14　WordSmith 主界面

　　如果要检索某一个词或检索项，点击工具栏主界面左上角索引，就会弹出一个新的对话窗。单击文件，选择新建（New），如图 5.15 所示：

图 5.15　WordSmith 的索引主界面

123

随后,弹出一个对话框,提示选择要检索的文本,点击选择文本(Choose Texts),界面会弹出如图5.16所示的界面:首先,在左侧文件浏览器中打开文件所在的文件夹,然后选定要检索的文本文件,单击向右的箭头,选定的文件则出现在右侧的选定文档区域,最后点击确定,完成文件选择,窗口自动关闭。

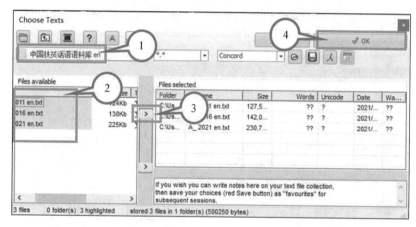

图 5.16 WordSmith 中选择文件的步骤

选定文件以后,自动回到 WordSmith 主界面。之后,在主界面的左侧工具栏中选中索引,进行检索设置:首先,点击左上角您所得到的结果(What you get),然后在下面进行具体项目的设置。有些项目可以采用默认值,如最大检索结果数目(Entries wanted per search-word)等。此时,我们可以进行词簇设置(cluster settings)和搭配设置等,具体包括词簇的范围,如2到5词,搭配计算方法(MI 值、t 值还是 Z 值)、搭配的最低频次。具体如图5.17所示:

这些参数设置好以后,单击索引,软件自动弹出一个对话框,显示 WordSmith 中索引的三大功能,即基本的词汇检索(Search Word)、高级检索(Advanced)和批量检索(Batch)等。其中,要进行词汇检索,可以在词汇检索栏键入要检索的词,单击确定,即可得到相应的检索结果,以 poverty 一词为例进行检索,得到的结果如图5.18所示。

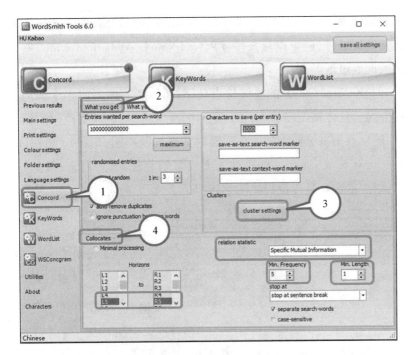

图 5.17　WordSmith 中索引的参数设置

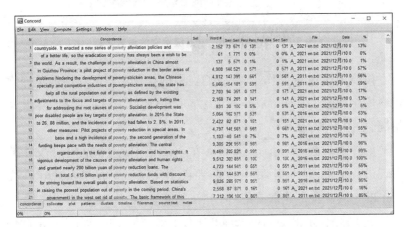

图 5.18　中国扶贫话语语料库中 poverty 检索结果

如图 5.18 所示,poverty 一词的索引行被一一检索出来。只要根据需要点击界面最下方的结果项,就可以查看 poverty 一词的索引行、搭配(collocates)、词簇(clusters)、源文件(source text)等信息,并根据需要导出保存,以备后续研究使用。在进行检索时,除了键入要检索的词以外,还可以从文件导入(get search words from a file)要检索的词或短语等。

此外,WordSmith 的高级检索功能,可以考察两词或多个词的共现情况。具体操作步骤为:1)在词汇检索栏中,输入要检索的词汇项,然后点击高级检索;2)在下面的共现词及跨距(Context word[s] & context search horizons)栏输入要检索的共现词,然后选择左右跨距,单击确定。具体设置如图 5.19 所示:

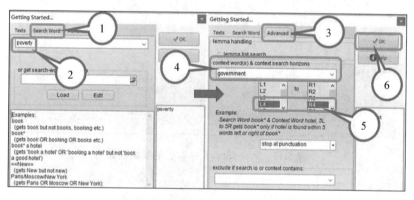

图 5.19　WordSmith 中高级检索的设置步骤

按照图 5.19 的操作步骤,我们在中国扶贫话语语料库的英译文语料库中检索了 government 一词在 poverty 前后 4 词的上下文中共现情况,如图 5.20 所示:

如图 5.20 所示,对 government 在 poverty 前后 4 词的上下文中的共现进行检索,共得到 20 个检索结果,且 government 与 poverty 在文本中的相对位置也非常清楚。

除了检索功能以外,WordSmith 还有生成词表功能。WordSmith 的词表列出了每个单词在文本文档中出现的频率、在文本所有词汇中所占比例以及该词汇存在的文本文档数目。其生成步骤比较简单:首先,在WordSmith 主界面单击词表,就会弹出一个新的对话窗。单击文件,选择新建,按 WordSmith 中选择文件的步骤导入文件。然后,在左侧边栏点

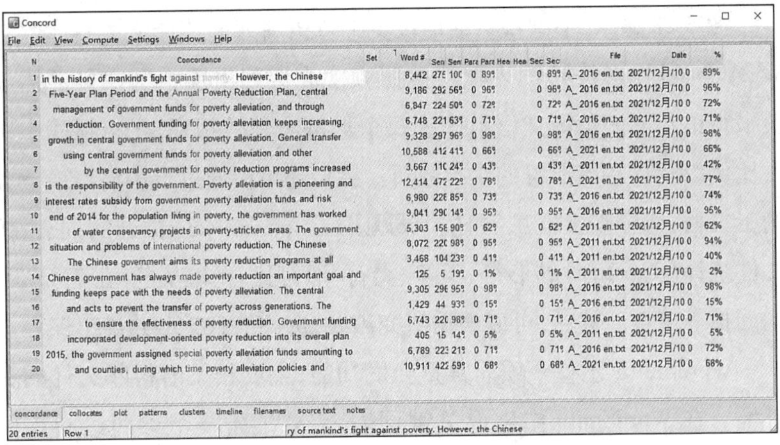

图 5.20　government 在 poverty 前后 4 词的上下文中共现情况

击词表进行相关设置,然后单击现在生成词表(Make a wordlist now),
即可生成所选文件或多个文件的词表,结果如图 5.21 所示:

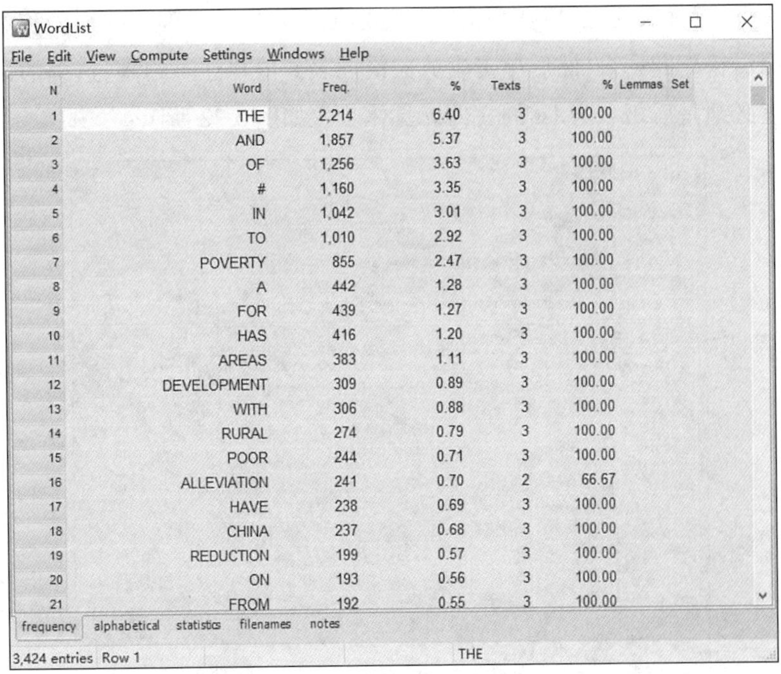

图 5.21　中国扶贫话语汉英平行语料库的英译文语料库词表

图 5.21 显示,中国扶贫话语汉英平行语料库的英译文语料库共有
3 424 个条目(形符),词表默认按照频次高低列出了中国扶贫话语汉
英平行语料库的英译文语料库中每个形符出现的频率、在语料库中所
占比例以及存在该形符的文本数目。我们还可以通过点击窗口最下方
的工具栏,选择查看信息,如按字母顺序(alphabetical)排列的词表,按
文件统计(statistics)的形符、类符、类符/形符比、标准类符/形符比、平
均词长等信息。然后,可以根据研究需要,选择信息类型并导出保存。

WordSmith 还有一项非常重要的功能,生成相关语料库文件的关
键词。在 WordSmith 中生成关键词表,需要准备一个参照语料库的
词表,既可以是已有的 WordSmith 格式词表,也可以用 WordSmith 生
成一个词表备用。下面以 2000—2020 年中国《政府工作报告》的英
译文为例,介绍在 WordSmith 中生成关键词表的步骤。首先,打开
WordSmith 主界面,单击关键词,然后在弹窗中进行具体设置:单击
文件,选择设置,然后在弹窗窗口分别加载要生成关键词的词表和参
照语料库的词表,然后单击生成关键词表。值得注意的是,这里的词
表必须是后缀名为.lst 的文件。具体步骤如图 5.22 所示:

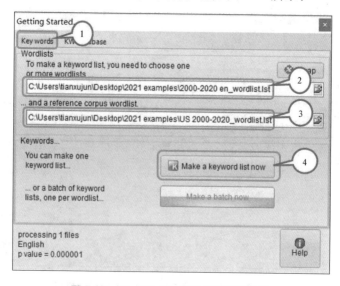

图 5.22 WordSmith 生成关键词的步骤

图 5.22 显示,生成关键词表栏中加载了 2000—2020 年中国《政府工作报告》英译文词表,参照库词表栏中加载了 2000—2020 年美国国情咨文语料库词表,然后单击生成关键词表。得到结果如图 5.23 所示:

N	Key word	Freq.	%	RC. Freq.	RC. %	Keyness	P	Lemmas Set
1	DEVELOPMENT	2,489	0.81	20	0.02	1,271.10	0.0000000000	
2	AND	20,920	6.81	4,030	3.90	1,257.75	0.0000000000	
3	RURAL	1,213	0.39	10		616.50	0.0000000000	
4	IMPROVE	1,353	0.44	24	0.02	610.63	0.0000000000	
5	WILL	5,746	1.87	862	0.83	602.16	0.0000000000	
6	AREAS	1,051	0.34	16	0.02	488.62	0.0000000000	
7	ENTERPRISES	721	0.23	0		418.77	0.0000000000	
8	SYSTEM	1,397	0.45	80	0.08	410.23	0.0000000000	
9	ECONOMIC	1,309	0.43	67	0.06	409.66	0.0000000000	
10	URBAN	644	0.21	1		361.83	0.0000000000	
11	CENTRAL	642	0.21	4		335.21	0.0000000000	
12	YUAN	540	0.18	5		313.56	0.0000000000	
13	IMPLEMENT	496	0.16	0		288.00	0.0000000000	
14	SERVICES	565	0.18	5		284.55	0.0000000000	
15	CHINESE	524	0.17	2		283.50	0.0000000000	
16	REFORM	1,245	0.41	105	0.10	274.77	0.0000000000	
17	OF	11,458	3.73	2,761	2.67	274.42	0.0000000000	
18	INCREASE	806	0.26	42	0.04	249.56	0.0000000000	
19	PROMOTE	696	0.23	27	0.03	248.11	0.0000000000	
20	PUBLIC	794	0.26	41	0.04	247.06	0.0000000000	
21	DEVELOP	636	0.21	21	0.02	241.28		

图 5.23　以美国国情咨文语料库为参照库生成的中国《政府工作报告》关键词表

图 5.23 显示的是按照关键性值高低排列的以美国国情咨文语料库为参照库生成的中国《政府工作报告》关键词表。第一竖行显示的是按步骤生成的关键词,第二、三竖行为该词在原文本中的出现频率及比例,以及在参照语料库的出现频率与比例。可以根据研究需要,将生成的关键词表保存下来,WordSmith 的关键词表可以保存为纯文本格式(.txt)、XML 格式(.xml)、Excel 表格格式(.xls)以及 RTF 富文本格式(.rtf)。

5.5　双语检索软件及其应用

在语言研究中,有时也需要进行双语检索,尤其是利用语料库进行翻译研究时,需要检索原文或译文中的某些词、短语甚至句子结构,考察对应的翻译情况。这时候就需要进行双语检索。目前,双语检索软件用得比较广泛的是 ParaConc。

本书第 4 章在介绍索引行的提取时,已经简单介绍了如何利用 ParaConc 进行文本检索、高级检索和平行检索。本节将主要对在 ParaConc 中利用通配符和正则表达式检索进行介绍,并以中国扶贫话语汉英平行语料库为例进行示范。表 5.3 为 ParaConc 中一些常用的正则表达式符号。

表5.3　ParaConc 正则表达式常用符号

符号	意　义	检索项	检　索　结　果
\b	词的边界	\band\b	匹配 and,但是不匹配 band、an 等
\w	任何字母或数字	\w	匹配字母 a—z、A—Z、数字 0—9,以及下划线_
\W	空格	\W	匹配检索项中的空格
?	任意一个字符	b? d	匹配所有以 b 开头,以 d 结尾,且中间为一个字母的词,如 bed、bid 等
@	n 个词(n 是一个范围如,2—5,可以根据需要设定)	so@ that	如果把 n 设定为(1—5),则匹配所有含有 so 与 that 之间包含 1—5 个词的检索项,如 so easy that、so many people here are happy that 等。
*	0 个或多个字符	book *	匹配所有以 book 打头的词,如 book、booking、bookshop 等
		* book	匹配所有以 book 结尾的词,如 book、notebook 等
		* book *	同时匹配包括以上两类词
%	0 个或一个字符	book+	匹配所有以 book 打头的词,但之后有 0 个或一个字母,如 book、books

续　表

符号	意　义	检索项	检　索　结　果
{n, m}	至少 n 次,最多 m 次	o{1,3}	匹配包含 1 到 3 个 o 的词,如 so、cool、goood
[ ]	[ ]中的任意字符	[abc]	匹配 a 或 b 或 c
( )	组合,把( )中的内容当作一个符号处理	act(ing)?	匹配 act 和 acting;A(BB)∗匹配 A、ABB、ABBBB 等

在 ParaConc 的正则表达式中,实际词边界为\b,只在词前标记即可,\W 为空格,\w 为任意词。这样,如果想检索 a∗of 这样的短语,就可以写成\ba\W\b\w+\W\bof\W。在中国扶贫话语汉英平行语料库中输入这个正则表达式进行检索,得到的检索结果如图 5.24 所示:

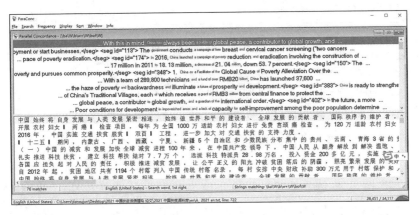

图 5.24　正则表达式检索出的 a∗of 结果

如图 5.24 所示,使用正则表达式,一次性检索出了语料库中所有 a∗of 的索引行,共计 76 项,包括 a campaign of、a grant of、a future of、a fund of、a lack of 等等。

在 ParaConc 中,语料库的原文和译文都可以作为检索项,进行词汇、短语或句法的检索。只要在检索时,选择对应的语言即可。利用 ParaConc 中的通配符,也可以进行中文检索。在中国扶贫话语汉英平行语料库的检索栏输入"实施 * 扶贫",匹配"实施(一个或多个词)扶贫"的索引行,其检索结果如图 5.25 所示。这些检索方法和通配符也同样适合其他语言的检索。

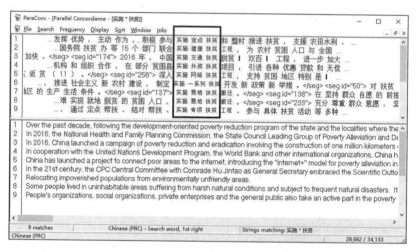

图 5.25　"实施 * 扶贫"的检索结果图

如图 5.25 所示,在中国扶贫话语汉英平行语料库中检索出了 9 项符合条件的索引行,即"实施(定点、健康、交通、外资、网络、一系列、易地[异地]、易地[异地]、专项)扶贫"。可以保存这些索引行,以备后续研究使用。此外,其他通配符也可以用来实现不同条件的检索,检索"实施@扶贫",设定@值为 1 到 5 词,匹配"实施"与"扶贫"之间有 1 到 5 个词的所有检索项。我们对中国扶贫话语汉英平行语料库进行检索,得到 26 项符合条件的索引行,其中包括"实施国家八七扶贫(计划)""实施中国农村扶贫""实施精准扶贫""实施产业扶贫""实施资产收益扶贫"等。

汉语中的四字词应用非常广泛,在研究中也经常需要对四字词

进行检索。在 ParaConc 中使用正则表达式检索汉语中的四字词,大概有如表 5.4 所示的几种情况:

表 5.4　ParaConc 四字词检索正则表达式

序号	正则表达式	功　能	举　例
1	\b[^\x00-\xff]{4}\b 或\b\S{4}\b	匹配任意四个字符排列在一起构成一个词	三心二意、本末倒置
2	\b([^\x00-\xff])([^\x00-\xff])([^\x00-\xff])\4/*\b	匹配四字串中第三个字符与第四个字符相同	疯疯癫癫、两手空空
3	\b([^\x00-\xff])\2([^\x00-\xff])\3/*\b	匹配四字串中第一、三个字符分别被重复	疯疯癫癫、战战兢兢
4	\b(([^\x00-\xff])([^\x00-\xff]))\2/*\b	匹配四字串中两个连续字符的重复	呼哧呼哧、忽闪忽闪
5	\b([^\x00-\xff])([^\x00-\xff])([^\x00-\xff])\3/[\x00-\xff]+\b	匹配四字串中第二与第四个字符相同	自然而然、倚老卖老
6	\b([^\x00-\xff])([^\x00-\xff])([^\x00-\xff])\2/[\x00-\xff]+\b	匹配四字串中第一和第四个字符相同	闻所未闻、见所未见
7	\b([^\x00-\xff])([^\x00-\xff])\2([^\x00-\xff])/[\x00-\xff]+\b	匹配四字串中第一和第三个字符相同	不三不四、谢天谢地

实际研究过程中可以根据研究需要,使用不同的通配符组合和正则表达式,检索特定的词项、短语或语言结构。

5.6　句法分析软件及其应用

句法分析软件是指用于分析和理解语句句法结构的工具或软

件。句法分析软件通常基于自然语言处理和计算语言学的技术和算法。它们使用一系列规则、模型或算法,通过分析词语的词类、词序、上下文等信息,来识别句子的句法结构。常用句法分析软件有斯坦福句法分析器(Stanford Parser)、伯克利句法分析器(Berkeley Parser)和 OpenNLP 句法分析器。

斯坦福句法分析器提供了多种句法分析模型,包括概率上下文无关文法(Probabilistic Context-Free Grammar, PCFG)模型和神经网络模型。它是基于 Java 实现的,具有良好的可扩展性。斯坦福句法分析器支持多种语言,包括英语、汉语、法语、德语、西班牙语、阿拉伯语等。它的主要支持语言是英语,但在其他语言上也提供了相应的模型和资源。斯坦福句法分析器提供了短语结构分析和依存句法分析两种主要功能。短语结构分析可以识别和分析句子的短语结构,如名词短语、动词短语等。依存句法分析可以构建词语之间的依存关系,帮助理解句子的句法结构和语义关系。斯坦福句法分析器提供了命令行工具和编程接口,可以通过命令行或编程方式调用并进行句法分析。它还提供了可视化工具,可用于可视化句法分析结果。该软件使用了 Stanford CoreNLP 工具库,该工具库提供了各种自然语言处理工具和资源,如分词工具、词性标注工具、命名实体识别工具等。为此,在使用斯坦福句法分析器之前,需要安装和配置相应的CoreNLP 组件。

伯克利句法分析器由伯克利大学开发,采用基于概率的模型来进行句法分析,并提供了一个通过神经网络模型实现的改进版本。伯克利句法分析器的旧版基于 PCFG 模型,使用了一系列规则和参数来解析句子的短语结构。它的工作原理是根据训练好的语法模型,在解析过程中应用规则和概率来生成最佳的句法结构树。这个版本的分析器在多语言支持方面应用比较广泛。伯克利神经网络句法分析器(Berkeley Neural Parser)是伯克利句法分析器的新版本。它采用基于神经网络的方法来改进句法分析性能,使用了神经网络来进行句法分析,通过学习大量训练数据中的句法结构和关系,实现了更准确的句法分析结果。这个版本的分析器在一些语言和任务上表现出了更好的性能。伯克利句法分析器支持多种语言,并且在多种自然语言处理任务中有广泛的应用。它可以用于短语结构分析和依存句法分析,帮助研究人员和开发者理解句子的语法结构和语义关系。伯克利句法分析器的运行方式包括命令行和编程接口,可以根据需求和应用场景进行调用。

OpenNLP 是 Apache 社区下的一个开源项目,它提供了一系列自然语言处理(Natural Language Processing, NLP)工具和库。其中OpenNLP 句法分析器旨在提供一个通用、灵活和可扩展的开发平台,用于开发各种自然语言处理任务的解决方案。OpenNLP 提供了 Java编程接口和命令行界面,方便开发者在自己的应用程序中使用和集成 OpenNLP 的功能。它还提供了丰富的训练数据集和预训练模型,开发者可以基于这些资源进行快速开发和定制化。OpenNLP 具有较高的灵活性和可扩展性,可以适应各种不同规模和领域的自然语言处理任务。在实际应用中,OpenNLP 被广泛用于信息提取、文本分类、语义分析、文本生成等多个领域。

5.7　词汇/句法复杂度分析软件及其应用

词汇/句法复杂度分析软件是指用于分析文本中词汇和句法结构复杂度的工具。这些软件可应用于文本复杂性水平的衡量,可以直接应用于教学和科研之中。词汇复杂度分析指标包括词汇丰富度(独特词汇量)、词汇多样性(重复使用词汇量)和词汇难度(词汇频率、长度和音节等)等。句法复杂度分析指标包括句子长度、句法结构(句子中的从属关系、修饰关系以及短语结构的复杂性)、依存关系(词语之间的依存关系和类型)和语法错误。

5.7.1　词汇复杂度分析软件

常用的词汇复杂度分析软件包括 Readability Tools、Coh-Metrix

和 Lexical Complexity Analyzer(LCA)。

Readability Tools 是一个在线工具,用于评估文本的可读性和复杂度。该软件提供多种评估模型,包括 Flesch-Kincaid 可读性公式、Gunning 迷雾指数、Coleman-Liau 可读性指数等用于计算文本的词汇复杂度指标。用户可以输入文本并获取多个复杂度分析结果和阅读等级等。

Coh-Metrix 作为一个全面的文本分析工具,包含词汇复杂度分析功能。它可以测量文本中的词法多样性、词汇难度(如词汇频率和词根复杂性)、专业性词汇的使用等方面的指标,从而提供准确的词汇复杂度分析结果。

Lexical Complexity Analyzer 是一个基于机器学习的工具,用于评估文本的词汇复杂度。它使用大量的语言资源和特征来分析词汇的复杂性,包括词频、词根的知名度、词性标签等。LCA 可以提供详细的词汇复杂度分析报告,帮助用户了解文本的复杂程度和特点。

5.7.2　句法复杂度分析软件

常用的句法复杂度软件有 Syntactic Complexity Analyzer(SCA)、LanMetrics 和 Coh-Metrix。

Syntactic Complexity Analyzer 是一款在线工具,用于评估句子或文本的句法复杂度。该软件基于句子结构复杂度的计算来提供定量的复杂度分析结果。使用 SCA,用户可以输入文本,获取包括句子长度、从属子句数量、短语复杂度和修饰关系等指标的分析报告。句子长度是指文本的平均句子长度和最长句子长度。较长的句子可能意味着较高的句法复杂度。从属子句数量涉及文本中从属子句的数量和比例。从属子句的频率越高,句法结构越复杂。短语复杂度是有关文本中平均短语长度、最长短语长度以及独立短语数量的信息。较长或较复杂的短语可能显示出句法结构的复杂性。修饰关系指标是指文本中修饰关系(如形容词修饰、副词修饰等)的类型和频率。较多或较复杂的修饰关系可能增加句法复杂度。

　　LanMetrics 是一款全面的语言分析软件,可以用于分析句法复杂度。该工具使用基于统计的方法,计算词组、从属子句、独立从句、长句子比例等诸多指标,从而提供句法复杂度分析结果。该工具旨在帮助用户评估文本的句法结构和复杂度,并提供详细的分析结果,包括词组复杂度、从句复杂度、独立从句的数量和比例以及长句比例等指标。词组复杂度是指文本中平均词组长度和词组的复杂程度。较长或较复杂的词组可能表示句法结构较复杂。从句复杂度涉及文本中从属子句的数量和比例。从属子句出现的频率越高,句法结构越复杂。独立从句的数量和比例是指文本中独立从句的数量和比例。较多的独立从句可能表示句子结构的复杂程度较高。长句比例指文本中长句的比例。较高的长句比例可能意味着较复杂的句法结构。此外,LanMetrics 还可以分析文本的连贯性、信息密度、词汇难度等。

　　Coh-Metrix 是一个广泛应用于文本评估的计算工具。它可以评估文本各个层面的复杂度。该软件通过分析句法和语义特征,如短语结构树的深度、短语嵌套程度、平均句子长度等来计算句法复杂度。Coh-Metrix 可以提供一些句法复杂度分析指标,包括句子长度、修饰关系和从属子句等方面的指标。句子长度指标涉及文本中句子的平均长度、最长句子的长度等。较长的句子可能表示较高的句法复杂性。修饰关系指标显示文本中不同类型的修饰关系(如形容词、副词的使用等)。较多或较复杂的修饰关系可能增加句法复杂度。从属子句指标是文本中从属从句的数量和比例。较高的从属子句频率可能表示较高的句法复杂性。此外,Coh-Metrix 还可用于对连贯性、信息密度、目标和难度等的评估。

5.8　多模态语料库软件及其应用

　　多模态语料库是指包含音频、视频和文字语料等多种信息,通过多模态方式加工、检索和数据分析的语料库。多模态指语料形式的多模态,包括音频、视频和文字,或者处理方式的多模态,涉及视觉、听觉等,以及数据检索方式的多模态,包括触觉、视觉、听觉等①。在多模态语料库建设过程中,研究者需要对音频、视频和文字语料进行采集、筛选、转写等处理。

多模态语料库的建设包括语料采集、语料筛选、语料转写、语料切分、语料标注、语料呈现等过程。我们可以根据实际的研究需要,自行制定不同多模态语料库的语料采集和存储、加工等技术标准。在语料采集过程中,要考虑采录设备的易操作性及材料的存储、转写的便利性。如果采集的是视频材料,在录制过程中要注意拍摄角度,因为会话参与者的面部表情、身体动作等在多模态语言研究中都是重要信息。此外,要做好采集记录,记录信息包括录音/像人信息、采录的时间地点、会话人信息(如姓名、性别、年龄、职业等)、谈话事由与目的、背景活动等。

语料采集完成以后,要对采集的语料进行筛选。关于语料的筛选,应保证以下三个方面:首先,语料的代表性。根据研究的需要,选取语料应尽量包括所有会话人,覆盖具有不同代表性的场景。其次,研究内容的代表性。尽量覆盖研究内容的各种情况,选取具有代表性的语料。最后,语料的采录质量。研究者要尽量选取质量清晰且纯度较高的音频和视频语料。

随后,进行语料转写。多模态语料的转写是将各种能够通过感官直接观察到的信息记录下来,以方便研究者客观准确地了解会话。由于多模态语料承载的信息比单模态语料丰富得多,研究者要根据研究需要选择性地转写。语料转写一般包括以下会话基本信息,即:1)场景、活动、参与者的特定及相互关系;2)会话方式,如话轮、手势等;3)会话参与者及话语内容;4)时间信息,如停顿长度、事件先后顺序等;5)元评论或解释性标注的信息。

下一步是语料切分。多模态语料的切分,既不是文本语料库的

---

① 顾曰国. 论言思情貌整一原则与鲜活话语研究——多模态语料库语言学方法[J]. 当代修辞学,2013,(6): 1 - 19.

分词,也不是按时间长短进行的切分,而是对单位研究对象赋予意义的边界界定过程。由于多模态语料本身的特殊性,其切分是多模态语料库建设过程中的一个难点。在具体的多模态语料切分中,由于研究目的不同,进行的概念建模不同,选取哪一层级设置切分单位也各不相同。对多模态语料的切分和分析,可以借用社会情景的结构分析方法。社会情景的分层结构为多模态语料提供了切分线索,包括时间、空间、社会角色、功能、目的及目的实现模式等。

切分完成以后,进入标注环节。多模态语料标注除需要遵守一般语料库标注的共性原则以外,如 Leech 提出的一般语料库建设中的七项标注原则[1],还应该考虑多模态语料自身的特殊性。研究者应当根据研究对象和概念建模的需要,设计合理的标注方案,不必要也不可能把多模态语料承载的所有信息进行标注。一般来说,多模态研究通常采取多视角,多模态文本标注相应地采取多层标注体系,即在标注软件上建立不同的标注层,从不同的视角和方面对语料进行标注。

最后,将多模态语料库的数据予以存储与呈现。多模态语料库既包含文本语料,也包括经过多模态语料标注软件加工后形成的各种音频和视频文件。如,用 ELAN 多模态语料库软件建设的多模态语料库中可能会有五类文件,即 MPG 格式的视频文件、WAV 格式的音频文件、ELAN 软件标注后生成的 EAF 格式的标注文件、Praat 软件标注后生成的 TextGrid 格式的标注文件以及 DOC 格式的语料转写文本和与视频同步的字幕文件等。根据研究需要,可以将标注后的多模态语料按照方便检索的原则命名,然后分类存储。这样,就形成了一个专门用于某个研究目的的多模态语料库。为方便检索,可以将标注后的多模态语料库的基本信息以文字形式进行说明,如说话者、场景、语料名称等。

---

[1] Leech, G. Corpus annotation schemes[J]. *Literary and Linguistic Computing*, 1993, 8(4): 275-281.

目前多模态转写或标注工具主要包括 Praat、Anvil、ELAN、EXMARaLDA、TASX、NXT、DRS 等。其中，Praat、Anvil、ELAN、EXMARaLDA 在多模态语料库建设与检索中应用比较广泛。

Praat 不仅可用于音频语料的转写，也可对音频语料添加对应的国际音标(International Phonetic Alphabet，IPA)，还能非常便捷地生成相应的语图(反映如基频、强度、共振峰等信息)，便于直观地分析各种语音现象。此外，Praat 支持各种高级应用，可以运行用户编写的程序代码来提取目标文件的各种语音数据，其标注文件为 TextGrid 格式，兼容性比较强。此外，Praat 标注的 TextGrid 文件可以直接导入 ELAN 和 Anvil 等其他多模态标注软件中。

Anvil 主要用于包含多模态会话的音视频材料的标注。研究者可以根据自己的研究需要自行定义标注的层级(Layer)或轨道(Track)，也可在不同的层级中插入带有时间属性的各种标签。Anvil 的标注界面可展示声波图的形状和其对应的音高曲线(Pitch Contour)。此外，Anvil 具有较好的兼容性，可用于不同的标注方案，标注文件格式为 XML 格式，并支持 Transcriber 和 Praat 等软件对应格式文件的导入，也支持多种格式的文件导出。Anvil 导出的表格可以用于 SPSS 或 Statistica 等统计软件，方便研究者进行进一步的数据分析。Anvil 具有一些突出功能，如跨层关联、非时间元素标注、标注一致性检查、捕获动作的 3D 呈现等。此外，Anvil 还具有一定的语料管理功能，支持一定范围内标注文件的浏览、检索、导出以及图表数据分析等。

ELAN 是一款免费的多模态标注工具，可用于 Windows、macOS 以及 Linux 等多个操作系统。软件的操作界面非常友好，具有四个工作模式：切分模式、转写模式、同步模式、标注模式。ELAN 与 Anvil 一样，可以对视频进行多层次(Multi-layer)标注，也能够通过不同轨道与层级(Tier)对不同类别的元素进行标注，如话语、目光、手势、表情等。此外，用户可自行定义不同层级的名称和属性。各层级之间既可以呈现为上下级关系，也可以表现为并列或相互独立的关系，且都与标注界面中的时间轴保持对齐。ELAN 的一大特点是，在标注过程中,研究者可以根据研究需要和标注方案,随时调整不同层级之间的关系。标注所需的时间多寡也完全取决于研究所需要的标注内容的精细程度。此外,ELAN 还支持其他转写工具生成文本的导入,如 Shoebox/Toolbox、Chat、Transcriber 等。在操作方面,ELAN 不仅支持大量的快捷键,还支持运用研究者自定义的词表(Vocabulary)进行标注。ELAN 还具有半自动切分音频的功能和自动定时备份功能。此外,ELAN 还有强大的检索查询功能,可以在特定层级、特定EAF 文件或某个范围内对标注信息或文本进行检索,且能直观地呈现检索结果片段的起止时间。这一功能可以让研究者对某类标注进行精确统计与计算。研究者也可用鼠标点击特定检索结果,在 ELAN 的界面中反复播放该片段,来直观地观察研究对象的各种言语及动作行为。为了方便研究者进行语音分析,ELAN 软件中的音视频片段可以用 Praat 软件打开,进行语音内容的分析,如基频、强度、共振峰等。

EXMARaLDA 是一个多模态语料软件包,其中包含一个数据模型、一个对应的 XML 文件格式以及一系列用于创建、管理和语料分析的软件工具,包括用于转写文本的导入、对齐、切分的文本编辑工具(Partitur-Editor)、语料管理工具(Corpus Manager)以及语料检索工具(ZECKE)等。EXMARaLDA 具有很好的数据可视化效果。此外,它具有良好的兼容性,支持并鼓励与其他工具之间的数据交换。因此,该软件的许多优点以及数据格式都被 Praat、Anvil、ELAN、TASX等软件所借鉴。

总的来说,ELAN 软件由于界面友好、兼容性强、标注便捷、支持大文件处理等优势,加上自带强大检索功能,受到多模态语料库建设和研究者的青睐。Praat 等工具则成为多模态语料库的建库辅助工具。

5.9 小结

本章就语料库建设与检索过程中常用的相关软件进行了简单介

绍,如 EmEditor、CLAWS、WordSmith 等。我们依据语料库建设与检索的各个环节,以一到数款软件为例,介绍了具体的操作过程。除了文中提到的软件以外,很多类似的软件可以进行相关操作。研究者可以根据自己的爱好和资源,选择适合自己的工具进行语料库建设、语料的检索以及相关数据的提取和分析。

 思考题

1. 标注有哪些类型? 什么样的语料库需要标注? 什么样的语料库不需要标注?

2. 不同的分词和标注软件会有一定的差异,这些差异主要体现在哪些方面?

3. EmEditor 的宏功能可以让研究者很快完成一系列命令,不过也有一些缺陷。宏功能的缺点有哪些?

4. ParaConc 与 AntConc 检索的通配符和正则表达式有哪些是不一样的?

5. 多模态语料库建设过程中,视频采集设备选择的原则是什么?

 推荐阅读

Baker, P. Querying keywords: Questions of difference, frequency, and sense in keywords analysis [J]. *Journal of English Linguistics*, 2004, 32 (4): 346 – 359.

Scott, M. & Tribble, C. *Textual Patterns: Keywords and Corpus Analysis in Language Education* [M]. Amsterdam: John Benjamins, 2006.

胡开宝,陶庆. 汉英会议口译语料库的创建与应用研究[J]. 中国翻译,2010,31(5): 49 – 56+95.

胡开宝. 语料库翻译学概论[M]. 上海:上海交通大学出版社,2011.

李晓倩,胡开宝.《习近平谈治国理政》多语平行语料库的建设与应用[J]. 外语电化教学,2021,(3): 83－88+13.

梁茂成,李文中,许家金. 语料库应用教程[M]. 北京: 外语教学与研究出版社,2010.

刘剑,胡开宝. 多模态口译语料库的建设与应用研究[J]. 中国外语,2015,12(5): 77－85.

卫乃兴,李文中,濮建忠. 语料库应用研究[M]. 上海: 上海外语教育出版社,2005.

许家金,贾云龙. 基于 R-gram 的语料库分析软件 PowerConc 的设计与开发[J]. 外语电化教学,2013,(1): 57－62.

第6章
在线语料库的应用

6.0 引言

在线语料库是指能够在线上进行相关信息检索的语料库资源。在线语料库既可以满足因各种主客观原因不能自建语料库的研究人员的语料库需求,也可以作为本地语料库的有益补充,为语料库的共享与应用提供必要的资源支持。目前,已有大量的单语语料库和部分平行语料库实现了在线检索。可以说,有效利用在线语料库,是语料库应用与研究的重要内容之一。不同的在线语料库平台建设目的有所不同,涵盖的语料也各有侧重。不过,总体而言,在线语料库大多具有词频、搭配、索引行等查询功能。利用在线语料库,可以实现对语言使用实例的快速查询,或者借助某些在线语料库的筛选功能限定查询范围,创建符合特定条件或与特定兴趣领域相关的虚拟语料库,还可以将在线语料库与本地自建语料库有机结合,从而更好地进行基于语料库的外语教学与科研。

6.1 在线语料库概况

目前,在线语料库以英语语料库为主,在线汉语语料库以及在线多语或双语平行语料库相对较少。CPQ web、English Corpora 等网站均提供了多个通用语料库或专题语料库的入口。例如,截至 2022 年 1 月,English Corpora 网站上可用的语料库已达 20 个,包括网络新闻语料库(NOW)、网络语料库(iWeb)等,具体如图 6.1 和图 6.2 所示:

Corpus (online access)	Download	# words	Dialect	Time period	Genre(s)
News on the Web (NOW)	🕐	14.3 billion+	20 countries	2010-yesterday	Web: News
iWeb: The Intelligent Web-based Corpus	🕐	14 billion	6 countries	2017	Web
Global Web-Based English (GloWbE)	🕐	1.9 billion	20 countries	2012-13	Web (incl blogs)
Wikipedia Corpus	🕐	1.9 billion	(Various)	2014	Wikipedia
Coronavirus Corpus	🕐	1.3 billion+	20 countries	Jan 2020-yesterday	Web: News
Corpus of Contemporary American English (COCA)	🕐	1.0 billion	American	1990-2019	Balanced
Corpus of Historical American English (COHA)	🕐	475 million	American	1820-2019	Balanced
The TV Corpus	🕐	325 million	6 countries	1950-2018	TV shows
The Movie Corpus	🕐	200 million	6 countries	1930-2018	Movies
Corpus of American Soap Operas	🕐	100 million	American	2001-2012	TV shows

图 6.1　English Corpora 中的常用语料库

Corpus (online access)	Download	# words	Dialect	Time period	Genre(s)
Hansard Corpus		1.6 billion	British	1803-2005	Parliament
Early English Books Online		755 million	British	1470s-1690s	(Various)
Corpus of US Supreme Court Opinions		130 million	American	1790s-present	Legal opinions
TIME Magazine Corpus		100 million	American	1923-2006	Magazine
British National Corpus (BNC) *		100 million	British	1980s-1993	Balanced
Strathy Corpus (Canada)		50 million	Canadian	1970s-2000s	Balanced
CORE Corpus		50 million	6 countries	2014	Web
From Google Books n-grams (compare)					
American English		155 billion	American	1500s-2000s	(Various)
British English		34 billion	British	1500s-2000	(Various)

图 6.2　English Corpora 中只可以在线检索的语料库

根据图 6.1 和图 6.2 可知,在线英语语料库类型丰富,涵盖新闻话语、网络话语、电影等多种语料。NOW 语料库(143 亿词)、iWeb 语料库(140 亿词)等在线语料库库容较大。

就语言种类而言,常见的在线语料库包括单语语料库、双语语料库、多语语料库。在线汉语单语语料库有北京大学中国语言学研究中心的汉语语料库(CCL)、北京语言大学 BCC 汉语语料库等,在线英语单语语料库有 BNC、COCA、iWeb、NOW 等,在线双语语料库有Babel 汉英平行语料库、上海外国语大学语料库检索与应用平台等,在线多语语料库主要为联合国语料库、欧洲议会平行语料库等。从语料的可扩展性来看,部分在线语料库为静态语料库,语料不再进行扩展;另外一部分在线语料库为动态语料库,库中的语料按一定频率更新,具有较高的时效性。例如,COCA 每两年增加约 2 000 万词的语料,而 NOW 语料库则每日更新。

本章将简要介绍目前常用在线语料库,并以智能化多语种教学与科研平台、COCA、Sketch Engine 为例,说明在线语料库平台的具体应用。

6.2 常用在线语料库简介

6.2.1 在线英语单语语料库

1)BNC

BNC 是较早用于网络检索的大规模通用语料库之一,由英国牛津大学出版社、朗文出版公司、钱伯斯-哈洛浦出版社、大英图书馆、牛津大学计算机中心、兰卡斯特大学计算机中心等机构联合建立。BNC 中的语料以英式英语为主,库容约一亿词,其中书面语语料库约 9 000 万词,口语语料库约 1 000 万词。BNC 中的语言体裁呈多样性和均衡性,包括小说、杂志、新闻、非学术、学术等不同文本类型。BNC 始建于 1991 年,于 1994 年建成,之后没有添加新的语料文本,但在第二版 BNC World(2001)和第三版 BNC XML 版(2007)发布之前,语料库略有修改。最新版本是 2007 年发布的 BNC XML 版本,可以免费下载。BNC 进行了篇头标注、词性赋码等多个层面的标注,可进行多种检索。在具体应用层面,该语料库可以支持 WordSmith、AntConc 等多种语料库检索与分析软件。

2)BNC2014

BNC2014(British National Corpus 2014)是 20 世纪 90 年代初建设的 BNC 的扩展。BNC2014 语料来自当代英国英语,从一系列现实生活中收集而来,其中包含数百万单词的英语口语和书面语语料,由兰卡斯特大学和剑桥大学出版社收集,是当代英式英语研究和教学的新资源。BNC2014 口语部分约有 1 150 万词,包含 2012 年至 2016 年间向英国公众收集的录音对话记录。这些对话是在非正式场合(通常是在家里)录制的,一般是在朋友和家人之间进行的。BNC2014 口语语料库的一个创新之处在于,演讲者使用智能手机中的内置录音设备录制他们的对话。语料库包括 1 251 个对话,共有 672 位发言者[1]。BNC2014 口语部分可以通过兰卡斯特大学开发的软件包 #LancsBox 6.0加载使用。BNC2014 书面语部分为 9 000 万词[2],包含学术文本、小说、新闻、杂志、E-语言以及其他多个类型的语料。BNC1994 与 BNC2014 不同文类的语料占比如表 6.1 所示:

表 6.1　BNC1994 与 BNC2014 中语料类型及其占比

类　型	比　例	
	BNC1994	BNC2014
学术(Academic prose)	16.5%	20%
小说(Fiction)	16.6%	20%
新闻(Newspapers)	9.6%	20%
杂志(Magazines)	7.6%	20%
E-语言(E-language)	0.2%	5%
其他(Other)	39.5%	5%
口语(Spoken)	10%	10%

　　除可以通过#LancsBox 6.0 软件加载使用外,BNC2014 口语部分的数据也可以在线获取。语料库下载到本地后,用户可以灵活选择研究所需的检索工具,导入语料后即可使用。BNC2014 的书面语部

① Love, R., Dembry, C., Hardie, A., Brezina, V. & McEnery, T. The spoken BNC2014: Designing and building a spoken corpus of everyday conversations[J]. *International Journal of Corpus Linguistics*, 2017, 22(3): 319 – 344.

② Brezina, V., Hawtin, A. & McEnery, T. The Written British National Corpus 2014 — Design and comparability[J]. *Text & Talk*, 2021, 41(5 – 6): 595 – 615.

分目前还不能单独下载到本地使用,只能通过 LancsBox 捆绑使用。此外,比较 BNC1994 和 BNC2014 这两个语料库,可以考察期间英国英语可能发生的变化,了解语言的工作原理及其演变方式。

3)NOW 语料库

NOW 语料库包含 2010 年以来来自网络报纸和杂志的语料。该语料库每月增加约 300 000 篇新文章,约 1.8 亿—2 亿词数据,即每年增长约 20 亿词。NOW 语料库正式运行始于 2016 年 5 月 16 日,截至 2022 年 1 月份,该语料库已经有 143 亿词的语料。该语料库检索功能强大,可以按照国家、年份查看词汇、结构等检索项的频率分布,节省了用户单独查询不同国家媒体网站的时间和烦琐工作。NOW 语料库是研究英语网络新闻的良好载体,也是监控和检索英语国家和地区主流英文媒体舆情的重要渠道和平台。该语料库可以用于考察主要英文媒体话语所关注的主题、呈现的观点、体现的态度立场等,借以了解英语社会的最新热点,掌握英语国家所关注的话题与媒体观点。更为重要的是,NOW 语料库每日更新,不断扩容增量,因此可以用于考察语言的发展变化。

6.2.2 在线汉语单语语料库

1)CCL 语料库

CCL 语料库由北京大学中国语言学研究中心(Center for Chinese Linguistics PKU)研发。CCL 语料库中的中文语料和英文语料均未进行词汇和句法信息标注,仅有篇章层面的少量分类信息标注。此外,CCL 语料库中的中文文本未经分词处理,检索系统以汉字为基本单位。CCL 语料库由现代汉语语料库、古代汉语语料库和汉英双语语料库三个子语料库组成,汉英语料库仅限北大校内用户使用。其中现代汉语语料约 6 亿字,包含 10 645 个不同字形的汉字①,涵盖文

---

① 詹卫东,郭锐,常宝宝,谌贻荣,陈龙.北京大学 CCL 语料库的研制[J].语料库语言学,2019,6(1):71-86+116.

学、戏剧、报刊、翻译作品、网络语料、应用文、电视电影、学术文献、史
传、相声小品、口语等多个类型。古代汉语语料约为 2 亿字,包含
18 898 个不同字形的汉字,收录了从周朝到民国的语料以及大藏经、
二十五史、历代笔记、十三经注疏、全唐诗、诸子百家、全元曲、全宋
词、道藏、辞书、蒙学读物等杂类语料。汉英双语语料库包含 2 374 个
文件,其中汉译英文件有 747 个,英译汉文件有 1 627 个,约有 23.36
万个对齐的句子对。语料以书面语为主,分为应用文、文学和新闻三
类文体,涉及政治、科技、体育等多个领域。

CCL 语料库于 2004 年底在其网站上发布首个版本,此后分别在
2006 年、2009 年、2014 年历经多次语料扩容和检索系统功能升级。
除了两大单语语料库的扩容外,近年来 CCL 语料库还融入一些专题
语料库,例如:早期北京话材料、留学生汉语作文语料、汉语构式语
料库、中文学术文献语料库、海外华文网络语料等等。CCL 语料库支
持普通查询、高级查询、批量查询和模式查询四种查询方式,支持复
杂检索表达式、标点符号的查询、在“结果集”中继续检索等,用户可
定制查询结果的显示方式,也可从网页上下载查询结果(TXT 文
件)等。

2) BCC 语料库

BCC 语料库由北京语言大学语料库中心(BLCU Corpus Center,
BCC)研发,是以汉语为主、兼顾其他语种的在线语料库。该语料库
的建设目的是为语言本体研究提供一个使用简便的在线检索系
统,构建大数据的语言应用基础平台[①]。BCC 语料库总字数约 95
亿字,包括报刊(20 亿字)、文学(30 亿字)、综合(19 亿字)、古汉
语(20 亿字)和对话(6 亿字,来自微博和影视字幕)等多领域语
料,是可以全面反映当今社会语言生活的大规模语料库。除共时
层面的语料检索外,BCC 语料库提供历时检索选项,供用户对特定

---

① 荀恩东,饶高琦,肖晓悦,臧娇娇. 大数据背景下 BCC 语料库的研制[J]. 语料库语言
学,2016,3(1): 93 - 109+118.

词语或表述进行历时比较、分析。同时,BCC 语料库还支持云服务,允许用户通过 API 调用方式使用,为研究者开展知识抽取、模型构建等研究和应用工作提供便利。

除上述语料库外,常用在线汉语语料库还包括国家语委现代汉语通用平衡语料库、《人民日报》标注语料库、中研院现代汉语平衡语料库等。

3) 在线双语平行语料库

虽然用于翻译研究的双语平行语料库的建设起步比用于语言研究的单语语料库晚,但自 1993 年语料库翻译学发轫以来,国内外研制了大量的双语平行语料库,特别是汉英双语平行语料库。然而,多数建成的平行语料库目前并未共享,或仅可以将语料下载到本地后使用而不支持在线检索,真正在线可用的平行语料库数量远少于单语语料库。如北京大学 CCL 语料库中的汉英双语语料库目前仅对北大校内用户开放,北京外国语大学大规模汉英平行语料库也尚未对外界开放,另外还有部分双语平行语料库,其在线检索系统不稳定,访问时常受限。究其原因,一是双语语料往往同时牵涉原文和译文的版权,版权问题较单语语料更为复杂;二是平行语料库的加工过程及检索较单语语料库更为耗时耗力,本身语料库规模远小于单语语料库;三是现有的本地平行语料库格式不尽相同,用于线上共享时多需要进一步加工调整。目前可较为便捷使用的在线双语语料库是上海外国语大学智能化多语种教学与科研平台中的莎士比亚戏剧英汉平行语料库。

智能化多语种教学与科研平台由上海外国语大学语言科学研究院胡开宝教授团队研制,旨在为科研人员提供以平行语料库为主、兼具单语语料库的语言数据资源,推进平行语料库在外语教学与科研,特别是在翻译教学与翻译研究中的应用。目前,该平台已经开放莎士比亚戏剧汉英平行语料库,包括 23 部莎士比亚戏剧英文原文及其对应的梁实秋译本和朱生豪译本,具体戏剧原著名称为 *All's Well That Ends Well*、*Antony and Cleopatra*、*As You Like It*、*Coriolanus*、

Cymbeline、*Henry IV（I）*、*Henry IV（II）*、*Julius Caesar*、*King John*、*Measure for Measure*、*Much Ado About Nothing*、*Othello*、*Pericles，Prince of Tyre*、*Richard II*、*The Comedy of Error*、*The Merchant of Venice*、*The Merry Wives of Windsor*、*The Tempest*、*Timon of Athens*、*Titus Andronicus*、*Twelfth Night*、*Two Gentlemen of Verona*、*Winter's Tale*。登录之后,平台可以提供词频、搭配、索引行等信息的在线检索。更为重要的是,该平台可进行平行索引行的检索,供用户查看、分析特定原文中特定词汇的翻译方法与翻译结果,或总结、归纳译文中词汇或典型结构的应用规律。例如,在平台索引行模块检索莎士比亚戏剧中的 good 一词,结果可以显示不同戏剧原著中该词的使用实例以及戏剧名称,并同步显示梁实秋译文以及朱生豪译文。用户既可以考察原文和译文以探索翻译规律,也可以对不同译者翻译的译文进行比较。后续平台将陆续开放中央政治文献汉英平行语料库、中国外交话语语料库、国外外交话语语料库、记者招待会汉英会议口译语料库等多个语料库。智能化多语种教学与科研平台 1.0 版为免费平台,新用户注册后即可登录使用。

6.2.3　在线多语平行语料库

1) 联合国平行语料库

联合国平行语料库(The United Nations Parallel Corpus)1.0 版包含公开的联合国正式记录和其他会议文件。此类文件多数都有 6 种语言的文本,即汉语、英语、法语、西班牙语、俄语、阿拉伯语等联合国工作语言。当前 1.0 版的语料库包含 1990 年至 2014 年期间编写并经过人工翻译的内容,包括以语句为单位对齐的文本。语料采用 JRC-Acquis 平行语料库的 TEI 兼容格式。对于有多语种文本的文件,各语种对都有相应的关联文档,最多有 15 个语对。该语料库旨在提供多语种的语言资源,并促进机器翻译等自然语言处理方面的研究和进展。为了方便起见,语料库还提供现成的特定语种双语文本和六个语种的平行语料子库。所有文件按语种、出版年份和出版文号分门别类地存放在文件夹中。相对应的文件保存在结构平行的文件夹中。每份文件的任何一种联合国正式语言的现有译文均可以通过该语种子文件夹的相同文件路径找到。目前,联合国平行语料库只提供下载链接,但不支持在线进行语料库检索。用户在使用联合国平行语料库时,须表明联合国是信息来源方①。

2) 欧洲议会平行语料库

欧洲议会平行语料库(Europarl Parallel Corpus),即 European Parliament Proceedings Parallel Corpus,收录了 1996—2011 年间欧洲议会的会议记录,涉及 21 种欧洲语言:罗马语系(法语、意大利语、西班牙语、葡萄牙语、罗马尼亚语)、日耳曼语系(英语、荷兰语、德语、丹麦语、瑞典语)、斯拉维克语系(保加利亚语、捷克语、波兰语、斯洛伐克语、斯洛文尼亚语)、芬尼-乌戈尔语系(芬兰语、匈牙利语、爱沙尼亚语)、波罗的海语系(拉脱维亚语、立陶宛语)和希腊语。以英语为中心,其他 20 种语言分别与英语句级对齐。每种语言约 6 000 万词,均为第一语言译作第二语言,即英语是目的语。同联合国平行语料库类似,欧洲议会平行语料库只支持下载后使用,不提供在线直接检索。

3)《习近平谈治国理政》多语种数据库综合平台

《习近平谈治国理政》多语种数据库综合平台由上海外国语大学胡开宝教授带领团队建设,旨在推动以《习近平谈治国理政》及其多语种译文为内容的外语教学与科研,助力外语教学的数据化、可视化与智能化,推进基于多个语言对的翻译研究。《习近平谈治国理政》多语种数据库综合平台 1.0 版分为语料库、知识库、文献库三个模块,其中语料库模块以《习近平谈治国理政》的汉语原文为中心语言,实现汉外语言对的句级对齐。截至 2022 年 1 月,平台中的语料库涵盖《习近平谈治国理政》第一卷、第二卷、第三卷的汉语原文及其不同语言版本的译文。例如,第一卷涉及汉语—英语、汉语—阿拉伯语、

---

① Ziemski, M., Junczys-Dowmunt, M. & Pouliquen, B. The United Nations Parallel Corpus v1. 0[A]. In N. Calzolari et al. (eds.). *Proceedings of the Tenth International Conference on Language Resources and Evaluation* (*LREC 2016*)[C]. Portorož, Slovenia, May 2016.

汉语—朝鲜语、汉语—德语、汉语—俄语、汉语—法语、汉语—蒙古语、汉语—缅甸语、汉语—泰语等 28 个语言对,第二卷 9 个语言对,第三卷 7 个语言对。该平台中的语料库模块分为教学模块与科研模块。前者已实现平行句对语篇展示、翻译策略与技巧查询等教学辅助功能,可以直接用于外语教学。后者提供《习近平谈治国理政》多语种平行语料库的检索,可以查询词频、词簇、搭配、索引行等信息并对部分结果进行可视化展示。其中,索引行功能支持汉外多语平行索引行的简单检索、通配符检索和复合检索等,可以较好地服务于多语种翻译教学与科研。此外,平台中的知识库收集《习近平谈治国理政》的术语与典故,并提供与其对应的多语翻译及专业解释,而文献库收录习近平治国理政思想的相关影像、图片资料,以及国内外关于《习近平谈治国理政》的评论。可以说,《习近平谈治国理政》多语种数据库综合平台是目前国内较为少见的包含语言种类较多,实现句级对齐的在线多语平行语料库。更为重要的是,《习近平谈治国理政》多语种数据库综合平台中的平行语料库是动态扩展的。一方面,平台已有的语料为《习近平谈治国理政》第一卷、第二卷、第三卷的原文及其译文。后期前三卷的译文如果增加,平台将扩充新增加的外语译文。另一方面,《习近平谈治国理政》汉语原文及其译文出现更多卷章后,平台中的多语平行语料库也将相应扩容。

4) 智能化多语种教学与科研平台

智能化多语种教学与科研平台旨在为基于数据的外语教学与科研提供工具支持,同时助力实现语料的在线共享与使用。平台在允许用户上传本地语料进行统计分析的同时,提供可以加载的单语语料库、双语平行语料库、口译平行语料库等,既允许用户进行单一语料库的检索,也可以选择两个或多个语料库进行跨库检索。

智能化多语种教学与科研平台既支持对本地语料的分析与应用,也提供已经建设好的语料库供用户选择使用。上传本地语料或加载平台中自带的语料库后,可以选择平台的功能模块,包括基础信息、索引行、词频、词簇、搭配、副语言信息等 6 个子模块,如图 6.3 所示:

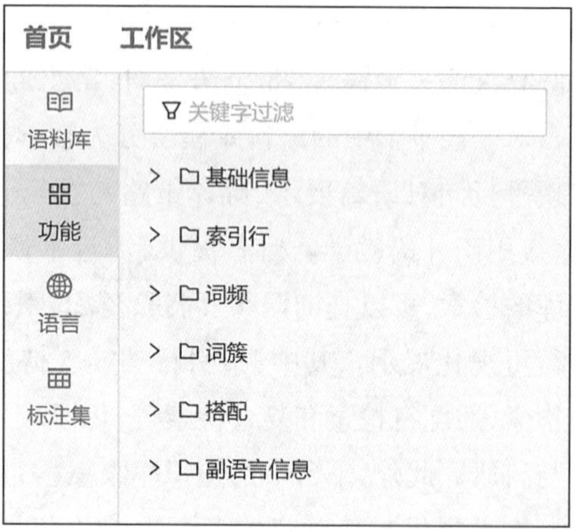

图 6.3　智能化多语种教学与科研平台主要功能模块

　　基础信息模块主要用于对所选语料库的总体特征进行统计和分析。具体而言,平台可以计算观察语料库的类符、形符、类符/形符比、标准化类符/形符比等。这些数据可以显示所选语料库的基本特征,为进一步分析提供便利。

　　索引行模块可以进行单语或平行索引行的检索,呈现符合特定检索条件的句子。智能化多语种教学与科研平台在显示单语索引行的基础上,可以显示双语或多语平行索引行,并支持查看索引行出现的上下文语境。此外,索引行模块支持按词性限定搜索单词,也可以排除特定搜索单词,如图 6.4 所示:

　　词频模块可以显示所选语料的频率信息,为分析语言特征提供数据支撑。该模块包含词语的频数、占比等具体数值,同时可以对这些数据进行可视化呈现,直观、准确地呈现语言数据的频率信息。其一,词频模块可以统计所选语料库中所有词汇的频数和占比等,也支持对具体词语频率信息的查询,并且可以根据语料库中既有的词语,在具体词语查询时进行词汇联想以供用户选择使用。其二,该模块支持按词性进行分类查询,例如,其可分别检索英语中的 work 作为名词和作为动词时的使用频率。同样,汉语中的

图 6.4　智能化多语种教学与科研平台
索引行模块搜索条件示例

"发展",既可以作动词,也可以作名词,检索时可根据需求,只查询其特定词性。其三,该模块可以统计同一词性的词语在观察语料库中的使用总频数和占比,按词性类别呈现库中的词汇信息。

词簇模块主要呈现选定语料库中特定的词簇,包括具体频数和占比等。目前,平台 1.0 版可以进行 2—10 个词长度词簇的计算。此外,可以通过限定具体的关键词,检索包含特定词语的词簇,并统计不同词簇的频数、占比等。

搭配模块可以进行词语搭配信息的检索,结果可以以具体数值或可视化网络图的形式显示。该模块支持限定搭配词和节点词的词性,以便提供更为清晰、明确的检索结果,更好地回答相关研究问题。可视化图支持按照互信息值高低或绝对频数大小对节点词进行排序。

副语言信息模块可以检索经过副语言信息标注的语料,包含单语口语语料和口译平行语料。例如,可以在分析口译语言的词汇、句式和语篇结构等典型语言特征的基础上,考察口译中的副语言信息。智能化多语种教学与科研平台包含中国政府记者招待会汉英会议口译平行语料库[①],该语料库进行了副语言信息标注。用户加载该语料库后,可借助平台工具进行副语言信息检索。同时,平台也允许用户上传自定义标注副语言信息的语料并进行相关检索。

6.3 智能化多语种教学与科研平台中的语料库简介及其应用

如上文所述,智能化多语种教学与科研平台允许用户导入本地语料库,或加载软件中已有的语料库。此外,在语言类型、标注集、标注格式一致的前提下,允许本地语料和在线语料的跨库检索。平台自带的语料库包括单语语料库、双语平行语料库和记者招待会汉英会议口译平行语料库。

1)单语语料库

平台中的单语语料库为美国国情咨文英语语料(2000—2019)。该语料经过校对、降噪后,通过 Python 调用了 Universal Dependency 标注系统对其进行了词性标注,因而支持按词性统计词频、提取索引行等。美国国情咨文英语语料库(2000—2019)形符数为 121 358,类符数为 7 988。

2)双语平行语料库

平台中的双语平行语料库包括中国政府工作报告汉英平行语料(2000—2019)、莎士比亚戏剧英汉平行语料库,二者均实现了原文与译文的句级对齐,并且进行了词性标注。

中国政府工作报告汉英平行语料库涵盖 2000 年至 2019 年共 20 年的政府工作报告汉语语文及其对应英语译文。汉语原文利用

---

① 胡开宝,潘峰,李鑫. 基于语料库的记者招待会汉英口译研究[M]. 北京:外语教学与研究出版社,2015.

NLPIR-ICTCLAS 进行了词语的切分、标注,英文则使用 TreeTagger 3.0进行了词性标注。该语料库可以用于政治文献英译的相关研究。

莎士比亚戏剧英汉平行语料库包含 23 部莎士比亚戏剧的英语原文及其对应的梁实秋译文、朱生豪译文。该语料库实现了一个原文与两个译文之间的句级平行对齐,可应用于文学翻译研究、译者风格研究、翻译语言特征研究、翻译规范研究等多个研究领域或基于语料库的文学翻译教学。

3) 汉英会议口译平行语料库

平台提供记者招待会汉英会议口译平行语料库供用户加载使用。记者招待会汉英会议口译平行语料库收录语料如下:

> 1988 年至 2008 年我国中央政府及国务院有关部委举办的新闻发布会的汉语原文及英译,其中包括李鹏、朱镕基和温家宝三任总理以及钱其琛、唐家璇、李肇星和杨洁篪四任外交部部长答记者问、国务院有关部委负责人和发言人答记者问的汉语原文和英译语料,具体内容涵盖我国政治、经济、军事和外交等领域的政策和改革工作。汉语原文语料字数为 133 431 字,英译语料为 96 205 词。①

上述语料均由课题组成员根据多年录制的新闻发布会实况转播的录像和磁带录音转写而成。与多数口译平行语料库不同,汉英会议口译平行语料库在保证真实性转写的前提下,进行了副语言信息标注,对口误、修正、重复、停顿以及语言错误或不规范等现象照原样转写。因此,研究者可以在利用该语料库进行口译语言特征研究、译员风格研究等分析的同时,考察口译中的副语言特征,而这种考察可以借助智能化多语种教学与科研平台中的副语言信息模块进行。

必须承认,就语料数量而言,智能化多语种教学与科研平台中的单语语料库较 COCA、iWeb、Sketch Engine 等在线语料库平台中的

---

① 胡开宝,陶庆. 汉英会议口译语料库的创建与应用研究[J]. 中国翻译,2010,31(5):49.

语料库少很多。然而,该平台的在应用上的特色主要体现在以下五个方面:1)支持跨库检索。平台提供默认的词性标注集,同时允许用户自定义标注集,在标注集和语料格式一致的情况下,支持用户对两个或多个语料库进行跨库检索。2)可加载实现句级平行对齐的平行语料库。如6.2小节所述,目前可以直接进行在线检索的句级平行对齐语料库数量和规模远少于单语语料库,而平台提供的政府工作报告英汉平行语料库、莎士比亚戏剧英汉平行语料库等多个双语平行语料库,是对在线双语平行语料库的有益拓展。3)可进行副语言信息检索。在提供双语平行语料库供用户加载使用的基础上,平台可加载记者招待会汉英会议口译语料库。该语料库经过人工转写并标注副语言信息,可以用于基于语料库的口译副语言信息教学与研究。4)可实现良好的可视化效果。平台实现了词频、搭配等信息的可视化,使得语料库分析结果的呈现更为直观。5)支持多语种语言。平台除支持汉语、英语、日语、法语等从左往右书写的语言,还支持阿拉伯语、维吾尔语、乌尔都语等从右往左书写的语言,支持对多种语言的检索、统计与分析。另外,还需要说明的是,平台中的语料还将根据具体需求持续增加。

6.4 COCA 简介及其应用

美国当代英语语料库 COCA 由杨百翰大学(Brigham Young University)的 Mark Davies 创建。COCA 收集了 1990 年以来多个领域的美国英语语料,包括美国的口语、小说、流行杂志、报纸和学术期刊等五大类型的语料。语料数量在这五个类型基本呈均匀分布,而且在每五年的时段中也基本呈均匀分布,每年约 2 500 万词,并且每两年进行一次数据更新①。语料库在更新过程中逐渐添加了电视和电影字幕、

---

① Davies, M. The 385 + million word Corpus of Contemporary American English (1990 − 2008+): Design, architecture, and linguistic insights[J]. *International Journal of Corpus Linguistics*, 2009, 14(2): 159 − 190.

博客和其他网页等语料类型。此外,语料库的规模还在继续扩大,因此,该语料库还可以用作监控语料库[①]。

COCA 提供了多种检索与分析功能,包括词语原形检索、同义词检索、词性赋码检索、词表分析、搭配词分析等。COCA 的主要功能区域包括列表(List)、图表(Chart)、词汇(Word)、浏览(Browse)、搭配(Collocates)、比较(Compare)、关键词(KWIC),如图 6.5 所示。接下来对这些功能区域进行介绍。

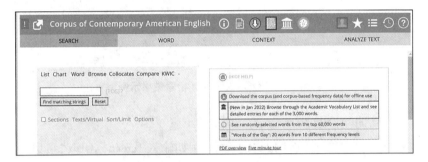

图 6.5　COCA 的主要功能区域

1) 列表(List)

列表模块中,单击左侧搜索表单中的链接可以获取语境,并可查看语料库提供的查询范围。利用简单检索功能,可以快速查询单词、短语、字符串等的频率和拼写等。COCA 中的基本检索主要包含普通检索、通配符检索和正则表达式检索,进而实现对单词和短语、字符串、词性、词汇原型(lemma)、同义词等多种语言信息的查询。

① 单词和短语检索

COCA 中可以直接输入某个单词或短语进行检索。例如,可以检索 corpus、work 等单个词语,也可以检索 contribute to、a lot of 等短语。在检索结果中,点击该词或短语,可以在例句区查看包含检索项

① Davies, M. The Corpus of Contemporary American English as the first reliable monitor corpus of English[J]. *Literary and Linguistic Computing*, 2011, 25(1): 447-465.

的索引行。

② 字符串检索

COCA 支持使用通配符对字符串进行检索。"＊"代表任意数量的字符，在 COCA 中输入"a ＊ of"可以检索到如图 6.6 所示的结果：

HELP		SEE FULL LIST (SLOWER; MAY TIME OUT) [?]	FREQ	TOTAL 2,129,334	UNIQUE 4,276 ＋
1	☐	A LOT OF	333811	
2	☐	A COUPLE OF	82406	
3	☐	A NUMBER OF	65019	
4	☐	A SERIES OF	38415	
5	☐	A MATTER OF	35897	
6	☐	A VARIETY OF	33493	
7	☐	A PART OF	32897	
8	☐	A GROUP OF	31268	
9	☐	A BUNCH OF	30404	
10	☐	A SENSE OF	29080	

图 6.6　COCA 中 a ＊ of 检索结果示例

③ 词性检索

COCA 支持与词性相关的检索，例如输入"green NOUN"可以得到所有用 green 修饰名词的例子，如图 6.7 所示：

HELP		ALL FORMS (SAMPLE): 100 200 500	FREQ	TOTAL 72,935	UNIQUE 6,681 ＋
1	☐	GREEN BAY	3933	
2	☐	GREEN LIGHT	2193	
3	☐	GREEN BEANS	1991	
4	☐	GREEN EYES	1973	
5	☐	GREEN ONIONS	1584	
6	☐	GREEN TEA	1253	
7	☐	GREEN PARTY	1061	
8	☐	GREEN CARD	1052	
9	☐	GREEN ENERGY	939	
10	☐	GREEN ROOM	747	
11	☐	GREEN GRASS	667	
12	☐	GREEN SPACE	627	
13	☐	GREEN LEAVES	622	
14	☐	GREEN LINE	596	
15	☐	GREEN ZONE	520	
16	☐	GREEN BUILDING	482	
17	☐	GREEN REVOLUTION	476	
18	☐	GREEN RIVER	468	
19	☐	GREEN DAY	443	
20	☐	GREEN MOUNTAIN	440	

图 6.7　COCA 中"green NOUN"检索结果示例

④ 词汇原型检索

词汇原型即词形归并（lemmatization）后的单词。在 COCA 的列表模块中，输入大写的单词，可以检索该词的所有词形。例如，输入

"IMPROVE"进行检索，可以得到其所有词形的使用实例，包括 improve、improved、improving、improves 等四个不同的词语，并且可以点击具体词语查看相关索引行，结果如图 6.8 所示：

HELP		ALL FORMS (SAMPLE): 100 200 500	FREQ	
1	☐	IMPROVE	58383	
2	☐	IMPROVED	18433	
3	☐	IMPROVING	12803	
4	☐	IMPROVES	5152	
		TOTAL	94771	

图 6.8　COCA 中 IMPROVE 词汇原型检索结果示例

⑤ 同义词检索

COCA 支持同义词检索。例如，在列表模块中，输入" =suggest"，可以得到 suggest 的同义词或近义词，如图 6.9 所示：

HELP		ALL FORMS (SAMPLE): 100 200 500	FREQ	TOTAL 242,383 | UNIQUE 14 +
1	☐	SUGGEST [S]	68839	
2	☐	INDICATE [S]	33622	
3	☐	RECOMMEND [S]	24828	
4	☐	REMIND [S]	24144	
5	☐	ADVOCATE [S]	16503	
6	☐	SUBMIT [S]	14634	
7	☐	INTIMATE [S]	14415	
8	☐	HINT [S]	13656	
9	☐	PROPOSE [S]	10709	
10	☐	IMPLY [S]	8429	
11	☐	ADVISE [S]	8248	
12	☐	EVOKE [S]	3185	
13	☐	ALLUDE [S]	682	
14	☐	INSINUATE [S]	489	
		TOTAL	242383	

图 6.9　COCA 中 suggest 同义词检索结果示例

2）图表（Chart）

图表模块可以显示检索项在多种类型语料中的使用频率或者不同时间段内的使用情况。例如，在图表模块输入"corpus"，可以看到分别按语料类型以及按时间段划分的频率信息，如图 6.10 所示。

3）词汇（Word）

词汇模块可以查询语料库中前 60 000 个单词的丰富信息，包括相关主题、搭配、词簇、索引行、同义词或 WordNet 词条以及使用该词频率最高的网页，词语的定义，谷歌链接的图片、发音、视频以及多语

SECTION (CLICK FOR SUB-SECTIONS) (SEE ALL SECTIONS AT ONCE)	FREQ	SIZE (M)	PER MIL	CLICK FOR CONTEXT (SEE ALL)
BLOG	297	128.6	2.31	
WEB-GENL	738	124.3	5.94	
TV/MOVIES	126	128.1	0.98	
SPOKEN	329	126.1	2.61	
FICTION	237	118.3	2.00	
MAGAZINE	356	126.1	2.82	
NEWSPAPER	609	121.7	5.00	
ACADEMIC	1,408	119.8	11.75	
1990-1994	442	121.1	3.65	
1995-1999	600	125.2	4.79	
2000-2004	490	124.6	3.93	
2005-2009	558	123.1	4.53	
2010-2014	404	123.3	3.28	
2015-2019	571	122.8	4.65	
TOTAL	3,582			SEE ALL TOKENS

图 6.10　COCA 中 corpus 在不同文类和不同时间段出现的频率

种翻译。此外,该模块还可以提供同义词、上义词、下义词等多种相关信息。

4) 浏览(Browse)

浏览模块可以查询特定意义的词语。具体而言,可以通过词形、意义(如与某项定义相关、同义词、下义词、上义词等)以及词形、韵律等搜索具体词语。浏览模块搜索区域的不同选项如图 6.11 所示:

Click on any of the search types below for more information and examples. (more...)	
Word form	
Meaning	+ ☑ DEFINITION ☐ SYNONYM ☐ SPECIFIC ☐ GENERAL
Part of speech	☑ NOUN ☑ VERB ☑ ADJ ☑ ADV ☑ OTHER ☐ ALL
Range	-
Pronunciation	Rhymes with Type EXACT
Syllables / stress	○○○○○○○○○○ ✖

图 6.11　COCA 中浏览模块的搜索区域

5) 搭配(Collocates)

COCA 可以进行词语搭配检索,并且可以按照需要,设置或限定节点词或搭配词的词性,以筛选符合特定条件的词语共现模式。例如,如需检索 improve 前的名词,可在词语/短语(Word/Phrase)里输入"improve",在搭配中选择 noun.All,右侧跨距设置为 0,如图 6.12 所示:

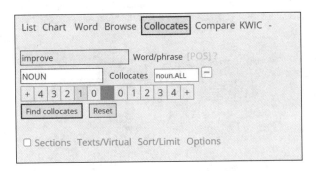

图 6.12　improve 左侧第一位的名词检索设置

完成上图中的设置后,点击查找搭配(Find collocates)后,可以得到如图 6.13 所示的结果:

HELP			FREQ	ALL	%	MI
1	☐	STUDENTS	95	383384	0.02	2.08
2	☐	CONDITIONS	86	86086	0.10	4.09
3	☐	HELPS	77	51901	0.15	4.66
4	☐	THINGS	60	631346	0.01	0.69
5	☐	PEOPLE	47	1784507	0.00	-1.16
6	☐	SKILLS	45	86561	0.05	3.14
7	☐	COLLEGES	41	26142	0.16	4.74
8	☐	TEACHERS	37	128033	0.03	2.30
9	☐	SYMPTOMS	21	30961	0.07	3.53
10	☐	COMPANIES	20	146933	0.01	1.21
11	☐	PATIENTS	19	106144	0.02	1.61
12	☐	SCORES	16	48735	0.03	2.48
13	☐	SCHOOLS	16	134484	0.01	1.02
14	☐	PLAYERS	15	108485	0.01	1.23
15	☐	CHILDREN	15	442672	0.00	-0.80
16	☐	HELP	15	527928	0.00	-1.05
17	☐	TECHNIQUES	13	32799	0.04	2.75
18	☐	NUMBERS	13	103620	0.01	1.09
19	☐	LIVES	13	171647	0.01	0.37
20	☐	TIME	13	1700705	0.00	-2.94

图 6.13　Improve 左侧第一位出现频率最高的 20 个搭配词

点击图 6.13 中的搭配词,可进一步查看搭配词和节点词共现的具体语境,进而更为清晰地分析 improve 前面共现强度高的搭配词。

6) 比较(Compare)

COCA 支持对两个不同词语或短语的搭配情况的比较,结果包含频率、分值等。例如,比较 boy 和 girl 的搭配情况,点击比较词汇(Compare words)后,可以得到如图 6.14 所示的结果:

#	WORD 1 (W1): BOY (0.88)	W1	W2	W1/W2	SCORE		WORD 2 (W2): GIRL (1.13)	W2	W1	W2/W1	SCORE
1	FRAT	243	0	486.0	551.1		GOSSIP	595	0	1,190.0	1,049.4
2	HOWDY	79	0	158.0	179.2		SORORITY	78	0	156.0	137.6
3	WILLIE	66	0	132.0	149.7		PEARL	69	0	138.0	121.7
4	BUGLE	58	0	116.0	131.5		JESSIE	64	0	128.0	112.9
5	PREACHER	52	0	104.0	117.9		PETITE	52	0	104.0	91.7
6	WIZARD	48	0	96.0	108.9		COSMO	51	0	102.0	89.9
7	BUTCHER	45	0	90.0	102.1		ZIPPY	44	0	88.0	77.6
8	PROMOTIONS	45	0	90.0	102.1		AMBER	42	0	84.0	74.1
9	HUBBA	44	0	88.0	99.8		BLOUSE	42	0	84.0	74.1
10	THOU	42	0	84.0	95.3		PIXIE	42	0	84.0	74.1
11	BOOGIE	41	0	82.0	93.0		HULA	41	0	82.0	72.3
12	SONNY	245	3	81.7	92.6		BRAIDS	40	0	80.0	70.5
13	SANDUSKY	37	0	74.0	83.9		IPANEMA	40	0	80.0	70.5
14	WILLIAMSON	37	0	74.0	83.9		GO-TO	39	0	78.0	68.8
15	NINTENDO	36	0	72.0	81.6		PRETTIER	38	0	76.0	67.0
16	SOULJA	34	0	68.0	77.1		MANIC	37	0	74.0	65.3
17	JR	33	0	66.0	74.8		PIGTAILS	36	0	72.0	63.5
18	LADDER	32	0	64.0	72.6		ABORTION	34	0	68.0	60.0
19	PHILIP	32	0	64.0	72.6		PERFUME	34	0	68.0	60.0
20	ASTRO	31	0	62.0	70.3		NIECE	32	0	64.0	56.4

图 6.14　COCA 中 boy 和 girl 的搭配情况比较

7）关键词（KWIC）

凭借 KWIC 功能，COCA 可以以词语索引的形式呈现例句。在关键词模块检索，可以得到含有检索词的索引行，其中索引行中词语的不同颜色代表不同的词性。例如，检索 happen，前 20 行的信息如图 6.15 所示：

#	年份	类别	来源	左语境	检索词	右语境
1	2012	WEB	nationalenquirer.com	Erin Andrews . He once said : " Backstage love connections	happen	lot more than people know . " Maks and fellow pro
2	2006	NEWS	Chicago	on the London stage with Kenneth Branagh directing . This would	happen	about a year from now . # Can Radcliffe actually act
3	2019	FIC	Prairie Schooner	. She seems lucid but tired , which often seems to	happen	after her little retreats from the present . That 's hov
4	2012	BLOG	...miherald.typepad.com	will be gone soon and I just ca n't watch that	happen	after Migxy , I sent my letter to MLB and expressed r
5	2010	NEWS	NYTimes	spoke about saying goodbye to their characters and what will	happen	after the curtains come down . # Benjamin Walker on
6	2006	NEWS	Chicago	retires . # I do n't know what 's going to	happen	after this , but we 'll see , " he said at
7	1999	SPOK	Fox_Crier	an audio feed to the media . That can very well	happen	again during the memorial , but of course , you have
8	2018	MOV	Head Full of Honey	doctor . This is crazy , Nick ! This ca n't	happen	again . I 'm sorry , but it 's your fault
9	2016	FIC	Analog	show = Brad informed me . # " ANY CHANCE IT 'LL	HAPPEN	AGAIN " = " NOT FROM THAT SOURCE BUT WE 'RE K
10	2019	MOV	Flashout	I wo n't stand being thrown around . It wo n't	happen	again . Jastar , Not in any universe , I 'm through
11	1997	TV	Homicide: Life on th...	not hear me rule on the objections ? Not gon na	happen	again . Your Honour . I 'm sorry . My name is
12	2002	MOV	Civil Brand	. What happened ? Something that ai n't never got na	happen	again . I want that motherfucker so bad I could taste
13	2012	BLOG	bobmannblog.com	I saw the iceberg ! We must never let this	happen	again . The crew must be punished . The captain bar
14	2018	MAG	Ars Technica	about what it is doing to ensure similar episodes do n't	happen	again . Millions of Android devices targeted # This is
15	2012	WEB	...iewsfromthecouch.com	at the school to ensure steps are taken it does n't	happen	again . If The behaviour of your child 's teacher is
16	2012	WEB	huffingtonpost.com	, they ca n't always be concluded . Real horror stories	happen	all the time without any explanation or conclusion .
17	2012	BLOG	maraglatzel.com	better than any person in those positions ? Plus , mistakes	happen	all the time . And , either way , how others treat
18	2002	WEB	whrockmorton.com	avoided sex at fertile times or knew what could very well	happen	and usually welcomed a new life . But now people ca
19	2012	WEB	5minuteenglish.com	a regular verb and means something that happened but does n't	happen	any more . It uses -ed to show past tense . But
20	2012	WEB	esr.ibiblio.org	. # Yeah , I was arguing that the sharing will	happen	anyway . regardless of whether or not the code is ur

图 6.15　COCA 中 happen 索引行示例

图 6.14 显示了 happen 的索引行，并提供时间、分类、来源等关于索引行的元信息。与此同时，图中索引行显示时，借助不同颜色区别与检索词共现的词语的词性。

8）文本分析（Analyze Text）

COCA 中的文本分析模块可以基于 COCA 中的数据对输入文本进行分析。首先,该功能可以突出显示文本中的中低频词并生成词表,这些频率信息可以显示文本中特殊的单词,帮助语言学习者关注生词。其次,可以单击文本中的单词,查看关于该单词的详细信息,包括词汇的定义、翻译、发音、图片和视频的链接以及相关主题、搭配、词簇、索引行等。最后,可以对文本中选定的短语进行搜索,查看COCA 中的相关短语。通过该方式,可以查看在不同风格的文本中最可能出现的相关短语。

6.5　Sketch Engine 简介及其应用

Sketch Engine 是由 Lexical Computing 公司推出的一款在线语料库管理与检索工具[①],提供 90 多个语料库,覆盖 40 多个语种,总容量达数亿词,且在不断扩大。Sketch Engine 可以用于总结词汇的语法与搭配行为。与其他在线语料库平台相比,Sketch Engine 颇具特色的地方主要体现在三个方面：其一,语料获取方式。Sketch Engine 允许用户通过三种方式利用语料,即本地导入、软件内选择以及网络爬取。其二,词汇描述。Sketch Engine 可以呈现查询单词在语法结构之下所能搭配的词,并可以比较不同词语之间搭配模式的异同。其三,同义词查找。该软件可以提供对词项同义词的查找,并呈现词项相似度值等数据。Sketch Engine 是付费软件,但可以注册获得 30 天免费试用期,后期需要购买服务方可使用。本节主要介绍 Sketch Engine 的功能及其本身所附带的语料库。

登录 Sketch Engine 后,首先需要选择语料库左侧菜单栏—选择语料库（Select Corpus）—选择语言（Select a Language）,包括英语、汉

[①] Kilgarriff, A., Rychlý, P., Smrž, P. & Tugwell, D. The Sketch Engine [A]. In G. Williams & S. Vessier (eds.). *Proceedings of the 11th EURALEX International Congress*[C]. Lorient, France, 2004: 105 – 115.

语、日语等。此后,选择需要分析的本地语料库,或加载 Sketch Engine 中提供的语料库。本节加载 Sketch Engine 中的 BNC,以该语料库为例,展示 Sketch Engine 的主要功能。选择所需的语料库后,点击左侧功能区域,即可进入检索页面,主要功能如图 6.16 所示:

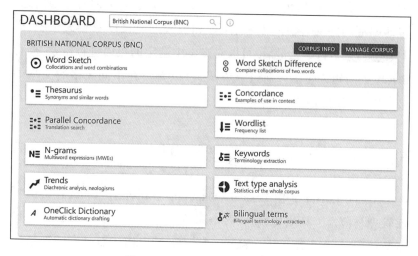

图 6.16　Sketch Engine 功能模块

1)词汇描述(Word Sketch)

Sketch Engine 的词汇描述功能可以呈现所检索词项在不同语法结构下的搭配词,例如检索词作为主语、宾语、补语等情况下所共现的词语。以 China 为例,在词汇描述模块选择 BNC 语料库并检索 China,可以得到如图 6.17 所示的结果。

图 6.17 显示了 China 在不同语法结构下的典型搭配词。其中,第一列修饰词(modifiers of "China")一栏显示了经常用来修饰检索词 China 的高频词语;第二列被修饰词(nouns and verbs modified by "China")一栏提供 China 修饰的名词和动词;第三列(verbs with "China" as object)则显示了 China 作为主语时,与其高频共现的动词;第四列(verbs with "China" as subject)显示了与检索词 China 共现的典型主语。同理,词汇描述模块还可以提供与检索词共现的

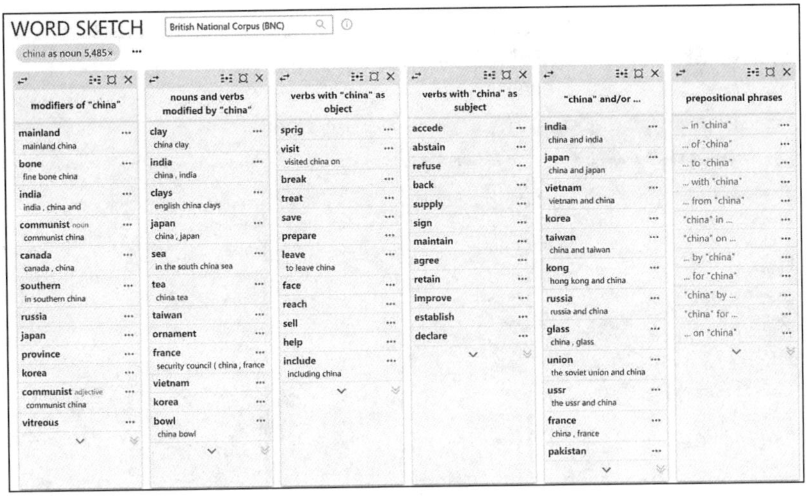

图 6.17　利用 Sketch Engine 检索 BNC 中 China 的使用情况结果示例

并列成分、常用介词等。具体来说,根据图 6.17,BNC 中常用于修饰 China 的词语有 mainland、bone 等,被 China 修饰的词有 clay 等, China 作宾语时其前面的动词有 sprig 等,China 作主语时其后面的动词有 accede 等,与 China 并列的词有 India、Japan 等,以及与 China 相关的介词短语有 in "China"、of "China"等。利用该功能,我们可以在词语共现的基础上,结合语法关系分析具体词语的应用情况。另外,点击搭配后面的三个点号,可以进入搭配词与节点词共现的具体语境。

2) 词项差异描述(Word Sketch Difference)

Sketch Engine 另一个重要的功能是词项差异描述,即呈现两个词项之间的搭配异同。该功能可以通过对比两个词项的搭配,并根据语法关系将搭配词划分为不同的类别。一方面,这可以用于比较两个近义词之间用法的异同,有助于基于实例和数据区分近义词;另一方面,还可以用于比较两个抽象概念、具体时间、专有名词等之间搭配行为的异同,以分析所考察语料库中对二者进行的话语建构的异同。例如,在词项差异描述模块,检索 BNC 中 China 和 America 两个词项之间的异同,结果如图 6.18 所示:

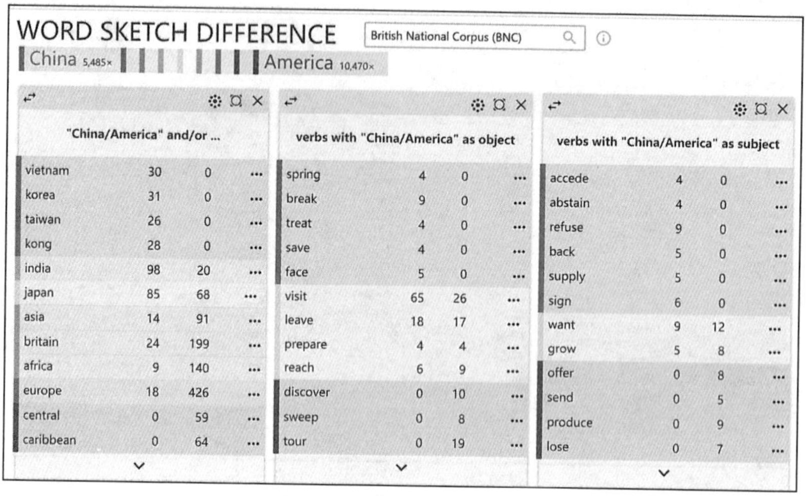

图 6.18 Sketch Engine 对 BNC 中 China 与 America 的词汇描述（部分）

图 6.18 中，上方深色区域的词趋向与第一个词项即 China 共现频率更高，下方深色区域的词代表与第二个词项即 America 的共现频率更高，中间浅色区域的词与二者的搭配强度基本相当。该功能可以较为清晰、直观地呈现两个词语的搭配情况。

3）同义词或近义词（Thesaurus）

Sketch Engine 中的同义词或近义词功能主要用于检索某一词项的同义词或近义词。选择页面左侧的 Thesaurus，即可进入查询同义词或近义词的页面。例如，检索 BNC 中 improve 的近义词，可以得到如图 6.19 所示的结果。

图 6.19 中的词语均为词汇原型形式。其中，频次（Frequency）代表检索词的同义词在所观察语料库中出现的频数，而相似度（Similarity）代表二者之间意义相似度的高低。根据图 6.19 可知，BNC 中与 improve 意义相近的词包括 increase、ensure、change 等。同样，点击图 6.19 中词语右侧三个点号的图标可选择索引行、词汇描述等相关功能。

Sketch Engine 具有平行语料库和多语语料库索引功能。这不仅

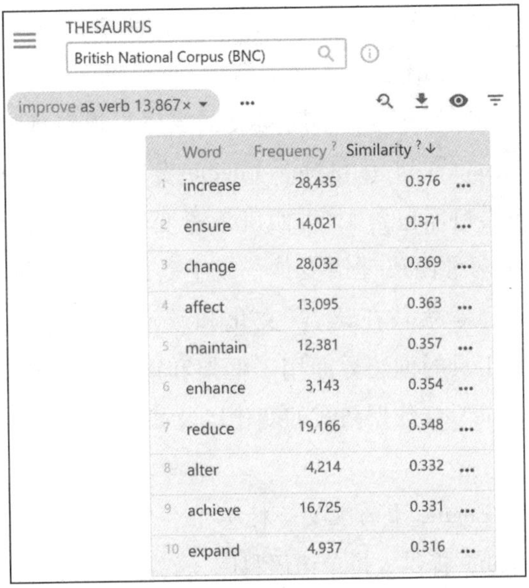

**图 6.19　利用 Sketch Engine 检索 BNC 中 improve 的
同义词或近义词结果示例**

可以帮助译者在翻译时寻找对应词,还可以让语言学家观察对应短
语或词语在不同语言中的搭配行为。检索方式如下:进入检索首
页,选择一个双语语料库。如果要处理多语语料库,可以在下一页面
选择第二种语言。这个检索程序与基本的索引行检索相似,唯一的
区别是用户可以同时设定第二种语言的搜索标准。检索结果以句子
形式呈现,系统会在结果页面中高亮翻译对应词。

　　自 2004 年发行以来,Sketch Engine 在语言研究、话语分词、
词典编纂等多个领域得到广泛使用①②,相关研究较为丰富。例如,
Stoykova 和 Simkova③ 介绍了如何在 EUROPARL 7 语料库中使用

① Kilgarriff, A., et al. The Sketch Engine: Ten years on[J]. *Lexicography*, 2014, 1: 7.
② Thomas, J. *Discovering English with Sketch Engine: A Corpus-Based Approach to Language Exploration*[M]. 2nd ed. Brno: Versatile, 2016.
③ Stoykova, V. & Simkova, M. Evaluating word semantic properties using Sketch Engine[A]. In A. Verikas, et al. (eds.). *Seventh International Conference on Machine Vision*[C]. Milan, Italy, 2015: 944524.1 – 944524.5.

Sketch Engine 检索保加利亚语,如何提取词语的语义特征,以及如何结合斯洛伐克语进行多语语料库检索。Baker 等[①]借助 Sketch Engine,探讨了 1998—2009 年期间英国媒体报道对穆斯林的描述。Kilgarriff 和 Renau[②] 利用 Sketch Engine 分析了西班牙语语料库 esTenTen。该语料库包含 19 种西班牙语变体,共 80 亿词库容。作者比较了其中两种西班牙语变体——半岛西班牙语和美国西班牙语中的主题词,考察其在语言、文化和政治上的差异。Baker[③] 将 Sketch Engine 工具的创建界面用于框架和词汇单位定义分析,探究框架网络(FrameNet)数据格式的变化以及如何更好地展开框架网络研究。

4) Sketch Engine 中的主要语料库

Sketch Engine 提供大量单语语料库,涵盖英语、德语、法语、日语等 40 多种语言,并通过单击语料库名称获取相关语料库的详细信息。Sketch Engine 提供的单语语料库入口如 BNC、BNC2014 口语部分、布朗语料库、2021 网络英语语料库(enTenTen21)等。除上述语料库外,Sketch Engine 还提供第三方语料库链接,经所有者或版权持有人许可,用户可以访问其中一些语料库。

Sketch Engine 中的平行语料库主要为与欧盟相关的文档,如 EUR-Lex 语料库(法律文本)、EUR-Lex 判决语料库(欧盟法院判决)、EUROPARL 语料库(欧洲议会口语)等。Sketch Engine 提供的非欧洲语言的平行语料库相对较少,目前主要为 OPUS2 语料库,涉及 40 种语言,包括书籍、新闻、字幕、TED 演讲、维基百科、技术手册等多个领域的语料。

---

① Baker, P., Gabrielatos, C. & McEnery, T. Sketching Muslims: A corpus driven analysis of representations around the word "Muslim" in the British press 1998 – 2009 [J]. *Applied Linguistics*, 2013, 34(3): 255 – 278.

② Kilgarriff, A. & Renau, I. esTenTen, a vast web corpus of Peninsular and American Spanish [J]. *Procedia — Social and Behavioral Sciences*, 2013, 95: 12 – 19.

③ Baker, C. F. FrameNet, current collaborations and future goals [J]. *Language Resources & Evaluation*, 2012, 46: 269 – 286.

6.6　小结

本章介绍了常用在线语料库,阐述了智能化多语种教学与科研平台、COCA 以及 Sketch Engine 的功能,以期为语料库研究与应用提供更多选择和功能借鉴。在线语料库可以为语料库研究与应用提供语料支持,有效提高基于语料库的外语教学与科研的效率,也可以与本地语料库有机结合,互为验证,以满足更多教学与科研中的语料需求。可以说,在线语料库的不断发展与丰富是未来语料库建设与应用的趋势之一。需要强调的是,成熟的在线语料库基本都有较为清晰的语料介绍和使用说明,甚至还提供相关研究文献。研究者应根据具体的研究目的和研究问题选择合适的语料库,并利用相关功能模块提取研究所需要的数据。

 思考题

1. 除了本节介绍的在线语料库,你还知道哪些在线的汉语语料库、英语语料库及双语语料库?

2. 在线语料库在外语教学中的应用主要体现在哪些方面?

3. 在线语料库在外语研究中的应用主要体现在哪些领域?

4. 如何将在线语料库与自己的本地语料库相结合,相互补充、互为验证?

 推荐阅读

Baker, P., Gabrielatos, C. & McEnery, T. Sketching Muslims: A corpus driven analysis of representations around the word "Muslim" in the British press 1998 – 2009[J]. *Applied Linguistics*, 2013, 34 (3): 255 – 278.

Brezina, V., Hawtin, A. & McEnery, T. The written British National Corpus 2014 — Design and comparability[J]. *Text & Talk*, 2021, 41(5-6): 595-561.

Davies, M. The Coronavirus Corpus: Design, construction, and use[J]. *International Journal of Corpus Linguistics*, 2021, 26(4): 583-598.

Davies, M. The 385+ million word Corpus of Contemporary American English (1990-2008+): Design, architecture, and linguistic insights[J]. *International Journal of Corpus Linguistics*, 2009, 14(2): 159-190.

Hardie, A. CQPweb — Combining power, flexibility and usability in a corpus analysis tool[J]. *International Journal of Corpus Linguistics*, 2012, 17(3): 380-409.

Love, R., Dembry, C., Hardie, A., Brezina, V. & McEnery, T. The spoken BNC2014: Designing and building a spoken corpus of everyday conversations[J]. *International Journal of Corpus Linguistics*, 2017, 22(3): 319-344.

葛晓华. Sketch Engine 的核心功能和应用前景[J]. 外语电化教学, 2017, (4): 23-30.

彭馨葭, Mark Davies. iWeb 互联网语料库及其在英语教与学中的应用[J]. 外语电化教学, 2020, (4): 73-81+12.

下编

语料库的应用

第 7 章
语料库在语言研究中的应用

7.0　引言

　　作为一种电子化的语言数据库,语料库自诞生之时便被应用于词典编纂和语法书编写之中,与语言研究密不可分。本章将重点围绕语料库方法在语言研究中的应用展开,关注语料库应用给语言研究提供的新思路。本章讨论的内容主要涉及语料库方法与技术可与语言研究的哪些领域相结合,具体从哪些角度切入以及采用何种研究方法和数据等。最后,本章通过具体案例来说明如何利用语料库方法开展语言研究。

7.1　语料库在语言研究中应用的主要领域

　　自 20 世纪 90 年代以来,随着计算机技术和互联网技术的迅速发展,语料库方法展现出与语言研究诸多领域相融合的趋势。语言学学科内部虽可根据研究问题划分出诸多不同的研究领域,但这些研究领域都指向共同目标,即揭示语言的本质。语料库研究因立足于真实文本、采用量化的分析方式、具有可重复性和客观性等优势,为语言研究带来了方法与理论的创新。语料库方法注重数据,关注语言实例在其背后语法体系中的体现,有助于我们从具体、简单的问题过渡到抽象、复杂的问题,加深我们对语言本质的理解。因此,就真实语言现象如语言的使用和变化等方面的研究而言,语料库方法是令人信赖的研究方法。语料库所提供的强大数据挖掘功能被应用于语言研究的不同领域。

1）语言描写研究

语料库应用最初的重点便是通过对特定语体或不同功能语体语言特征分布的定量分析来描述语言。也就是说，语料库研究可用于回答这样一个核心问题：人们是如何真正地使用语言的？在语言研究领域，Quirk 等学者基于语料库研究对英语语法进行了描写，于 1985 年出版了《英语语法大全》（*A Comprehensive Grammar of the English Language*）。Sinclair 运用统计方法挖掘语言使用中的惯常搭配形式来确定词语或短语的意义，并提出"扩展意义单位模型"。这些研究成果均使得语言描写的理论和方法产生了变革。凭借语料库，我们可以在观察大规模语料和数据统计的基础上，对语言进行描写。

2）语言变异/变化研究

语料库能提供空前广泛的语言素材，如不同国家的语料库、不同历史时期的语料库、不同性别人群的语料库、特定语言内不同方言的语料库等等。正因如此，语料库方法在语域变异研究、方言变体研究、学习者语言研究、语法变化研究等语言变异/变化研究中使用广泛。

3）理论语言学

虽然理论语言学长期以来以研究者的内省为主要研究方法，但随着人们对语言及其本质认识的不断提升，语料库应用于理论语言学的潜力也逐渐受到重视。许多理论语言学家尝试从语料库的视角出发来验证或修正已有的语言学理论。语料库方法所提供的量化分析以及对文本与社会关系的解读等，为解决心理语言学、语言类型学等理论语言学分支学科的一些研究问题另辟蹊径，语料库的价值也因此逐渐得到认可。

4）认知语言学

虽然认知语言学的基本取向为过程导向，与语料库研究的产品导向相异。但近年来，在认知语言学领域也出现了利用语料库方法和技术来对具体问题进行研究的趋势。这主要是因为,一部分认知语言学学者坚持语言的用法观,认为语言的概念表征有其体验基础,因此可通过大量语言数据来支撑理论研究。其中,以 Stefan Th. Gries 为代表的认知语言学学者,在认知语言学构式语法的框架下,对语料库语言学中的搭配分析法进行了革新,开发出构式搭配分析法,为将语料库应用于认知语言学研究做出了有益尝试。

5) 社会语言学

社会语言学和语料库研究在很多方面有共通之处。社会语言学中很重要的一个分支是对语境中的口语和书面语进行研究,因此关注真实语料。此外,社会语言学关注的主要社会维度是社会阶层、年龄、种族、性别和风格等,且常常使用量化的研究方法来揭示语言变量和社会变量之间的相互关系。因此,语料库方法所能提供的不同社会类别语言使用者的语言在词汇、词形、句子结构等方面的相关数据,都可为社会语言学家所用。如今,从语调、语用助词、话语标记语到会话套语等层面,都已有社会语言学家使用语料库对话语现象进行研究。

6) 对比语言学

对比语言学注重具体语言之间的对比,这在本质上与语料库研究相契合。后者常研究同一种语言或不同语言变体中特定文本类型或文体的差异,本质上具有对比属性。20 世纪六七十年代,对比语言学经历了短暂的繁荣后,由于“共同对比基础”(tertium comparationis)的问题陷入了缓慢发展状态。自 20 世纪 90 年代中期以来,基于语料库的对比语言学为过去的研究问题提供了新的视角,同时在结构分析以及类型学和文体学等方面提出了新问题。

7) 语用学

语用学以语言意义为研究对象,专注于研究在特定情境中人们是如何通过语境来理解和使用特定话语的。语用学的学科属性使得该领域研究需要大量语言事实作为支撑,因此其与语料库的结合可谓水到渠成。目前,语料库方法主要用于语用学中的言语行为的历时研究、语用标记研究、语言、权力与意识形态研究、对话分析等方面。其中,Aijmer① 对语用标记的研究颇具代表性。她关注社会、文化和地区因素方面的语用标记变异,利用 ICE‐GB 语料库(国际英语语料库英国部分)探索语用标记可变性的理论基础,为关于语境对语用标记功能和意义的影响的相关讨论做出了贡献。

8)话语研究

话语研究的主要目的是揭示语言是如何被用于(通常以非常微妙的方式)展现潜在的话语的。由于不管是单个的词语、短语还是语法结构都可揭示话语的存在和意义,语料库方法成为话语研究的有效方式之一。此外,语料库在减少话语研究者的主观性、重复语言模式的证据支持以及三角验证等方面都发挥了巨大作用。近年来,基于语料库的批评话语分析成为话语研究的新方法并取得了丰硕的研究成果。

7.2 语料库在语言研究中应用的切入点

人类的语言能力难以被直接观察,往往需要通过其外在映射,即语言使用者产生的真实语言,才能对已有理论假设和概括加以验证或推断。语料库在此种意义上就是人类语言能力外在映射的一个样本。语料库研究所提供的统计推断可使研究者从一个特定的样本出发,归纳并验证作为一个整体的语言的相同属性。然而,不管是何种语料库,它所提供的只是一系列语言元素如词、短语、句法结构等。这就意味着研究者需根据自身的研究问题和兴趣(不管是对语义、交际功能还是对说话者语言能力的兴趣),探究它们是否或如何反映在词频、关键词、搭配、多维分析等数据之上,以及如何建立二者之间的

① Aijmer, K. *Understanding Pragmatic Markers: A Variational Pragmatic Approach* [M]. Edinburgh: Edinburgh University Press, 2013.

关系。鉴于此,本节将着重探讨语料库方法应用于语言研究不同领域的切入点。

7.2.1　词频

频数统计是语料库统计的最基本方式。最常见的频数统计一般指的是词的频数。此外,也可以是语素、短语、特定句法结构等的频数。基于频数的语言考察之所以可行是因为语言是有规律的。语言各元素之间的共现一般遵循一定的规则,因此在很大程度上是可预测的。但同时,尽管有这些规则的存在,语言使用者也有一定的选择自由。也正是基于语言的这两种属性,频数统计变得重要,因而也被语言研究者广泛应用于分析不同的语言现象。

首先,通过对某个特定语料库的词或其他元素进行原始频数统计(某个检索项在某个特定语料库中的实际观察频数),可使语言研究者快速聚焦重点。这种方法常常应用于文本特征描述、语体特征研究或话语分析中。例如,在话语研究中,高频词表可用于揭示话语的主题特征以及语言使用者对特定用词的钟爱,进而反映其背后的意图。又如,对儿童语言语料库中不同阶段的儿童在特定句子结构中使用的动词类型进行频数统计,研究者可观察儿童习得特定句型的先后顺序。

其次,对两个或两个以上语料库中相同元素的频数进行标准化处理(某个检索项的原始频数除以总体频数)或差异的统计比较(用统计学方法对数据之间的差异进行显著性检验,如卡方检验[chi-square test, χ^2 test]和对数似然比检验等),相比于原始频数分析而言用途更广,可用于比较不同库容的语料之间的差异性特征,故而广泛应用于对比语言学、历史语言学、社会语言学等涉及语言对比的研究之中。例如可通过对比特定词项的频数,考察学习者语料库与本族语语料库中语言的过度使用或使用不足现象。又如在语言的历时变化研究中,对不同时期某个特定的词语或结构的使用频次进行统计对比,可发现语言的历时变化特征。此外,对典型词语和典型句式在不同文本或语料库中的频数进行对比分析,可揭示话语的风格和语用特征等。例如,分别检索英语虚化动词 make 和汉语典型句式"把"字句在翻译语料库与原创语料库中的使用频率,然后进行统计检验,判断两类频数之间是否存在显著性差异,进而可发现 make 和"把"字句在两库中的应用差异并揭示翻译文本特征。

最后,除了上述对词频的直截了当的统计外,还可对某一语料库中类符与形符的频次比进行计算,即计算类符/形符比,用于考察文本或语料的语言复杂性和特殊性。通常,类符/形符比越小,表明词语的重复性越高,所讨论的内容相对较少;比值越大则表明词汇的丰富度越高,难度相对较高(但也不完全如此)。然而,类符/形符比一般适用于库容较小(比如小于 5 000 词)的语料库。随着库容增大,形符随之不断增加,但类符的增长空间则有限,因此类符/形符比会随着库容的增大而变小。因此,使用语料库软件如 WordSmith 获取标准值就比较可靠,即标准类符/形符比。类符/形符比可应用于话语风格和语用特征分析等,如口语和书面语之间在相关数值上会有差别。但值得注意的是,类符/形符比只是对词汇的复杂性和特殊性所做的一个最简单的数值计算,得出结论前还需进一步的考察与佐证。

总体而言,词频分析是任何类型的语料库分析的一个很好的切入点,有助于研究者去发现和关注文本中某个重要的词、短语、句法结构等,同时也为更复杂的语言现象分析奠定基础。

7.2.2 关键词

一般意义上的关键词通常指的是那些能体现特定社会、文化、政治主题、思想或论述精髓的词。但在语料库研究中,关键词具有定量的基础,通过特定的统计学路径获得。一个词之所以被称为关键词,是因为与某些标准相比,该词的频次异常的高。通过这种统计学方法获得的关键词应该说更为客观,也有助于研究者发现先前未能发现的一些关键词。总体而言,常见的关键词大致有三种:1) 专有名词;2）和文本内容相关的词;3）和文本风格相关的词。如 Scott 和 Tribble[①] 在对莎士比亚戏剧《罗密欧与朱丽叶》进行关键词分析时发现,在生成的关键词表中,既出现了 Romeo、Juliet 等专有名词或名称,又出现了 love、lips、light、night、banished、death 等能反映重要主题或戏剧内容的词,也出现了叹词 O 和 Ah、人称代词 thou 和 she、动词 art 和 wilt 等与特定文本主题关联不大,而与风格相关的词。

语料库研究中的关键词被广泛应用于文本的语言风格和语体特征分析以及话语研究之中。一般认为,特定文本的风格或作者风格通常与文本中高频出现的词语特征紧密相关,这就使得关键词分析成为风格研究的切入点。通过对特定文本中各个词语的出现频数与其相应特征在标准库中的出现频数进行统计比较,得到的结果可引导研究者关注特定文本中具有显著性意义的元素,从而建立起关键词与文本风格之间的联系。关键词分析有助于研究者比较不同语体的特征,如口语和书面语之间的词汇特征差异。此外,关键词分析也可用于揭示话语的主题,且以关键词为出发点,结合其搭配和索引行等信息,研究者可以掌握文本中的重要概念,进而突出文本中话语或意识形态的存在。例如,Baker[②] 对男女同性恋文本的关键词对比分析反映了关键词在特定文本分析中的运用以及关键词分析的本质。

随着语料库技术的不断成熟以及研究者们对关键词本质认识的加深,关键词分析在语言研究领域的深度和广度不断拓展。首先,关键词分析不仅限于对单个词的研究,还扩展至关键词簇的分析。相比于单个词,这些重复出现的具有搭配关系的词簇能提供更多有关隐喻和互文性的信息,可为揭示对话或叙事的话语特征提供证据。其次,关键词分析可突破词的层面,利用词性标注、语义标注等技术将词进行标注后,实现词性和语义层面的关键性分析,从而发现那些

①　Scott, M. & Tribble, C. *Textual Patterns: Key Words and Corpus Analysis in Language Education*[M]. Amsterdam: John Benjamins, 2006.

②　Baker, P. Querying keywords: Questions of difference, frequency and sense in keywords analysis[J]. *Journal of English Linguistics*, 2004, 32(4): 346 – 359.

原本在关键词表中出现频率相对较低,易被忽视的词,从而使相关分析细化。最后,关键词分析的应用范围也从以文学文本为主扩展到政治文本、新闻文本、学术文本、科技文本等不同文本的研究中。

应该说,语料库中的关键词分析在引导研究者发现文本中异常高频(或低频)的元素方面不失为一种快速而有效的方法。它消除了研究者的偏见,同时也为分析更复杂的语言现象奠定了基础。不过,必须指出,关键词表只是呈现了语言型式,这些语言型式还需要研究者运用相关语言学理论知识加以解读才能对具体的研究问题予以回答。

7.2.3　搭配

搭配的概念由来已久,因为人们普遍认为特定的单词在自然语言中有相互靠近的倾向,如 cow 和 milk,heavy 和 smoker,day 和 night 等,但将搭配问题上升到语言学理论高度的研究却始于 20 世纪 50 年代。当时英国语言学家、伦敦学派代表人物 J. R. Firth 首次将搭配的概念引入现代语言学。Firth 认为,一个词(节点词)的意义和用法在某种程度上可以通过其最典型的搭配来体现,也即"由词之结伴可知其意"[1]。例如,他以 ass 这个词为例,ass 经常和 you silly 以及其他的称呼或人称习惯性搭配,而在这些语境中 ass 的意义与该词的本义有差别[2]。在《意义的诸多方式》("Modes of Meaning")一文中,Firth 提出"通过搭配研究意义"(meaning by collocation)的观点,认为搭配是研究意义的一种重要方法。但总体而言,Firth 有关搭配的论述还较为笼统。Sinclair 则继承并发展了 Firth 关于搭配的理论。他认为,搭配是指两个或两个以上的词在文本中彼此间隔很短的地方共同出现。此外,Sinclair 以搭配为核心开展了扩展意义单位研究,并基于词语间的搭配提出了习语原则(Idiom Principle),与开放选择

---

[1] Firth, J. R. A synopsis of linguistic theory, 1930–55[A]. In J. R. Firth. *Studies in Linguistic Analysis. Special Volume of the Philological Society*[C]. Oxford: Basil Blackwell, 1957: 11.
[2] 同上,第 195 页。

原则(Open Choice Principle)相对。前者认为文本中词语所构成的序列大多是预制和半预制的搭配。在操作层面上,Sinclair 主张利用大型语料库,采用 MI 值、Z 值、t 值、卡方检验等算法分析搭配。不同算法各有优势,如 MI 值对低频搭配词有利,t 值对高频搭配词有利等。研究者可根据研究所需选取不同算法提取搭配词。

与搭配关系密切的重要概念还包括类联接、语义倾向和语义韵。类联接的概念由 Firth 详细界定。他认为类联接是语法层面的搭配关系,并以"I watched him"为例,阐明语法类别共现关系在这里指的是[第一人称单数]+[及物动词的过去式]+[第三人称单数]的组合。Sinclair 沿用了 Firth 的这一概念,但其理论体系主要以词语及其搭配为中心。在其理论体系中,类联接并非语法范畴的类联接,而是词语与语法范畴之间的类联接,在实际操作中则是节点词与抽象的语法类别之间的共现,如当 true feelings 为节点词时,其左一的位置存在一个高强度的类联接,即形容词性物主代词,如 our①。总而言之,类联接的研究超越了一般的词汇搭配研究,将语言研究推向了更为抽象的层面。

相较于搭配和类联接,语义倾向和语义韵的研究把意义和功能紧密结合起来,拓展了搭配和类联接研究。一般而言,某个特定的节点词与它的典型搭配词之间相互作用产生的搭配意义即为语义韵。语义韵是语言历时变化的结果,节点词受到常用搭配词语义的长期浸染(imbue)而逐渐获得与其相同的语义色彩②。不管是单个的词还是短语都有语义韵。语义韵的主要功能是表达作者的评价和态度,大体上可分为消极的或积极的,好的或坏的。例如,动词短语 set in 的主语常常是表达说话者消极态度的名词,包括 rot、decay、malaise、despair 等,这使其沾染了消极的语义色彩。语义倾

---

① Sinclair, J. *Trust the Text*[M]. London: Routledge, 2004: 35.
② Louw, B. Irony in the text or insincerity in the writer? The diagnostic potential of semantic prosodies[A]. In M. Baker, G. Francis, & E. Tognini-Bonellii (eds.). *Text and Technology: In Honour of John Sinclair*[C]. Amsterdam: John Benjamins, 1993: 164.

向则指的是某个词项与一组高频共现词在语义上共享语义特征的行为。如 Stubbs[①] 观察到 large 倾向于与来自同一语义集中表示"数目和大小"的词项搭配(如 number[s]、scale、part、quantities、amount[s])。应该说,语义倾向和语义韵二者之间既有区别又相互依存。语义倾向的研究对象是搭配词,而语义韵的研究对象则是节点词。一方面,语义韵辖制了节点词倾向性选择的一般环境;另一方面,语义倾向对语义韵的建构起到了强有力的作用。

搭配分析在研究者对意义的研究中扮演了重要的角色。而语料库技术的发展则使得搭配分析变得更为便捷,因此在语言研究的诸多领域得到广泛运用。

首先,基于语料库的搭配分析可用于揭示大量词项的搭配行为和语义韵特征,如已有不同研究者对 happen、set in、cause、commit 等词或短语开展相关研究,而这些分析发现往往难以通过直觉获得。应该说,对于这些词项的搭配的研究有助于研究者细化对语言的描写,更好地识别近义词之间的细微差异,因此也常被运用于中介语对比分析,如对英语学习者典型的动名搭配模式中介语的特征分析等。

其次,基于语料库的搭配分析还可用于自然语言处理如词义消歧、机器翻译、词典编撰、术语提取、话语分析等方面。就机器翻译而言,语料库与机器翻译之间的联系始于基于统计的机器翻译的建立。随着基于实例的翻译方法的出现,机器翻译系统可以从已有的翻译语料中"学习"翻译之间的关系,或应用"类比处理"的方法从旧的译本中推断出新译本。而搭配等语料库手段在其中起到了帮助学习的作用。就话语分析而言,搭配及其搭配网络可用于揭示词汇的关系模式,揭示一个词如何在语境中获得意义以及其语境意义如何可能与其字面意义不同甚至相矛盾,在此基础上建立话语与其所属的世界的关系。

最后,标注和分词技术的进步,以及包含手动或半手动标注的语

---

① Stubbs, M. *Words and Phrases: Corpus Studies of Lexical Semantics*[M]. Oxford: Blackwell, 2001: 65.

料库的出现,使得搭配分析用于语法以及语法和词汇之间关系的研究成为可能。研究者可通过搭配功能检索节点词的基于词性和/或句法关系,而非基于线性关系的搭配词,如可检索特定名词的形容词搭配词、特定动词主语位置的名词搭配词等,使得相关研究更为精细化;研究者还可以考察特定语法型式特征,如[V+from+V-ing]结构中都有哪些高频搭配动词,这些动词具有什么语义特征等。此外,搭配中的类联接概念也可应用于有关词汇语法现象的研究,如 Hoey[①] 提炼了 consequence 这个词的类联接情况,得出该词的类联接趋向于与带有不确定性意义的词搭配,且具有名词词性的 consequence 经常作为补语的一部分出现,但很少出现在宾语位置。在认知语言学领域,搭配分析法与构式语法理论相结合,形成了一种新的分析方法——构式搭配分析法(Collostructional Analysis)。该方法通过比较构式槽位中的词素与该构式的关联强度,探寻构式意义。

总体而言,基于语料库的搭配研究拓宽了研究者对意义研究的深度和广度,也为语言学领域不同问题的分析提供了新的视角,促进了相关领域方法论的变革。

7.2.4　多维分析

语域变异的多维分析法(Multi-dimensional analysis, MD)是由 Douglas Biber 首创的一种语域研究方法。MD 分析法是一种基于语料库的方法,主要用于:1) 从实证/定量角度识别语言中显著的语言共现模式;2) 比较由这些共现模式限定的语言空间中的语域。该方法首先由 Biber 于 1985 年[②]和 1986 年[③]的两篇论文中论及,而后在

---

① Hoey, M. Textual colligation: A special kind of lexical priming[A]. In K. Aijmer & B. Altenberg(eds.). *Language and Computers*, *Advances in Corpus Linguistics*, *Vol. 49*[C]. Amsterdam: Rodopi, 2004: 169 – 194.

② Biber, D. Investigating macroscopic textual variation through multi-feature/multi-dimensional analyses[J]. *Linguistics*, 1985, (2): 337 – 360.

③ Biber, D. Spoken and written textual dimensions in English: Resolving the contradictory findings[J]. *Language*, 1986, (2): 384 – 414.

其 1988 年[①]的专著中得到更为充分的发展。

MD 分析法旨在对语域变异(即对不同语域的对比研究)进行综合分析。与同类研究相比,MD 分析法在范围和方法上都有着自己的独特优势。受制于研究方法和技术,以往的语域变异研究大多集中于某一参数上的差异,而忽略其他方面的差异。MD 分析法则认为语域间的差异表现在多种维度和功能上,单维度的分析远不足以揭示语域之间的差异,因此应扩大研究范围,将研究建立在多维的分析基础之上才更为全面。在研究方法上,MD 分析法遵循实证和定量的研究路径,运用语料库和多元统计的方法,把语篇中的语言特征分解为几组具有共现(co-occurring)关系的功能类别。和以往依赖于研究者直觉的同类研究相比,这种基于数据统计的研究方法更为客观准确。

"共现"是 MD 分析法中的重要思想。所谓"共现"指的是一组语言特征在某些语域中呈现出高低相近的分布频率。比如,会话类的语体中由于一些语境和认知因素的影响,比如说话者受时间限制无暇斟酌用词,会出现使用较多的缩略形式、省略 that 等多种语言特征。然而,这些特征在其他语体如书面语中较少出现,表明这组语言特征在会话类语体中具有共现特征,表达了特定的功能并构成了不同的功能维度(dimension)。MD 分析法的目的就在于对语域在多种维度上进行功能差异的对比。

在实际操作中,MD 分析法主要包括语料的选取、所分析的语言特征的确定及其分布频率的统计、维度的建构与揭示以及语域变异分析。例如,在 1988 年的研究中,Biber 对英语口语和书面语进行了语域变异研究。Biber 通过软件自动标识和考察了来自 16 个主要语法和功能类别的 67 个语言特征,如时态、体态、时间和地点副词、被动态、人称代词等,并进行频率统计,之后通过统计学上的因子分析法(factor analysis)来推断语域维度和共现特征。在因子分析中,大

---

① Biber, D. *Variation across Speech and Writing* [M]. Cambridge: Cambridge University Press, 1988.

量原始变量(在此情况下为语言特征)被简化为几个公共因子,即维度。在 Biber 的分析中,67 个语言特征被减至 7 个因子。每一种语言特征与每一个因子之间都有一定的关系,这种关系的强度用因子载荷(factor loading)表示。在运用因子分析方法抽取出各个维度的基础上,研究者便可对语域进行多维度的比较分析。

MD 分析法可以对语域变异进行多维度、多功能的比较分析,较为全面地反映语域之间的差异,因此在语言研究中应用广泛。许多研究将该方法用于更为专业的语域和话语的语言特征分析,比如学术语篇和非学术语篇的语域分析①、医学研究文章各章节之间的系统变化模式分析②。除了共时比较外,也有研究从历时的角度关注不同语域文本语言特征的变化发展趋势,如 Atkinson③ 对医学研究文章和科学研究文章进行了细致的语言型式的历时变化考察,并根据其所处的社会历史背景进行了详细阐释。

另外,MD 分析法可用于语篇类型分析。语篇类型对比和语域对比之间没有必然联系。但是,由于语言特征具有很强的功能意义,语篇类型也可从功能的角度来阐释。在相关分析中,语篇类型可使用聚类分析的方法进行定量分析,将变异维度作为预测因子。聚类分析基于共享的多维(语言)特征将文本分为"类":同类的文本的语言特征在很大程度上相似,不同的类的特征因此得以区分。如 Biber④⑤ 对英语口语和书面语通用语料库中的语篇类型进行了分析和描述。

应该说,MD 分析法在语域分析和语篇类型分析等具体语篇研究

① Biber, D., Conrad, S., Reppen, R., Byrd, P. & Helt, M. Speaking and writing in the university: A multi-dimensional comparison[J]. *TESOL Quarterly*, 2002, (1): 9-48.
② Biber, D.& Finegan, E. Intra-textual variation within medical research articles[A]. In N. Oostdijk & P. de Haan (eds.) *Corpus-based Research into Language*[C]. Amsterdam: Rodopi, 1994: 201-222.
③ Atkinson, D. *Scientific Discourse in Sociohistorical Context: The Philosophical Transactions of the Royal Society of London, 1675-1975*[M]. Hillsdale: Lawrence Erlbaum Associates, 1999.
④ Biber, D. A typology of English texts[J]. *Linguistics*, 1989, (1): 3-43.
⑤ Biber, D. *Dimensions of Register Variation: A Cross-Linguistic Comparison*[M]. Cambridge: Cambridge University Press, 1995.

领域有其独特的优势。通过考察不同语篇特征,我们可发现这些特征之间的共现关系及其与特定语篇功能之间的关系。MD 分析法可为语篇分析和语言学理论研究做出积极贡献。

7.3 语料库在语言研究中应用的研究方法和相关数据

虽然语料库可为各种研究项目提供数据支撑,但语言证据在每一项研究中的使用方式并不相同。具体采用何种研究方法,提取哪些数据还需要根据研究问题和目的而定。本节主要就语料库应用于语言研究中所涉及的一些基本研究方法和相关数据进行说明。

7.3.1 研究方法

1) 语料库方法

语料库在语言研究的诸多领域发挥着不同的用途。根据不同的研究目的,语料库的应用也不尽相同。总体而言,语料库方法凭借其大量的真实语料以及强大的分析手段为不同语言学问题的研究提供了一个重要的视角。语料库方法注重语料选择的代表性问题,可进行大量文本和实例的分析,可生成文本中不同语言元素的频率和百分比并进行统计学检验等。这些特点有助于解决一些与研究者主观性有关的问题。虽然主观性永远无法完全消除,但语料库却能够对研究者的认知偏见施加一些限制,从而使得研究结果基于量化的数据基础之上,因而更为客观。

然而,语料库方法也有局限性。虽然语料库数据能够证明两个变量之间存在关联,但却无法解释原因。如 Halverson[①] 描述了一些使用可比语料库和平行语料库来进行横剖研究设计的研究。这些研

[①] Halverson, S. Elements of doctoral training: The logic of the research process, research design, and the evaluation of research quality [J]. *The Interpreter and Translator Trainer*, 2009, (1): 79 - 106.

究通常会以某个时点为准,获取两个及更多变量在该时点上的量化数据,以期发现其中的关联模式。她指出,这些设计常被批评存在内部有效性问题,因为它们并不能确定因果关系的方向,也即它们可以展现不同变量之间的相关性,但却不能展现其中的因果关系。因此,在对数据进行解释时,就得借助其他领域的理论来加以阐释。在实际研究中,如果研究者要对观察到的语言现象提供更全面的描述,尤其是想为考察结果与情境和文化之间关系提出可能的解释,那么定量和定性方法的结合通常是可取的。

值得一提的是,就语料库方法本身而言还存在着两种不同的研究范式:基于语料库的研究和语料库驱动的研究。二者最大的区别在于,基于语料库的研究范式指的是利用语料库对已有的理论或假设进行探索,目的在于验证或修正已有理论,而语料库驱动的研究范式则以语料库作为出发点和唯一观察对象,对语言中的各类现象进行全新的界定和描述①。在分析步骤上,基于语料库的研究范式不以词语为唯一切入点,可涉及性别、语域等非语言因素,采用的是普通实证研究的步骤,即"提出假设—分析数据—验证假设"。语料库驱动的研究范式主张从词语出发,利用索引技术对词项及其上下文语境进行细致的分析、解读和归纳。以词语搭配研究为例,基于语料库的研究以节点词(也就是所要考察的词)为中心,以语料库索引证据为依据,在传统的句法框架内,检验并概括节点词的搭配情况。在这种情况下,研究者所做的并非触动已有的语法框架,而是在框架之内对词的搭配行为进行检查和概括。语料库驱动的研究则是通过提取所有节点词的搭配词,考察搭配词和节点词之间共现的显著程度,概括词项的典型搭配情况。在这种情况下,研究者不太考虑词项所用于的句法结构,分析、归纳、描述环节都是语料库驱动的。

在实际应用中,语料库驱动的研究范式在语言描写、搭配分析、词典编纂等方面产生了重要影响,但也因其排他性导致应用范围受

---

① Tognini-Bonelli, E. *Corpus Linguistics at Work*[M]. Amsterdam: John Benjamins, 2001: 99.

限。反之,基于语料库的研究范式则因不反对使用语料库之外的数据,在语言学的诸多学科领域得到广泛运用。

2)比较法

比较法是按一定的标准,把相关事物放在一起比较以发现其异同,从而把握事物的特有属性的研究方法。在定量的语料库研究中,即使是小规模的语料研究,比较也是至关重要的。事实上,在语料库研究所涉及的统计分析中,不管是词频之间的显著性检验、关键词的获取还是搭配强度的计算,都体现了比较的精髓。在语言研究领域,这种比较可以体现在各个层面,从词、短语、句子结构到语篇等。语言使用的多样性是由一系列共现特征决定的。因此,研究者必须结合其他特征来观察局部特征。同样,对语篇的考察也必须结合其他语篇来进行,并在可能的情况下,对照其他大型语料库,将其作为特定语篇类型规范的标准。就语料库研究中的频数统计而言,如果我们只是说"X 在 A 中频繁出现",这样的表述毫无意义,除非我们可以提供一个比较的相对标准,如"X 在 A 中比在 B 中出现更频繁"。具体而言,如果我们想要对口语语言特征进行描述,那么仅仅说口语语料库中某种语言特征(如词簇)出现了多少次是不够的。我们至少需要将这一频率与书面语中在类似情形下该语言特征的频率进行比较,或者可能的话,与更大型的通用语料库进行比较。因此,在进行语料库分析时需要做出的关键决策之一是语料库类型的选择,因为不同类型的语料库允许比较的维度也是截然不同的。

在语言研究中,用途最广的应为可比语料库,它可以是单语的,也可以是双语或多语的。单语可比语料库由两组相同语言的文本组成,如英语口语和英语书面语文本。毋庸置疑,这类语料库的关键特征之一是两种语料在很多方面都相似,避免了其他变量干扰,因而具有可比性。多语可比语料库则由两组及以上不同语言的文本组成,如英语和汉语/法语文本。和单语可比语料库相比,这类语料库所要考虑的变量要多一些,但对于考察不同语言之间的相似性和差异性特征是不可或缺的。值得一提的是,在语料库研究中过滤不同变量影响的另一个重要工具是使用较大的单语语料库或控制语料库作为参考,也就是说,将大型语料库作为特定语境中语言使用"标准"的参考。比如,为了对比考察英汉政治话语中模糊限制语的使用特征,可以先将其分别与英语和汉语大型通用语料库进行对比,以排除英语和汉语之间本身的语言差异对语料的影响。

7.3.2　相关数据

1）词频

一般而言,频数统计主要可分为以下几类:原始频数、频数标准化以及频数差异检验。原始频数即某个检索项在某个特定语料库中的实际观察频数,比如 give 这个词在某语料库中出现的频次为 100 次。原始频数一般适用于单个语料库的数据统计。但当涉及两个及以上语料库时,比如 give 在另一个语料库中的出现频次为 110 次,那么是否表明 give 在这个语料库中更常用呢? 这时候就需要考虑到语料库的大小问题。在这个例子中,就需要将 give 在两个语料库中出现的频数归到一个共同的基数上,比如 1 000、1 万、100 万等,计算 give 在每 1 000 词、每 1 万词或每 100 万词中出现的频率。因此,频数标准化即用某个检索项的原始频数除以总体频数(语料库的总形符数)。标准化频数一般适用于不同库容语料库之间的对比。在统计学中,还常常需要对参与比较的数据之间的差异性进行显著性检验。最常见的包括卡方检验和对数似然比检验。这两种检验方法的根本目的在于比较预期频数和实际频数的吻合程度或者拟合优度问题。它们也可用于搭配强度计算。具体可通过 SPSS 数据包以及语料库软件如 WordSmith 等工具的相关内置功能来实现。对频数进行差异检验有助于考察词项的跨语料库差异问题。

2）关键词

利用语料库软件可以生成高频词表。词表除了可以单独使用外,还可与其他语料库的词表进行对比,生成关键词表。很多语料库软件如 WordSmith、AntConc、Wmatrix 等都可以实现这一目的。例如,利用语料库软件 WordSmith 中的关键词功能,将所研究的语料库词表中每个词的频率与参照库中相同的单词的频率做对比,即可自动生成(软件通过卡方检验或对数似然比检验等的统计学方法)按关键性从高到低排序的关键词表。其中包括正关键词(positive keywords)和负关键词(negative keywords)。前者是指出现频率相对较高的关键词,后者指出现频率相对较低的关键词。以关键词为切入点进行研究时,为生成对所研究问题而言最有用的结果,还需考虑参照库和最小频次等因素。参照库的选择主要考虑内容和大小两方面。就参照库的内容而言,由于参照库语类和目标库语类之间有远近不同的关系,因而会对关键词结果产生影响。例如,Scott 和 Tribble[1] 先将莎士比亚戏剧《罗密欧与朱丽叶》与莎士比亚戏剧集(喜剧、悲剧和历史剧)进行对比(产生结果 a),而后分别与莎士比亚悲剧集、莎士比亚全集(包括诗歌)、英国国家语料库 BNC 进行对比(分别产生结果 b、结果 c 和结果 d),考察生成的关键词表与以莎士比亚戏剧集(喜剧、悲剧和历史剧)为参照库时有何差别。结果表明,当参照库为莎士比亚全集时,结果 c 与结果 a 相比相差无几,只少了 back、lips、thee、thy 等词。这一现象表明这些词在十四行诗中频繁出现,因而被过滤。当参照库为莎士比亚悲剧集时,结果 b 与结果 a 相比少了 ah、art、back、Capulets、light、lips、married、poison、slain、watch 等词,表明和喜剧与历史剧相比,这些词在悲剧集中较为普遍。当参照库为 BNC 时,结果 d 中出现了 adieu、alack、anon、ay、bawd 等词,这些词中有许多具有莎士比亚时期的语言特征。就参照库的大小而言,参照库的库容一般与目标库大小相同或较之更大。Scott 和 Tribble 指出,参照库是"我们所研究文本语言的适当样本","适当样本通常指较大的,最好是数千词或更大库容的样本"[2]。具体多大

---

① Scott, M., & Tribble, C. *Textual Patterns: Key Words and Corpus Analysis in Language Education*[M]. Amsterdam: John Benjamins, 2006: 59 – 63.
② 同上,第 58 页。

还存在争议。但 Scott[1] 的研究结果表明,如果只是考察单个语类或文本类型,参照库的内容比大小更为重要。

对于最小频次,Scott 和 Tribble[2] 指出,通常设定为 2—3 次。关键词的出现频次至少需达到这个临界点,且和参照库相比,出现频次异常的高。最小频次的设定可用于排除在参照库中没有出现或很少出现而被识别为频次异常的词。但在实际应用中,这并不代表像专有名词这类只出现一次的罕用词(hapax legomenon)没有意义。关键词表中高频词和低频词的混合出现,意味着普遍现象和特殊现象的混合,这也给关键词的描述带来一定的问题。因此,在实际操作中,我们可以通过设定不同的最小频次临界点来进行试验,使上述问题最小化。

3) 共现频率

对于许多语言学问题而言,仅单独考察一个词/型式的频次是远远不够的,还需考察它们与其他语言元素之间的关系。最典型的关系应数搭配。搭配研究中首要考虑的问题便是根据搭配词与节点词之间的方向和搭配强度,对其进行排序。比如,strong 和 powerful 这组近义词,哪个更常与 tea 搭配呢? 搭配强度又有多大呢?

在语料库语言学中,有非常多的统计公式可用于搭配词分析,但最常用的有 MI 值、t 值、Z 值、对数似然比检验等。应该说,通过这些统计方法得到的数据可使研究者对结果的显著性有一定的信心,并使研究者专注于对数据的阐释而非描述。然而,显著性检验的使用并非直截了当。不同的统计方法有其自身独特的计算方法和前提假设,因此在具体运用过程中还需要根据研究所需进行选择。下文将对几种常用的显著性检验方法进行简要说明。

---

[1] Scott, M. In search of a bad reference corpus[A]. In D. Archer (ed.). *What's in a Word-List? Investigating Word Frequency and Keyword Extraction*[C]. London: Ashgate, 2009: 79–92.

[2] Scott, M. & Tribble, C. *Textual Patterns: Key Words and Corpus Analysis in Language Education*[M]. Amsterdam: John Benjamins, 2006: 59.

MI 值的计算方法是：将节点词跨距范围内观察到的共现词的出现频数除以该范围内共现词的预期频数，然后取结果的对数。MI 值是衡量搭配强度和相关性维度（即两个词项之间相互吸引或排斥）的指标。MI 值越高，表明两个词项之间的相关性越高。MI 值越接近 0，表明相关性越低。MI 值也可以为负数，表明二者之间没有相关性。一般而言，MI 值大于等于 3，表明两个词项之间的搭配强度具有显著性。但是 MI 值算法也存在一个明显不足，即容易将低频词视作强搭配。

此外，在识别有意义的搭配词时，搭配强度并不总是可靠的，还需将搭配的数量考虑进去。也就是说在考察搭配时，语料库的大小对于确定搭配程度也很重要。这时候 t 检验就有必要了。t 值是当原假设（指进行统计检验时预先建立的假设）成立时，基于样本的均值和方差与预期均值的比较。t 值可用标准差和均数进行计算。当数据集呈正态分布时，通过方差齐性检验推断差异发生的概率从而确定两个平均数的差异是否显著。一般而言，t 值在 2.576 或以上时表示具有显著性。如果说 MI 值衡量的是搭配的强度，那么 t 检验衡量的则是这种关联的置信度。由于 t 检验假设总体呈正态分布，这在语言使用中很难得到保证。如果已经知道数据存在偏差，t 检验则不适用。

Z 值检验提供了一种测量样本距离平均值多远以及在什么方向的方法。Z 值检验也是将观察到的频数与预期频数进行比较，可显示一个词与节点词的搭配频数比人们预期的一般频数高出多少。Z 值的临界值为 1.96，在临界值或之上表示搭配具有显著性。Z 值越高，表明一个词与节点词的可搭配程度越高。不过，由于 Z 值检验须假设数据是正态分布的，这一假设在文本统计分析的大多数情况下都不成立（除非有大量的语料），因此会造成偏重低频词的问题。

相比于 Z 值检验，对数似然比检验无须假设数据是正态分布的。因此，对于文本分析，LLR 值可以显著改善统计结果。与假设正态分布的统计方法相比，LLR 检验法在文本分析时可以用更少的文本进行。在计算公式上,*LLR* 检验法增加了节点词和搭配词共现频数的对数值,使得低频词和其他常见词出现的权重更加平衡。

上述讨论的各种搭配统计方法,很难直接定论孰优孰劣,具体可根据研究实际进行选择或兼顾不同的统计方法,关注不同统计方法中排名靠前的词。在具体工具的选择上,SPSS 数据包、语料库软件如 WordSmith、AntConc 以及基于网络的 BNCweb 等工具内置的相关功能均可使用。

7.4 个案分析

综上所述,语料库因立足于语言事实,注重数据和证实,可为诸多语言学问题的研究提供新的思路和方向。本节将选取一个典型研究个案,以展示如何运用语料库开展语言研究。

本节所选案例为 Xiao 和 McEnery[①] 运用语料库方法进行的一项近义词搭配行为和语义韵的跨语研究,该研究突破了以往搭配和语义韵研究大多集中于单语研究(主要为英语)的局限。近义词是指在认知和指称意义上非常接近,但在搭配行为和语义韵上可能有所不同的词对。很多近义词在搭配上是不能互换的。比如,Halliday[②] 观察发现,虽然 strong 和 powerful 为近义词,但与 tea 搭配的通常是 strong,powerful 则多与 car 搭配。除了搭配行为差异外,近义词在语义韵上也会有差别,如 fickle 带有消极的语义韵,而 flexible 则带有积极的语义韵[③]。

Xiao 和 McEnery 的研究对近义词的搭配行为和语义韵进行了英语和汉语之间的比较研究。作者分别通过三类近义词,即"结果"类近义词,"造成"类近义词和"代价"类近义词,来了解不同类别的近

① Xiao, R. & McEnery, T. Collocation, semantic prosody, and near synonymy: A cross-linguistic perspective[J]. *Applied Linguistics*, 2006, (1): 103 – 129.

② Halliday, M. A. K. *System and Function in Language*[M]. Oxford: Oxford University Press, 1976: 73.

③ Tognini-Bonelli, E. *Corpus Linguistics at Work*[M]. Amsterdam: John Benjamins, 2001: 18 – 24.

义词在汉语中的对应词都有哪些搭配行为和语义韵特征。限于篇幅,本节将主要就该研究的"结果"类近义词进行探讨。

该研究主要回答以下两个问题:1) 汉语是否和英语一样具有语义韵和语义倾向? 2) 对于差距较大的语言(如英语和汉语),具有相似指称意义(即近义词)的词项的搭配行为和语义韵在多大程度上不同(或相似)?

作者首先对研究的语料库和数据分析方法进行了说明。该研究所选用的语料库主要包括英国英语语料库 FLOB、美国英语语料库(Freiburg-Brown Corpus of American English,Frown)和兰卡斯特汉语语料库(Lancaster Corpus of Mandarin Chinese,LCMC)。上述三个语料库都遵循相同的建库方法,且库容均在 100 万词左右。语料库包含了 1991 年前后出版的 15 个书面文本类型的样本,因此具有可比性。此外,考虑到这些语料库的库容不够大,无法为量化分析提供可靠的基础,因此在一些情形下需要利用大型语料库来提取搭配词作为补充数据,主要包括 LOB 语料库、布朗语料库和中国日报语料库(PDC2000)。其中,LOB 语料库和布朗语料库的库容与样本和上文所述的三个语料库相同,但语料时间为 1961 年。PDC2000 语料库则涵盖了《中国日报》2000 年一年的新闻文本,库容在 1 500 万词左右。还有少量例子涉及 BNC 的使用。由于补充语料库在时间跨度和内容上都不具可比性,因此只作为辅助。

该研究采用了 WordSmith 和 Xaira 语料库软件自带的 *MI* 值来进行搭配强度计算,并将最小出现频次设为 3,跨距设为 4∶4。在跨距范围内,最小共现频次须达到 3 次,*MI* 值须不低于 3 才可算作节点词的搭配词。此外,辅助库 BNC 和 PDC2000 库容大,因此最小出现频次设为 20 次。

在该研究中,作者将语义韵主要分为积极、消极和中性三类语义范畴。通过在上下文语境中对每个实例进行分析,那些带有愉悦或有利的情感意义被归为积极一类,不愉悦或不利的则被归为消极一类。此外,如果上下文语境完全没有提示信息,则被归为中性一类。

接着,该研究讨论了三个案例。本节就第一个案例进行说明,即"结果"类近义词在英汉语中的对比分析。首先考察的是英语中的情形。在英语中,表示"任何由已经做的事情而导致的"意思的词有很多,比如 result、outcome、consequence 和 aftermath。在字典中,除了 aftermath 常被贴上"不愉悦"的标签外,其他近义词之间的语义韵大多没有进行进一步的区分,这是远远不够的。事实上,近义词的情感意义与词形、语境和语类密切相关。表 7.1 展现的是 consequence 在 FLOB/Frown 语料库不同语义范畴中的分布情况:

表 7.1　consequence 在 FLOB/Frown 语料库
不同语义范畴中的分布情况

Pattern	Negative	Neutral	Positive
as a consequence	6	7	4
in consequence（of）	8	3	1
consequence	27	7	6
consequences	85	20	1
consequent（ly）	15	73	5

根据表 7.1,有关 consequence 的固定搭配如 as a consequence 和 in consequence(of)的语义韵根据其语境可分为积极、消极或中性。consequence 和 consequences 具有明显的消极语义韵,其中复数形式 consequences 的语义韵更为消极。consequence(s)也有中性用法,这种情形下,一般意指"重要性",或与先前的/优先的或有条件的相反。consequent(ly)在学术文本中一般作为 as a result 的替代,具有中性意义。

在 FLOB 和 Frown 语料库中,consequences 的显著搭配词主要包括(根据共现频数排列):

属性：important、adverse

影响对象：social、financial、economic、ethical、moral、individual、public

行为：HAVE、(there) BE、ACCEPT

在 consequences 与属性相关的搭配词中，important 为积极的，adverse 为消极的。有趣的是，在 FLOB/Frown 语料库中，important consequences 倾向于与 HAVE/(there) BE 搭配并表现出积极的型式意义。这种现象也在大型语料库中得到证实。在 BNC 中，important consequences 共出现 67 次，其中有 54 例与 HAVE 搭配，1 例与 there BE 搭配，且这 54 例均表现出积极的语义韵，剩余 12 例则要么是积极要么是中性。当 consequences 表示"结果"的时候，其典型搭配词主要带有消极意义。在 BNC 中，指向 consequences 属性的搭配词主要包括（共现频次在 20 次以上）：<u>serious</u>、important、<u>disastrous</u>、<u>adverse</u>、<u>dire</u>、far-reaching、<u>damaging</u>、<u>negative</u>、profound、<u>unintended</u>、major、<u>unfortunate</u>、<u>tragic</u>、<u>fatal</u>、new、<u>severe</u> 和 significant。其中带下划线的词均带有消极的情感意义。

与表示影响对象的搭配词共现时，consequences 通常带有消极意义。与其相关联的动作通常包括：accept、alleviate、avoid、face、meet、minimize、offset、(be) responsible、(take) responsibility、suffer 和 sustain。consequences 有时也与动词搭配，如例 1 中的 REAP。

例 1：These officials generally attributed their problems to：… Some critics charged, though, that states were reaping the consequences of profligate spending during the growth years of 1984 – 1989.（Frown：H）

REAP 根据字面意思通常与庄稼名或 harvest 搭配，或根据其引申义与 benefit(s) 和 rewards 等带有积极意义的词搭配（这三个显著搭配词均来自 BNC）。而上例中 REAP 与 consequences 的组合则明显感觉不搭调，似乎带有"自作自受"（you reap as you sow）的意味，意指某些官员挥霍开支,自作自受。

　　和 consequence(s)相比,aftermath 表现出更为接近语义连续统消极一端的倾向。在 FLOB 和 Frown 语料库中,aftermath 共出现 14 次,且大多以 in the aftermath of 的形式出现。显著搭配词中只有一词表明了 aftermath 所产生的情形是什么原因导致的。这个词便是 war。由于在这两个语料库中 aftermath 的出现频次不够多,可能会导致量化结果不准确,因此作者在 BNC 中进行了验证。考察结果显示,在 BNC 中 aftermath 共出现 687 次。显著搭配词主要包括(共现频次在 20 次以上):war(s), world(如 World War I)和 Gulf(如 the Gulf War)。显然,这些词在语境中具有消极意义。

　　result 和 outcome 这两个词则离语义连续统消极一端较远。result 相较于 outcome 更为常见(在 FLOB/Frown 语料库中各出现 677 次和 86 次)。result 和 outcome 似乎都带有良好的情感意义,如 a good result、a great result、an excellent result、a brilliant result、a successful outcome,这从其显著搭配词也可看出:

- result:better、different、early、end、final、similar、direct、empirical、likely、experimental、good、negative、desired
- outcome:likely、positive、successful

　　值得一提的是,在 result 的搭配词列表中还出现了 negative。仔细考察其所在的索引行发现,在所有的三个实例中,negative 都是针对数学或医学而言的,因此对 result 的情感意义没有影响。上述讨论表明,这四个近义词在语义连续统上从积极到消极可做如下排列:outcome/result、consequence 和 aftermath。

　　随后,该研究考察了相关近义词在汉语中的情况。在汉语词典中,result/outcome 一般对应的是"结果",consequence/aftermath 一般对应的是"后果"。此外,也有几个具有明显积极意义的近义词如"成果"和"硕果",以及消极意义的近义词如"苦果"和"恶果"。在 LCMC 语料库中,"结果"共出现 240 次,并分布在不同的语义范畴中,具体为:积极 33 次、中性 129 次和消极 78 次。"结果"的显著搭配词主要有：

　　修饰词：大选、必然、试验、调查、可能、经济、好

　　行为：表明、造成、增加、产生、有

　　在语义范畴的分布上，result 和其汉语对应词"结果"既有相同点又有不同点。一方面，与 result 和 outcome 一样，"结果"一般不带有消极的情感意义，其语义韵主要依赖于搭配词特征而定。比如，当和"造成"搭配时，语义韵带有消极意义；反之，和"产生"搭配时，语义韵则带有积极意义。由于汉语里本身就存在带有积极意义的同义词（如"硕果"和"成果"），因此在指向积极语义韵时，"结果"的使用频率就要低于英语对应词 result。

　　相比"结果"，"后果"一般是消极的，尽管它也有中性用法，但那是因为在某些情况下，在上下文语境中没有找到相关证据。在LCMC 语料库中，"后果"出现了 22 次，有 19 次是消极的，其余是中性的。且在该库中，"后果"只有一个显著搭配词，即"严重"。细化来看，这些结果通常指的是一些不良情况，如"矛盾日益增加""未售出商品积压库存""通货膨胀"等。如果只是粗略地描述，通常会有修饰语表达价值判断或表明结果的性质。这些修饰词往往都带有消极的语义倾向，如"严重""不堪设想""不可挽回""不良""消极""难测""不言而喻"等。事实上，"后果"由于常常和消极词语结伴，因此单单使用这一个词通常就足以表示一些不利结果，如例 2 所示：

　　例2：a：你想想那会有怎样的后果（LCMC：G）

　　　　　b：哼哼，那后果，请先生自己好生想想吧（LCMC：N）

　　这种对比在补充的中文报纸语料库 PDC2000 中更为明显。在PDC2000 语料库发现的 472 例"后果"中，有 470 例展现出消极的情感意义，剩下的两例为中性。该库中最小共现频率在 20 次以上的搭配词共出现了两个："严重"和"造成"。和 consequences 一样，LCMC语料库中"后果"的所有中性例子均出现在学术文本中，如例 3a 所

示。研究还发现,"后果"也会出现在理想效果(如"和平")和不愉快
后果(如"灾难")之间存在选择的语境下,如例 3b 所示:

例 3:a:深层次认知的后果标志着个体应付应激的能力(LCMC:J)
　　　b:其引起的后果将不是和平而是灾难(PDC2000)

　　"结果"通常为积极的,"后果"通常为消极的。相比于这二者,
"硕果"和"成果"本质上是积极的,而"苦果"和"恶果"本质上是消
极的,不论在哪种语类中都是如此。在 LCMC 和 PDC2000 语料库
中,"成果"出现了 4 572 次,"硕果"出现了 109 次。"成果"的典型搭
配主要包括:"丰硕""奖""转换""科技""研究""取得""优秀""贡
献""生产力"。"硕果"的显著搭配词主要包括:"累累"和"杰出"。
"成果"的出现频次远高于"硕果",表明在现实社会中,可被称为"硕
果"的结果远低于可被称为"成果"的结果。此外,在这两个汉语库
中,"苦果"出现了 32 次,"恶果"出现了 42 次,所有实例均为消极的
情感意义,但并未发现二者的显著搭配词。
　　和英语中 result 的近义词一样,汉语中"结果"的 6 个近义词也可
在语义连续统上从积极到消极做如下排列:"硕果""成果""结果""后
果""苦果"/"恶果"。从上述分析可知,英语中的 result/outcome 和汉
语中的"结果"可被认为是跨语的一对近义词。同样的,英语中的
consequence/aftermath 和汉语中的"后果"是一对近义词。与英语相
比,汉语语义连续统积极和消极的两端似乎更泾渭分明一些。也正因
如此,汉语中的"硕果"和"成果"以及"苦果"和"恶果"很难在英语中
找到对应词。同样需要注意的是,英语中词语有不同的形态,不同的形
态有不同的搭配词和语义韵(如 consequence 和 consequences),但汉语
没有这么丰富的词形变化来影响搭配和语义韵。
　　该研究通过三个案例的分析得出结论:语义韵和语义倾向在英语
和汉语中都可以观察到。由于近义词的语义韵及其搭配词的语义倾向
不同,近义词在两种语言中通常不可互换。从案例研究中还可以看出,

在一般领域中观察到的语义韵可能不适用于技术文本。虽然英汉两种语言相距遥远且不相关,但两种语言中近义词的搭配行为和语义韵却非常相似。这一观察结果与迄今为止相关语言对的研究结果相呼应,例如英语和葡萄牙语、英语和意大利语以及英语和德语。

作者认为,跨语间相似性产生的部分原因在于自然语言语义——"从日常人类经验中产生的概念系统"①具有共同的基础。然而,由于不同的语言可能有不同的近义词,不同语言中的近义词及与其相近的翻译对等词也可能在一定程度上表现出不同的搭配行为和语义韵。英汉两种语言的一个更普遍的区别是,英语中搭配和语义韵可能会受到形态变化的影响,但在汉语中没有这种变化的影响。

总体而言,该研究是运用语料库方法开展的一项跨语言的搭配和语义韵对比研究。研究者突破了以往搭配和语义韵研究的范围,从跨语言对比的视角分析了具体语言对中近义词的搭配和语义韵差异,对语言对比研究、语言学习和翻译教学等方面都有所启示。

7.5　小结

本章就语料库如何应用于语言研究进行了简要介绍,主要包括研究领域和研究切入点的介绍以及相关方法和数据的分析。最后,本章通过一个近义词搭配的跨语言研究个案,具体说明了语料库在语言研究中的应用。应该说,语料库为语言研究提供了新的视角,其价值不容置疑。

 思考题

1. 语料库对语言研究的贡献和意义是什么?

---

① Sweetser, E. *From Etymology to Pragmatics* [M]. Cambridge: Cambridge University Press, 1990: 1.

2. 语料库方法与内省的研究方法是相冲突的吗？

3. 语料库为何能服务于研究基本取向相异的学科如认知语言学？

4. 基于语料库的研究范式和语料库驱动的研究范式对语言研究会产生哪些不同影响？

5. 语料库研究如何做到与语言学相关学科借鉴融通？

 推荐阅读

Biber, D. *Variation across Speech and Writing*［M］. Cambridge：Cambridge University Press, 1988.

Gabrielatos, C., Torgerson, E., Hoffmann, S. & Fox, S. A corpus-based sociolinguistic study of indefinite article forms in London English［J］. *Journal of English Linguistics*, 2010, (1)：1 - 38.

Gries, St. Th. & Stefanowitsch, A. Extending collostructional analysis：A corpus based perspective on "alternations"［J］. *International Journal of Corpus Linguistics*, 2004, (1)：97 - 129.

Hunston, S. *Corpora in Applied Linguistics*［M］. Cambridge：Cambridge University Press, 2002.

McEnery, T. & Hardie, A. *Corpus Linguistics: Method, Theory and Practice*［M］. Cambridge：Cambridge University Press, 2012.

Oakes, M. *Statistics for Corpus Linguistics*［M］. Edinburgh：Edinburgh University Press, 1998.

Stubbs, M. *Words and Phrases: Corpus Studies of Lexical Semantics*［M］. Oxford：Blackwell, 2001.

Xiao, R. & McEnery, T. *Aspect in Mandarin Chinese: A Corpus-Based Study*［M］. Amsterdam：John Benjamins, 2004.

梁茂成. 什么是语料库语言学［M］. 上海：上海外语教育出版社,2016.

秦洪武,孔蕾. 语料库与双语对比研究［M］. 北京：外语教学与研究出版社,2019.

第8章
语料库在话语研究中的应用

8.0 引言

话语(discourse)作为术语第一次出现是在美国语言学家 Zellig Harris 于 1952 年发表的论文《话语分析:一篇文本示例》("Discourse Analysis: A Sample Text")中。之后,不同的学者对于话语有不同的理解与定义。Stubbs[①] 认为话语是大于句子或大于从句,类似会话转换或篇章这样的语言单位。根据 Fairclough[②] 的观点,话语是对主体或目标的谈论方式,包括口头和书面以及其他的谈论方式。简单来说,话语涉及具体语境中的语言使用,是采用具体文类所进行的交际实践。而话语研究,或话语分析(Discourse Analysis),是对特定社会情景下语言如何用于交际所做的研究。它关注句子之间的语义联系、语篇的衔接与连贯、会话原则、话语与语境之间的关系、话语与意识形态之间的关系、话语与社会文化传统和思维模式等之间的关系。

自 20 世纪 90 年代 Hardt-Mautner 将语料库技术用于批评话语分析之后,语料库与话语研究的结合引起了研究者的广泛关注。可以说,语料库与话语研究的结合具有坚实的理论依据。首先,语料库语言学与话语研究具有亲缘性。二者均以真实的自然语言材料为研究对象,关注与语言使用相关的社会因素,且在方法上具有开放特性,可以借鉴和吸收一切能够帮助其实现研究目标的理论与方法。其

---

① Stubbs, M. *Discourse Analysis*[M]. Oxford: Blackwell, 1983.
② Fairclough, N. *Discourse and Social Change*[M]. Cambridge: Polity Press, 1992.

次,语料库语言学与话语研究具有互补性。在研究方法上,语料库能够弥补传统的基于少量文本的定性话语分析的不足,使基于大规模数据统计的话语研究成为可能,并保证结果的准确性和可重复性。在理论视角上,话语研究包含的语境知识以及话语与社会文化关系的理论视角,为语料库研究提供充分的理论支撑。因此,语料库与话语研究相辅相成,自然融合。越来越多的学者将语料库与话语研究相结合,并不断拓宽其研究广度与深度。那么在实际研究中,我们如何将语料库应用于话语研究? 本章将从研究领域、研究切入点、研究方法和相关数据以及个案分析等方面介绍语料库在话语研究中的应用。

8.1 语料库在话语研究中应用的主要领域

运用语料库进行话语研究可以从以下领域展开: 语料库与话语构建研究、语料库与话语传播研究。

8.1.1 语料库与话语构建研究

话语构建是指按照一定的目的,采取一定的方式,有意识地生产具有特定内容、特定表达方式的话语,如言说、表达和叙述等。语料库与话语构建研究涵盖四个研究领域: 语体特征研究、话语比较研究、批评话语分析视域下的话语研究、话语构建方式和方法研究。

1) 语体特征研究

语体特征研究包括话语的语言特征、语体风格、话语策略和话语修辞等方面的研究。语言特征研究是话语在词汇、句法、语篇和叙事等层面的特征研究。我们可以依据语料库语言学的相关理论和原则,重点分析话语中高频词、关键词及其搭配、词汇密度、第一人称代词、情态动词、话语标记语、评价性词语、名词化、被动式、关系从句等典型词语或句式结构的应用,从词汇、句法、语篇等层面分析话语的语言特征及其内在动因。例如,詹德斌①考察了中华人民共和国成立以来中国外交话语中"好"字的使用频率及其搭配,发现中国外交话语经常使用"好关系"词语描述或构建中国与其他国家之间的关系,并指出这些词语的使用体现了中国人特有的人际关系思维模式。

语体风格研究是关于话语在语言结构应用和话语策略等方面表现出的特征的研究。风格是独特的或与众不同的表现方式以及形成这一表现方式的选择,而语体风格指具体语体由于交际目的、对象和语境等因素的制约作用在语言风格上形成的区别于其他语体的特征。语体风格研究既关注话语的不同体裁在不同语言层面、叙事策略、话语策略等方面所呈现的区别于其他语体的共性特征,又关注这些体裁的具体特征。因此,在实际研究中,我们可以利用语料库,在话语对比分析的基础上,从典型词语和句法结构切入,对话语的语言特征和话语策略进行描写,并在此基础上归纳话语的语体风格。需要注意的是,语体风格不等于语言结构的使用,因此我们需要对话语的语体风格进行提炼、抽象和总结。例如,张立新②通过对外交话语中隐喻的考察,发现外交话语的语体风格主要表现为委婉、含蓄、模糊和折中等特征。

话语策略研究侧重于分析话语的表达方式与方法。从本质上看,话语策略是指有意识地采取一些话语实践,从而达到某一目的。话语策略可以从不同角度进行分析,如从语篇分析角度,可以分析指示语策略、互文性策略、修辞策略、命名策略、述谓策略和视角化策略。指示语策略指通过频繁使用指示语达到一定交际目的的策略。其中,人称代词指示语常用于施加影响、自我保护以及表示亲和与礼貌,可以使话语产生人际功能;时空指示语的应用可以构建互文性,让读者身临其境。互文性策略旨在凭借互文性来实现语篇连贯,表明立场。修辞策略重视具体修辞手法的使用。修辞手法的使用可以使语言表达生动、形象。命名策略旨在凭借指示词和名词来命名、指

---

① 詹德斌. 试析中国对外关系的差序格局——基于中国"好关系"外交话语的分析[J]. 外交评论(外交学院学报),2017,34(2):13-37.

② 张立新. 外交话语隐喻认知叙事研究[M]. 南京:东南大学出版社,2018.

称话语中的社会行为者、物体、现象、事件、过程和行为,将成员进行分类,以构建身份认同,拉近说话者与读者或听众之间的距离。述谓策略指给社会行为者、物体、现象、事件、过程和行为赋予特征和属性的话语方式,语言实现形式包括积极的或消极的评价性语言。视角化策略主要指引语,旨在阐明作者的观点,分析其态度是介入还是疏离。在实际研究中,我们可以在语料库中检索话语策略的典型表达,如体现互文性策略的 said、claim 等,体现修辞策略的 as、like 等,体现述谓策略的 be+...等,来观察并描写话语策略。

话语修辞研究主要关注话语修辞的运用及其效果,尤其侧重于分析话语的消极修辞或积极修辞的运用及其效果。积极修辞,即修辞手法,是为提高表达效果,通过修饰、调整语句,运用特定的表达形式以提高语言表达作用的一种语言活动。消极修辞最早由陈望道在《修辞学发凡》一书中提出,是指根据交际目的和情境,采用常规的表达方法,使语言表达明白、准确、通顺的一种修辞手法。消极修辞包括语音修辞、词汇修辞、句式修辞和篇章修辞。在应用语料库进行话语修辞研究时,我们可以从修辞的典型词语或句式结构切入,分析话语的修辞人格和修辞手法。

2) 话语比较研究

话语比较研究旨在对不同类型话语,如中外话语、官方和网络话语、女性和男性话语、学习者和本族语者话语等,进行全面而深入的比较,系统考察不同类型话语的差异及其内在动因,以获取关于话语的本质属性和特征的客观而全面的认识。在应用语料库进行话语比较研究时,我们可以从高频词、关键词、典型词语和句式结构的应用、隐喻等角度对不同类型的话语进行比较分析,考察其在语言特征、语体风格、话语策略、话语规范等方面的差异,并基于此探讨如何吸收不同类型话语的营养成分,推进话语的构建。例如,杨文星和孙滢[1]

---

[1] 杨文星,孙滢. 中国英语学习者与本族语者口头叙事话语结构比较研究[J]. 山东外语教学,2012,33(01):64-70.

比较了中国英语学习者与本族语者口头叙事话语结构的共性和差异,发现二者在叙事开端引入话题及叙事主体中阐述话题的方式上具有较高的相似性,但在"评价性结语"和"话题关联式评价性阐述"中中国英语学习者评价性语言的出现频率明显低于本族语者。这对于培养学生二语话语能力和跨文化交际能力具有一定启示。

3) 批评话语分析视域下的话语研究

批评话语分析视域下的话语研究旨在分析话语与意识形态之间的关系。根据批评话语分析理论,话语体现了意识形态的制约,同时又反作用于意识形态,参与意识形态的建构。为此,批评话语分析视域下的话语研究重点关注话语规范和话语塑造的形象。

话语规范研究旨在通过分析话语的语言特征,揭示对话语主体产生影响的意识形态因素。通常,话语主体在使用话语时会受到其所处的社会思想、政治、文化体系和话语环境的影响。每一个话语主体都是在一个自己意识不到,但却深受影响的话语框架下进行话语实践的。任何社会都有人们不能谈论的东西,都有必须以某种方式谈论的东西。这些东西即话语规范。话语规范可分为两类:一是法律、规定等强制性规范;二是可选择性规范,即用隐性的方式对人的话语进行制约的意识形态因素,如礼貌原则、宗教规范、文化传统、敬仰自然等。应用语料库进行话语规范研究,可以先提出有关话语规范的假设,然后阐明话语规范和具体词语、句法、话语策略等之间的关系,再借助语料库提取相关语言表达和句型结构去验证相关话语规范。

话语塑造的形象研究侧重于研究话语塑造的关于某一个体、组织、机构或国家的认知或态度。形象是指人们所持有的关于某一事物的信念、观念与印象①。它不是事物本身,而是人们对于事物的感知和看法,因此形象受到人们不同意识和认知的影响。形象通常可

---

① Kotler, P. *A Framework for Marketing Management*[M]. Upper Saddle River: Prentice-Hall, 2001.

以划分为自塑形象和他塑形象。自塑形象是指形象本体凭借包括语言、图片在内的符号或者其具体行为所塑造的自身形象。他塑形象是指形象本体以外的个人或团体通过符号所塑造的形象本体的形象。应用语料库开展话语塑造的形象研究,可以依据批评话语分析理论,从高频名词、高频动词及其搭配、情态动词和人称代词及其他典型词语的使用等角度,分析话语中的形象,包括政府形象、国家形象、企业形象、性别形象、个体形象等。

4) 话语构建方式和方法研究

话语构建方式和方法研究除了从理论层面分析话语构建的原则,比较物质形式、符号形式等不同话语构建形式的属性与特征,分析政治话语、学术话语、民间话语等话语构建方式的特点及其应用外,还可以用于术语表的研制。语料库在这些话语研究领域可发挥重大作用。

话语本质上是对同一事物或现象的不同陈述进行研究之后提炼出的关于这个事物或现象的书写或言说,对其构建方式和方法的研究主要分为概念或术语、陈述和理论形态等层面。作为话语的基础要素,术语在构建知识体系和话语体系、更新话语结构、优化话语的语言形式等方面发挥重要作用。现有的话语构建方式和方法研究集中于理论形态层面的研究,对于概念或术语以及陈述等层面的研究不够深入。为此,有必要梳理并分析不同领域话语的术语或概念体系及相关陈述所体现的理念,把握其内涵及逻辑关系,并在此基础上,建立相关话语的语料库,利用语料库软件 WordSmith 等的自动生成词表功能,研制相应领域术语库。

8.1.2 语料库与话语传播研究

应当指出,由于意识形态和文化传统等因素的制约,话语的跨语际传播面临巨大的挑战。此外,目前不同领域的话语传播还存在核心术语译名不定和忽略受众等问题。这些都直接削弱了话语的传播效能。为此,我们有必要加强话语传播研究,而语料库可以在话语传播研究领域发挥作用。

具体而言,对于术语译名在官方话语、新闻媒体等中的传播和接受研究,可以通过建设相关语料库来进行。具体做法是以术语的译名为考察对象,提取包含这些译名的所有表述。重点关注术语译名的使用频率、分布、搭配、上下文等,分析这些术语译名所体现的内涵界定、阐释和误读,推断使用者的理念或认知、态度和情感等。在具体研究过程中,首先,可以在语料库中检索,分析术语首次出现的社会历史语境,准确理解这些术语的内涵及其话语构建方式。其次,分析术语的官方译名、国外机构提供的译名以及国外主流媒体使用的译名所处的上下文,揭示这些译名的内涵及彼此之间的差异。再次,以术语的官方译名为检索项,提取并考察这些译名在国外媒体和官方话语中的应用情况,揭示国际社会对这些术语译名所表示概念的认知、态度和情感等,分析这些术语译名的传播效应。最后,分析这些术语的翻译质量和传播成效背后的社会文化制约作用,在此基础上探讨如何卓有成效地翻译和传播话语。

总而言之,语料库在话语研究中的应用可以从语料库与话语构建研究以及语料库与话语传播研究等领域展开。借助语料库开展话语构建研究,全面而细致地描写话语的语言特征、话语策略、话语规范等内容,深入研究不同类型话语的异同,有助于优化话语研究方法,并为不同类型话语在实际场景中的专业应用提供理论支撑。借助语料库开展话语传播研究,探讨术语译名的传播与接受情况等内容,能够为相关领域话语的翻译和传播工作提供重要的理论指导。

8.2 语料库在话语研究中应用的切入点

语料库在话语研究中的应用常以话语中典型的词语、句法结构、语篇特征等为切入点,具体表现为高频词、关键词、词簇、搭配与语义韵、索引行、情态、人称代词、名物化、隐喻、修辞等。

8.2.1　高频词

高频词(high-frequency word)指在一个文本里使用频率特别高的词语。我们用一个词语在整个文本中所占的百分比或者该词语在整个词频中所占的前后位置来决定该词语是否为高频词①。高频词是文本中词汇分布的重要指标,体现了文本使用最多的词语,是内容焦点和风格特征的重要凸显方式。

在将语料库应用于话语研究时,高频词是一项常用的重要参数。高频词常用于以下研究领域:1)语言特征研究。语言特征研究关注话语在词汇、句法、语篇和叙事等层面的特征,而高频词可以体现某一话语的突出性词语以及常用词语的重复使用程度,常被用来描写话语的词汇特征。例如,窦卫霖②对中美国家领导人讲话进行了词汇层面的高频词分析和对比,发现了中国官方话语词汇具有阶段一致性和时代更新性,美国官方话语词汇体现出政策延续性和稳定性。2)语体风格研究。语体风格关注具体语体在语言结构使用等方面表现出的特征,强调在描写话语语言特征或话语策略的基础上,归纳话语的语体风格。高频词是文本中词汇特征的重要体现,是语言反复性和独特性的显现,因此也成为语体风格研究的重要参数。3)话语规范研究。话语规范研究旨在通过分析话语的语言特征揭示对话语主体产生影响的意识形态因素。高频词体现话语选择的习惯或偏好,体现话语内容的关注焦点,是话语规范研究的重要指标。例如,王磊③借助语料库,以高频词为参数,对美国前总统小布什的反恐话语进行话语分析,发现其背后的话语规范主要表现为宗教规范、民主规范和保守规范。4)话语与形象研究。在探讨话语所建构的形象时,高频词是描写话语语言特征的重要手段之一。通过观察高频词,我们可以发现与形象建构密切相关的典型概念或词语,再进一步考

① 冯庆华. 思维模式下的译文词汇[M]. 上海:上海外语教育出版社,2012.
② 窦卫霖. 中美官方话语的比较研究[M]. 上海:上海外语教育出版社,2011.
③ 王磊. 布什反恐话语分析[D]. 北京:外交学院,2009.

察高频词的搭配和语义韵,从而探讨话语所构建的形象。例如胡开宝和田绪军[1]选取高频词 we 为节点词,通过考察搭配分析了中国外交话语英译中的中国外交形象。

8.2.2　关键词

通常,关键词分析不仅要考察某词在其所在语料库中的频率分布,还要考虑其在参照库中的出现情况。因此,关键词常用于不同语料库中词语频率的比较分析。

关键词是话语研究的重要参数。根据李晓倩和胡开宝[2]的观点,关键词的作用主要体现在以下三个方面:1)实词关键词可以凸显话语的焦点内容。实词是话语信息的主要载体。话语的关键要素和主题内容通过其实词的选择来显现,因此提取并分析话语中的实词关键词可以确定话语的主题、关键信息,以及说话者对此信息的心理认知、态度和试图通过话语体现的意识形态。2)虚词关键词能够体现文体风格。虚词是文本句法功能的体现,虚词的使用展现了文本谋篇组句的方式和偏好,与文体风格密不可分。例如文本中 the 和 of 的词频可以反映词组和句子的复杂性,其词频越高,语体越正式。3)关键词可以为其他研究提供出发点。关键词体现了话语的轨迹及信息表达方式,研究者依据这种轨迹可以发现新的研究问题,从而对语言现象进行深入的阐释解读。

8.2.3　词簇

词簇是"在文本中前后相接的一组词,它们重复同现,显示出比搭配词更为紧密的关系,并与词组或短语相近"[3]。可以说,词簇是

---

[1] 胡开宝,田绪军. 中国外交话语英译中的中国外交形象研究——一项基于语料库的研究[J]. 中国外语,2018,15(6):79-88.

[2] 李晓倩,胡开宝. 中国政府工作报告英译文中主题词及其搭配研究[J]. 中国外语,2017,14(6):81-89.

[3] Scott, M. & Tribble, C. *Textual Patterns: Key Words and Corpus Analysis in Language Education*[M]. Amsterdam: John Benjamins, 2006.

语料库中多次重复共现的两词或两词以上的语言结构,但部分词簇可能在语法和语义上并不完整。例如,陈婵①在爱丽丝·门罗小说语料库中提取的部分结构如 that she had、to go to the 是高频词簇,但并非完整的语法单位。

　　在话语研究中,词簇常用于以下研究领域:1)语体风格研究。语体风格是指具体语体在语言风格上形成的区别于其他语体的特征,词簇的使用具有预制性与习惯性。作为一种兼具词汇与语法特征的语言结构,词簇是语体风格研究的重要切入点。例如,李文中②研究了中国英语新闻报刊中的词簇特征,发现中国英语新闻具有使用长词簇、表达本土化等特征。2)形象建构研究。作为重复出现的多词语言结构,词簇可以展现词汇的共现特征,并提供丰富的语境信息,从而成为形象建构研究的重要切入点。例如,李娜③以词簇为切入点探究了《人民日报》社论评论中妇女形象的建构。3)术语表研制。术语表的研制是话语构建的重要领域,研究者可以利用 AntConc、WordSmith 等语料库软件或编写计算程序生成词簇表,并从中提取术语表。

8.2.4　搭配与语义韵

　　搭配与语义韵是语料库在话语研究中应用的重要切入点。首先,搭配将词汇与句法、形式与意义融为一体,对于研究语言形式在实际语境中的具体语义具有重要意义。此外,词语搭配在语篇的信息组织、结构衔接中发挥作用,有助于研究者分析话语的语篇功能特征。因此搭配成为探究话语的语言特征、话语规范、形象建构等的重要手段。其次,语义韵一方面展现了词语、结构间的搭配选择行为,反映着词语与语境的互动关系,另一方面传递立场态度与评价意义,

① 陈婵. 爱丽丝·门罗小说中的词簇特征及其功能分析——一项基于语料库的文体学研究[J]. 解放军外国语学院学报,2014,37(3):151-159.
② 李文中. 中国英语新闻报刊中的词簇[J]. 中国外语,2007(3):38-43.
③ 李娜.《人民日报》社论评论中妇女形象建构的文化分析——一项基于语料库的批评话语研究[J]. 新闻爱好者,2017,(1):51-55.

213

反映了暗藏在语境中的交际态度与价值判断。作为超越词汇层级的更高一级意义单位,语义韵在话语与意识形态研究中发挥着重要作用。

8.2.5　索引行

索引行是语料库应用于话语研究的基本依据。研究者阅读、观察索引行,从中发现规律,并通过更多的索引行实例进行验证与完善。可以说,索引行所提供的检索词及其语境为研究者批量观察特定语言现象提供了便利,是研究者进行语言形式、语义、语境分析等的重要工具。具体来说,索引行分析在话语研究中有以下作用:1)语言特征研究。索引行可以清晰地展示典型词语、句法等语言特征在实际文本中的使用情况,有利于研究者深入了解某一特定话语类型的语言使用规律,把握话语的语言特征。2)搭配研究。词语搭配不仅受语言意义的影响,而且与语言形式密切相关。索引行可以展现检索词及其语境,为文本中词汇搭配规律的观测提供文本支撑。3)语境分析。话语研究的语料库方法提倡将定量数据统计与定性文本分析相结合。索引行所提供的丰富而全面的语境,为语料库统计数据的定性分析和阐释提供了有力的文本依据,从而尽可能避免研究数据解读的片面性和主观性。

8.2.6　情态

情态(modality)指说话者对命题有效性和提议对与错的态度,描述介于肯定和否定之间的中间成分,表达说话者的态度和判断[①]。系统功能语法认为语言有三大元功能:概念功能、人际功能和语篇功能,其中情态系统是人际功能的重要意义载体或实现手段。

情态系统由情态类型(type)、情态向度(orientation)、情态量值

---

① Halliday, M. A. K. *An Introduction to Functional Grammar*[M]. London:Edward Arnold, 1985.

(value)和归一度(polarity)构成。1)情态类型包括情态和意态。情态是指在以交换信息为语义功能的命题句中,说话人对小句命题概率和频率的判断和态度,包括可能性和经常性,如 could、always 等。意态是指在以交换物品或服务为语义功能的提议句中,说话者要求听话者承担的义务责任,包括义务和意愿,如 should、will 等。2)情态向度是说话者涉入命题的程度,有主、客观之分。主观情态指说话者本人的主观判断,客观情态指说话者之外的人或事物所得的态度判断。情态向度具体包括显性主观、隐性主观、隐性客观、显性客观四种取向。3)情态量值分为高量值、中量值、低量值。在言语交际过程中,说话者在不同的语境中根据交际目的选择不同量值的情态表达。高量值情态动词如 must、ought to、need、have to 等表示说话者的主观取向和决心,传达强制的态度。低量值情态动词如 can、could、may、might 等语气委婉,可以拉近话语双方的交际距离,姿态显得礼貌亲切。中量值情态动词如 will、would、shall、should 等介于中间,可以对听话者起到一定引导作用但又不失亲切。4)归一度指情态是"是"和"否"两极之间的意义选择。

在将语料库应用于话语研究时,情态是常用的切入点和检索项。情态系统可以反映交际双方的态度立场、社交距离、权力地位等人际意义,对于探究话语与意识形态之间的关系,揭示话语背后的价值判断、立场态度具有重要价值。

8.2.7　人称代词

人称代词标记了话语交际中的参与者和言谈角色,即说者、听者、非听者和说者的第三方,对应于第一人称、第二人称和第三人称,同时人称代词有单数、复数之别。人称代词对于构建话语内部的人际关系具有重要意义。人称代词是考察话语人际意义的重要指标,其选用往往受制于交际双方社会地位高低的差别和相互关系亲疏的不同。

在人称代词中,最为典型的话语研究对象是英语中的第一人称复数代词 we。we 的使用分为排他性和包含性两大类。排他性用法往往会拉远说话者和听话者之间的社会距离,疏远彼此之间的关系,而包含性用法会拉近交际双方彼此之间的距离,给人平等参与的感觉。此外,汉语中的"我们"与 we 类似,也分为排他性用法和包含性用法。以 2021 年 3 月份中美高层战略对话上杨洁篪主任的发言为例:

例 1:**我们**把你们想得太好了,**我们**认为你们会遵守基本的外交礼节。

例 2:在例如抗疫、复产复工,在应对气候变化等方面,**我们**有很多的共同利益。

例 1 中的"我们"指中方,是排他性用法,与"你们"相对,拉远了中美双方的交际距离,增强了对峙感,表达不满。例 2 中"我们"指中美双方,是包含性用法,拉近了中美交际距离,增强一致性,表达合作意愿。

在将语料库应用于话语研究时,人称代词尤其是第一人称复数代词具有重要的意识形态意义,是进行批评话语分析,考察话语与形象建构、话语与意识形态间互动关系等研究内容的重要参数。例如胡开宝和田绪军[①]以 we 的搭配为切入点,考察了中国外交话语英译的中国形象,发现与 we 共现的表达多为具体的行为和举措,从而建构出积极实干的中国形象。他们从外交政策、中国文化价值特征、译者翻译策略和方法的应用等方面解释了背后的原因。为此,在使用语料库进行话语研究时,我们应该关注人称代词所发挥的作用,通过考察话语中人称代词的使用特征,挖掘其背后的人际意义与社会权力关系,进而揭示话语中人称代词的使用与意识形态的关系。

---

① 胡开宝,田绪军. 中国外交话语英译中的中国外交形象研究——一项基于语料库的研究[J]. 中国外语,2018,15(6):79-88.

8.2.8　名物化

　　名物化(nominalization)是系统功能语法的重要内容。Halliday[①]在《功能语法导论》(*An Introduction to Functional Grammar*, 1985)一书中提出"语法隐喻"(grammatical metaphor)的概念。其中,名物化是语法隐喻研究的一项重要内容,是"创造语法隐喻的最重要的语言资源"[②]。具体来说,名物化指用名词来体现本来要用动词或形容词来体现的过程或特征。名物化可分为两类:词汇名物化和句法名物化。前者指将动词、形容词等转换为名词,即用名词表达动作和属性。后者则是通过名词性从句或名词性短语来实现相应表达。

　　名物化将动作过程、特征、属性转化为静态实体或客观存在,将具体转化为概括和抽象,将动作者、情态、时态、语气等变为隐含信息。可以说,名物化的选择与使用具有较为显著的意识形态意义,具体表现为:1)名物化常常隐去或掩盖具体事件的施动者,能够将文本受众关注的焦点从施动者身上转移开来,从而达到模糊行为主体的目的。2)名物化往往隐去具体事件发生的时间,模糊时间界限,使得一些事件或动作被描述成不断发生的事件或长期存在的状态。3)名物化使得某些未知信息成为已知信息或人们共有的预设,从而将观点立场自然化、合理化,不知不觉地影响人们的判断和思想。

　　名物化作为形式、意义兼具的变体,为话语研究提供了切入点。我们可以借助语料库软件检索常见的名物化词缀如-ance、-ancy、-dom、-ence、-ency、-ment、-ness、-sion、-th、-tion、-tude、-ure 等,或从语料库词表中选取高频的名物化词汇表达,从而提取语料库中含有名物化的索引行。通过分析话语中名物化的使用频率、分布特征和形式语义特点等,研究者可以探究话语中词汇与句法表达的复合语义选择,挖掘话语中隐含的人际意义与意识形态因素。

---

① Halliday, M. A. K. *An Introduction to Functional Grammar*[M]. London: Edward Arnold, 1985.

② 同上。

8.2.9 隐喻

隐喻（metaphor）最初是修辞学的概念。后来，随着现代语言学的发展，语言学家从不同视角探究隐喻的本质，隐喻的内涵和外延得到了拓展。隐喻一般而言可以分为概念隐喻和语法隐喻。

概念隐喻（conceptual metaphor）由 Lakoff 和 Johnson 在 1980 年的著作《我们赖以生存的隐喻》（*Metaphors We Live By*）中提出。概念隐喻理论认为，隐喻就是用一种事物理解和体验另一种事物。隐喻本质上是一种认知现象。概念隐喻就是建立在经验基础之上的由源域向目标域的映射。在日常生活中，人们往往通过寻找相似点，参照他们熟知的、有形的、具体的概念，来理解无形的、抽象的、难以定义的概念，从而形成不同概念之间映射的认知方式。隐喻普遍存在于话语中，同时存在于人的思想和行为中。从隐喻的话语使用上看，说话者使用某源域从特定角度表征世界，从而实现语言的概念功能及劝说、表明态度和评价等人际功能。而且，隐喻能激起强烈的情感反应，具有重要的劝导作用，因此与话语中的意识形态密切相关。

概念隐喻理论将隐喻上升到认知方式和推理机制的高度。基于语料库的隐喻研究是话语研究的重要内容之一。我们可以利用语料库方法识别和统计隐喻，借助认知语言学理论阐述话语中隐喻的认知过程和认知机制，通过对隐喻的话语功能分析揭示话语交际者的话语意图、情感态度与价值判断。

语法隐喻是系统功能语言学中的重要概念。根据 Halliday[①] 的观点，语法隐喻是语法形式发生的改变，是语义项目从语义层向词汇语法层的体现过程中变异的结果。简单来说，语法隐喻即用一种语法形式替代另一种语法形式来表达某个意义的过程。在系统功能语言学中，语法隐喻可分为概念语法隐喻和人际语法隐喻两类。概念

---

① Halliday, M. A. K. 功能语法导论[M]. 北京：外语教学与研究出版社,2000.

语法隐喻指一个过程可以隐喻化为另一个过程,而与原过程相关的小句功能成分(如参加者、环境因素)以及体现这些功能成分的词汇语法结构也相应发生变化①。名物化就是概念语法隐喻的典型代表。人际语法隐喻主要包括语气隐喻和情态隐喻。语气隐喻表现为语气类型之间的转换。情态隐喻指由情态小句来构建本应由情态动词、情态副词等表达的情态意义。

语法隐喻研究填补了以往学界在语篇层次上对语法性质的隐喻研究的空白。作为形式、意义兼具的变体,语法隐喻显示了语言形式与结构的变化。这种变化服务于不同的交际目的和交际需要,是意义和功能的综合体现。在话语研究中,语法隐喻的研究为分析话语形式结构与意义的变化,探究其中隐含的话语交际目的与功能意图提供了理论依据。

8.2.10 修辞

修辞是指利用多种语言手段以达到尽可能好的表达效果的一种语言活动。修辞有狭义与广义之分。狭义上,修辞是指修饰文字或词句,运用各种表现方式,使语言表达准确、鲜明而生动有力。广义上,修辞是指话语或文章的谋篇布局和遣词造句。修辞一般表现为修辞手法的运用。修辞手法是为提高表达效果,通过修饰、调整语句,运用特定的表达形式以提高语言表达作用的方式。

亚里士多德②在《修辞学》中认为,修辞是一种能在任何一个问题上找出可能的说服方式的功能,并将修辞术本身的或然式证明分为三类,称为修辞三要素,即修辞人格、修辞情感和修辞理性。修辞人格是指作者或演讲者的道德品质、人格魅力和威信要能让读者或听众信服。亚里士多德认为修辞人格是"最有效的说服手段"。修辞情感是指做文章或演讲时,应当考虑读者或听众的情感特征,让听众

---

① 陈瑜敏,黄国文. 语法隐喻框架下英语文学原著与简写本易读度研究[J]. 外语教学与研究,2014,46(6):853-864+959-960.
② 亚里士多德. 修辞学[M]. 罗念生,译.上海:上海人民出版社,2003.

产生情感共鸣。"当听众的情感被演说打动的时候,演说者可以利用
听众的心理产生说服的效力,因为我们在忧愁或愉快、友爱或憎恨的
时候所下的判断是不相同的。"①因此,话语的修辞效果与听众的心
理分析密不可分。了解听众心理,并进一步激发甚至控制其内在情
感,对于实现话语交际目的具有重要价值。修辞理性是指推理技巧
和语言逻辑,要求文章或演讲的推理过程环环相扣,逻辑性强,具有
说服力。如果说修辞情感是"动之以情",那么修辞逻辑即为"晓之
以理",通过抽象的逻辑论证和缜密的推理分析从话语内部展现话语
的真实性,增强话语的说服力与感染力。

在话语研究中,我们可以采用语料库方法,从典型词语或句式结
构的运用切入,分析话语中的修辞及其效果。修辞作为一种话语活
动,是人类通过语言参与社会的实践活动,是构建社会关系、影响行
为价值的重要力量,具有意识形态维度。其中,修辞人格是身份和品
质的组合,修辞人格与权威之间存在密切联系。因此,在话语研究
中,修辞是分析权力如何通过话语得以实现或受到挑战的有效切
入点。

8.3 语料库在话语研究中应用的研究方法和相关数据

在了解了语料库在话语研究中应用的领域和切入点后,我们需
要了解在实际研究中采取何种方法开展研究,以及常用的相关数据
有哪些。

8.3.1 研究方法

将语料库与话语研究相结合开展研究时可采用的方法有语料库
方法、比较法、定性研究和个案分析法。

---

① 亚里士多德. 修辞学[M]. 罗念生,译. 上海:上海人民出版社,2003.

1）语料库方法

话语研究离不开对文本的观察与分析。语料库在文本语言特征分析上具有独特优势。一方面,语料库方法将对话语的研究建立在大量语料分析和数据统计的基础之上,使得研究结论更为客观可信。语料库软件可以自动生成词频、典型句式结构的使用频率、搭配值、互信息值以及不同数据差异的显著性等数据,从而为话语语言特征分析及成因解释提供可靠数据支撑。另一方面,语料库不仅能证实或证伪研究者关于语言使用的直觉和假设,还能帮助研究者观察到在定性研究中容易被忽略的语言事实。作为一种语言资源和知识平台,语料库能够提供大量的话语实例,使研究者很方便地提取研究所需的数据,从而为文本语言特征的描写、分析和解释提供远远超过研究者个人认知范围和能力的巨大空间与可能性。语料库方法的独特优势使得应用该方法的话语研究具有较强的客观性和科学性。

在话语研究的不同领域,语料库方法均可发挥重要作用。具体来说,在话语构建研究中,首先可以建立所研究话语的语料库,还可以根据研究目的建立或选用合适的参照库。再利用 WordSmith、AntConc 等语料库软件的检索、统计等功能,观察高频词、关键词及其搭配、词汇密度、第一人称代词、情态动词、话语标记语、评价性词汇、名词化、被动式、关系从句等典型词语或句式结构的使用以及词汇隐喻、语法隐喻、及物性等重要语法现象的使用,从词汇、句法和语篇层面分析语言特征,进而探究话语的语体风格、话语策略、话语修辞、话语规范等内容,或者进行批评话语分析,揭示话语背后的权力与意识形态关系。在话语传播研究中,可以建立官方话语、新闻媒体等相关语料库,并检索重要术语的译名,通过频率、分布和搭配等维度,分析话语中的术语及其译名在国外的传播与接受情况。

2）比较法

比较法可以帮助研究者找到不同话语之间的异同,通过话语表层的差异分析,探索话语深层的内部本质,从而多维度、多层次地探寻话语的本质属性及其影响因素,有助于研究者全面、深刻地把握话语构建与传播等方面呈现的特征。

在话语构建研究中,研究者可以对不同类型的话语进行全面而深入的比较,系统考察它们在语言特征、语体风格、话语策略、话语规范等方面的差异及其内在动因,以获取关于话语的本质属性和规律性特征的客观而全面的认识。此外,还可以就同一话语在不同历史时期的话语特征做对比分析,考察历时视角下话语的演变规律与趋势,通过对比不同时期的话语特征,探寻影响话语构建的深层因素。在话语传播研究中,可以就话语术语的不同表述方式的传播效果,或同一话语在不同国家或地区、不同历史时期、不同受众群体中、不同传播渠道中的传播效果做对比分析,从而全面了解话语传播现状,深入分析话语的传播机制与方法,探索能有效提升话语权的路径。

3）定性研究方法

话语研究可以利用语料库进行数据统计与分析,但是也离不开定性研究方法,尤其是在话语相关问题的理论分析与理论建构上,以及对统计数据的分析与解释上。

话语研究通常依据相关领域的话语理论,厘清话语背后的思想内涵与逻辑特征,并发现话语构建、传播过程中存在的理论问题,探寻有效的解决之道。研究者可以采用定性研究方法解释由语料库方法和比较法得出的数据结果。话语研究不仅强调对语言特征进行多层次描写,还注重在描写基础上对数据体现的规律性特征进行解释,探索这些规律的前因后果。"任何研究的价值或魅力不仅仅在于它可以回答'什么'和'如何'的问题,而且在于能够解答'为什么'的问题。后者比前者重要得多,它是任何学科研究的核心价值所在。"① 因此在利用语料库进行话语研究时,研究者应力求不但让人知其然,

---

① 胡开宝,吴勇,陶庆. 语料库与译学研究:趋势与问题——2007 语料库与译学研究国际学术研讨会综述[J]. 外国语(上海外国语大学学报),2007,(5):64-69.

还要知其所以然,以构建相关理论体系。具体来说,可借助语域、评价、批评话语分析、认知话语分析、翻译学、传播学等研究领域的相关理论,在数据分析和解释的基础上,探究话语背后的深层影响机制,为话语构建与传播工作提供理论依据。

4) 个案分析法

在话语研究中,以穷尽式方法收集与某一类型话语相关的所有语料是理想化的,操作难度大。这时,可以依据研究目的,选取具有代表性的部分话语或典型案例进行周密而仔细的研究,从而由局部获得对话语总体的科学认识。

在话语构建研究中,可以以典型话语为个案研究对象,深入分析其语言特征,探讨其语体风格、话语策略、话语规范等,进而推至整个话语的构建方式与方法,加深对话语本质属性的认识。例如冯捷蕴[①]以美国主流媒体《纽约时报》和《洛杉矶时报》中关于"哥本哈根气候峰会"报道为例,依据批评话语分析的理论和原则对美国环境新闻报道及其背后隐含的意识形态和权力关系进行分析,发现美国环境新闻报道较多使用表示分歧、冲突的显性词汇以及呈现负面意义的图片。在话语传播研究中,我们可以以话语的核心术语为个案研究对象,深入分析这些术语的翻译与传播的具体方式和过程,由点及面,以这些术语翻译与传播的方式和方法推及整个话语翻译与传播的方式和方法。例如王晓莉和胡开宝[②]以"新型大国关系"为个案研究对象,分析了外交术语英译在英美的传播与接受情况。

8.3.2　相关数据

在语料库应用于话语研究的实际过程中,常用的数据除上文所

---

① 冯捷蕴. 美国环境新闻报道的话语研究——以"哥本哈根气候峰会"为例[J]. 外语学刊,2014,(5):154-158.

② 王晓莉,胡开宝. 外交术语"新型大国关系"英译在英美的传播与接受研究[J]. 上海翻译,2021,(1):89-94.

提及的高频词、关键词、词簇、搭配和语义韵、索引行以外,还有互信息值、卡方检验等。

1) 互信息值也称 MI 值,表示在语料库中共现的两个词,其中一个词的出现频数能提供关于另一个词出现的概率信息,所体现的是一个词对另一个词的影响程度。MI 值是计算词语之间的搭配强度和具体搭配显著程度的重要方法。MI 值越大,表明词语之间的吸引力越大,两个词之间的共现性越高。通常研究者会将 MI 值大于 3 的搭配视为搭配强度高的显著性搭配。互信息值的计算公式为:

$$MI = \log 2 \frac{f(a, b) \times w}{f(a) \times f(b)}$$

其中,w=语料库的总形符数

$f(a)$= 词语 a 在语料库中出现的频数

$f(b)$= 词语 b 在语料库中出现的频数

$f(a, b)$= 词语 a 和词语 b 在语料库中共现的频数

MI 值主要通过测量共现词的非随机性来体现词语的搭配强度,为研究者确定节点词的显著搭配词,提供清晰直观的统计数据依据,尤其可以较好地识别复合词、固定词组和科技术语等,为后续分析提供可能的研究方向。但需要注意的是,MI 值存在一定局限性。在某些情况下,MI 值高的搭配词和节点词共现的频数不一定高。这是因为 MI 值不仅与两个词的共现频数有关,也与搭配词在语料库中出现的总频数有关。例如我们在上海外国语大学的《习近平谈治国理政》多语种数据库综合平台上设置跨距为 5,检索《习近平谈治国理政》第一卷中 China 一词的搭配词,部分搭配词如表 8.1 所示。其中 special 一词在语料库中仅出现 7 次,与 China 搭配共现的频数为 5,此时 MI 值为 7.30(>3),从数据上看属于显著搭配。但这种搭配既可能反映了语言的真实关联,也可能是语料库本身的特殊性导致的,需要结合索引行进一步分析讨论。从这方面来看,当搭配词的

频率较低时, *MI* 值的信度较低。因此, 在计算搭配强度时, 除了利用 *MI* 值外, 还可以结合 *Z* 值进行差异显著性检验, 为典型搭配的提取提供更全面的统计证据。

表 8.1 《习近平谈治国理政》第一卷中 China 一词的部分搭配词与互信息值

搭配词	*MI*	总次数	区间内总计	左侧总计	右侧总计
friendship	7.29	15	5	2	3
Asian	7.29	22	5	1	4
special	7.30	7	5	3	2
primary	7.30	7	5	0	5
year	7.33	19	5	4	1
relations	7.33	31	5	2	3

2) 卡方检验是比较实际次数与期望次数之间是否有显著差异的检验, 是统计学中常用的一种假设检验方法。卡方检验一般用来考察某无序分类变量各水平在两组或多组间的分布是否一致, 即检验相互比较的数据之间的差异是否具有显著性。

在语料库与话语研究中, 卡方检验应用广泛, 常用来研究不同语料库之间词汇或其他语言特征出现频率的差异性以及不同变量因素对于话语的影响等。例如濮建忠①采用卡方检验全面研究了 CLEC 语料库中大学非英语专业四级和六级子语料库与布朗语料库相比超用和少用的词语; 胡开宝②利用卡方检验比较了记者招待会汉英口译

---

① 濮建忠. 基于学习者语料库的中国非英语专业大学生中间语状况调查[A]. 杨惠中, 桂诗春, 杨达复, 主编. 基于 CLEC 语料库的中国学习者英语分析[C]. 上海: 上海外语教育出版社, 2005: 128 – 158.

② Hu, K. & Meng, L. Gender differences in Chinese-English press conference interpreting[J]. *Perspectives*, 2018, 26(1): 117 – 134.

中男性译员和女性译员在低量值情态动词、强化词、认知态度动词等典型语言特征使用上的差异。

下面我们以卡方检验在语料库语言特征差异统计中的应用为例,介绍其基本原理。

有语料库 A 和语料库 B,其中含有语言特征 Y。定义一个统计量 χ^2,用来表示语言特征 Y 的频次实际观测值 O 与理论期望值 E 的偏离程度。语言特征 Y 的频次信息如表 8.2 所示:

表 8.2　语言特征 Y 在语料库 A 和 B 中的频次信息

	语言特征 Y 出现的频次	语言特征 Y 不出现的频次	总　计
语料库 A	a	b	$a + b$
语料库 B	c	d	$c + d$
总　计	$a + c$	$b + d$	$n = a + b + c + d$

首先,确定假设 H_0:语料库 A 和语料库 B 来自同一语言总体,语言特征 Y 在语料库 A 和语料库 B 中出现的频次没有显著性差异。

其次,在假设 H_0 成立的基础上,计算语言特征 Y 的频次实际观测值 O 与理论期望值。其中,实际观测值 $O = a + c$。而根据假设 H_0,语料库 A 和语料库 B 来自同一语言总体,因此语言特征 Y 在两个语料库中出现/不出现的频率和总出现/不出现的频率相等,由此可得出理论期望值 $E = (a + b)(a + c)/n$,n 为样本总量。

再次,在假设 H_0 成立的基础上,计算 χ^2 的值。卡方检验的计算公式:

$$\chi^2 = \sum \frac{(O - E)^2}{E} = \frac{(ad - bc)^2 \times n}{(a + b) \times (a + c) \times (b + d) \times (c + d)}$$

最后,查询 χ^2 分布临界值表确定 p 值,推断结论。根据 χ^2 的分布和自由度为 1 得出概率 p 值。若 $p \leqslant 0.05$，则频次实际观测值 O 与理论期望值 E 的偏离程度很大，超出了抽样误差允许的范围，从而拒绝假设 H_0 成立，即语言特征 Y 在语料库 A 和语料库 B 中出现的频次具有显著性差异。反之，则不具有显著性差异。

在实际的语料库研究中，我们无须手动进行卡方检验，可利用 SPSS 等统计软件快速实现计算。

8.4　个案分析

本节以闫潼①的《基于语料库的新加坡外交话语中的中国形象研究》为个案，分析语料库在话语研究中的应用。该研究以新加坡总理的外交话语为语料，借助 Fairclough 的批评话语分析理论和三维分析模型，以 China 的搭配和索引行为切入点，分析新加坡总理外交话语的语言特征及由此所反映的中国形象，并探索背后的社会文化影响因素。

8.4.1　研究设计

1）研究语料

本研究以新加坡总理外交话语语料库为研究平台，该语料库主要收录 2009—2019 年新加坡总理李显龙的对外讲话，包括演讲、访谈、新闻发布会答记者问等内容，形符数为 1 362 904。新加坡总理是新加坡的最高行政首长，其对外讲话代表了新加坡官方的外交理念与态度，具有极高的权威性和代表性。

2）理论框架

批评话语分析旨在分析语篇的语言特征及其生成、传播和接受的社会历史语境，以揭示语篇所蕴含的意识形态意义，阐明语言、权

---

① 闫潼. 基于语料库的新加坡外交话语中的中国形象研究［J］. 北京第二外国语学院学报,2024,46(5)：27-44.

力和意识形态之间微妙而复杂的关系。Fairclough① 提出了批评话语
分析的三维分析模型。他认为任何话语实践都应该是包含语言文
本、话语实践和社会实践的三维统一体。批评话语分析应该遵循三
个步骤：描写、阐释、解释。描写即文本分析，描述文本的各种语言
形式特征；阐释即话语实践分析，阐述话语生成、传播与接受的过程；
解释即社会文化分析，解释话语实践与社会文化之间的关系。批评
话语分析强调通过对话语的语言学分析，探究话语的社会意义，并揭
示其蕴含的意识形态，阐明话语和社会文化之间的互动关系。

3）研究步骤

本研究从文本、话语实践和社会实践三个层面展开。首先，在文
本分析层面，借助语料库软件 WordSmith 8.0，以 China 为检索词，提
取新加坡总理外交话语中与中国有关的句子，通过对 China 的高频
搭配词以及索引行分析，归纳新加坡总理外交话语中的中国形象。
其次，在话语实践层面，阐释新加坡总理外交语料中与中国相关话语
的生成、传播和接受过程。最后，在社会实践层面，结合新加坡的
外交策略、利益诉求和价值观等因素，分析新加坡总理外交话语
中中国形象的形成原因。

8.4.2 结果与讨论

1）新加坡总理外交话语的文本分析

我们设置跨距为 5，得到 China 一词的搭配，并提取频次大于等
于 15，*MI* 值高于 3 的高频搭配，将其进行分类，主要从高频搭配名词
及其索引行、高频搭配情态动词及其索引行两个方面进行分析。

① 高频搭配名词及其索引行分析

我们提取了新加坡总理外交话语语料库中与 China 高频搭配的
名词，并对可能存在多种词性的搭配词进行了人工检查与清洗，以确
保所提取的搭配词均为名词。具体结果如表 8.3 所示：

① Fairclough, N. *Discourse and Social Change*[M]. Cambridge：Polity Press, 1992.

表 8.3　新加坡总理外交话语语料库中 China 的高频搭配名词

序号	高频名词搭配	频次	*MI* 值	序号	高频名词搭配	频次	*MI* 值
1	Singapore	256	4.25	22	Chinese	22	3.88
2	ASEAN	173	5.93	23	Party	22	5.49
3	US	148	4.78	24	ties	19	4.98
4	India	148	7.15	25	development	19	3.63
5	sea	115	8.15	26	communist	19	7.45
6	relation	101	6.50	27	dialogue	19	6.06
7	Japan	80	6.97	28	economy	19	3.36
8	countries	69	4.45	29	Beijing	18	7.15
9	business	68	5.48	30	anniversary	18	4.67
10	republic	68	7.26	31	companies	18	3.19
11	Asia	64	4.87	32	partnership	17	4.61
12	trade	60	5.02	33	forum	17	5.67
13	cooperation	48	5.12	34	Chongqing	17	6.73
14	America	42	6.29	35	summit	17	4.93
15	relationship	42	6.13	36	partners	17	4.73
16	world	40	3.53	37	States	16	4.95
17	Korea	35	6.97	38	Europe	16	5.28
18	region	34	4.69	39	leadership	15	4.53
19	year	29	3.07	40	growth	15	3.35
20	partner	27	6.36	41	economies	15	4.76
21	Australia	23	5.73	42	disputes	15	6.82

由表 8.3 可知,在新加坡总理的外交话语中,与 China 高频共现的名词可以分为三类。第一类是国家、地区或组织名称,包括欧美发达国家或地区以及亚洲主要国家或组织。China 与这些国家或组织名称一同出现,说明新加坡极为关注中国在国际事务和区域发展中发挥的作用。我们以这些国家、地区或组织名称和 China 为检索项,随机提取相关索引行,制成表 8.4。

表 8.4　国家、地区或组织名称和 China 搭配共现的部分索引行

序号	索 引 行
1	engage major countries like the **US**, **China**, **India** and **Japan**, to pursue mutual cooperation
2	The key players will still be the **US**, **China** and **Japan**
3	with the six major powers, beginning with **India**, **the United States**, **China**, **Japan**, **Russia**, and **the European Union**
4	Besides the **US** , **China** will also play a vital role in the region
5	relations between big powers, particularly between **America** and **China**
6	has benefitted from globalization, especially **China** and **India** — prospering through the transfer
7	How the **US-China** relationship evolves will shape the world order
8	If **America-China** relations become very difficult
9	Economic competition between **China** and the **US** is both inevitable
10	so called trade war between the **US** and **China**
11	the recent trade frictions between the **US** and **China**
12	solution to tensions between the **US** and **China**, and a resetting some of

由表 8.4 可知,新加坡总理的外交话语中常以名词列举的形式将中国与美国、日本、印度等国家或欧盟等组织相提并论,并且使用

表示地位和作用的积极评价性词汇,如 major countries、major powers、big powers、key players、vital role 等进行修饰描述。这说明在新加坡总理外交话语中,中国的国际地位可与以美国为代表的发达国家比肩,凸显了中国的国际影响力。此外,在与 China 共现的国家名词中,US 和 America 的频次总和居第二,仅次于话语主体 Singapore,说明中国与美国的关系是新加坡外交话语所关注的一大焦点。通过分析表8.4,我们发现除了积极性评价话语以外,新加坡总理外交话语还特别关注中美之间的竞争与摩擦,常使用一些表示战争、对抗等消极评价的词汇,例如 difficult、economic competition、trade war、trade frictions、tensions 等,从侧面塑造出中国是美国竞争对手的国家形象。

第二类与 China 高频共现的名词是经济类词汇,如 business、trade、economy、companies、economies 等,说明中国的经济与贸易发展态势是新加坡总理外交话语关注的重点之一。我们提取了部分经济类词语与 China 搭配共现的索引行,制成表 8.5。

表 8.5　经济类名词和 China 搭配共现的部分索引行

序号	索　引　行
1	With its large and growing **economy**, **China** has an important stake
2	**China**, a dynamic **economy**, and its workforce
3	the most vibrant **economies** in the world — **China**, India — they too have seen
4	India is still not as vibrant or as big as **China** is as an **economy**
5	we have all kinds of **business** projects call over **China**
6	Our companies do a lot of **business** in **China**, and many Chinese companies participate in
7	Therefore, just as ASEAN-**China** **trade** grows, so does the Trans-Pacific trade

续　表

序号	索　引　行
8	Many Singapore **companies** are in **China** doing business, especially in cleaning up
9	while many US **companies** see **China** as a key export market and manufacturing base
10	Many Singapore **companies** are operating in **China**, in cities all over the country
11	Our **companies** are bullish about **China**
12	**Companies** everywhere eye the huge **China** market, hoping to sell everything

由表 8.5 可知,新加坡总理的外交话语中多用积极评价性词语描述中国的经济发展,如 large、growing、vibrant、big、dynamic 等,体现出中国经济体量庞大、发展迅猛、充满活力的特点,刻画了中国经济繁荣、发展势头强劲的形象。其中,companies 与 China 搭配共现的情况值得关注。新加坡总理外交话语从公司实体的角度出发,具体描述了中国与新加坡间的商务往来情况,索引行中出现的 key export market、huge China market 等表述显示了新加坡对于中国市场的重视,凸显了中国市场的巨大潜力与蓬勃生机;many、all over the country、bullish 等描述范围的语言表达显示出在华投资经营的新加坡公司数量多、规模大、发展快,凸显了中国市场广阔、经商环境良好、与新加坡贸易往来密切的形象。

第三类与 China 高频共现的名词是关系类词汇。其中 relation、cooperation、partner、partnership、ties 等词高频出现,且在语境中与之相搭配的词常为表现重要性和亲密性的积极类形容词,如 significant、important、growing、closer 等,以及表示提高向好趋势的动词,如 enhance、promote 等。这些搭配表明新加坡极为重视与中国的关系往来,塑造了中国"新加坡密切合作的友好伙伴"的形象。此外,新加坡外交话语中出现的 dialogue、forum、summit 等名词表明中新两国经常举办各类会议等交流活动,说明中新两国的合作交流活动频繁,显示出两国的友好往来不仅体现在话语符号层面,而且已经落实到物质实践层面,论坛或会议的频繁举办进一步印证了新加坡对中新友好关系的重视与努力维护。此外,我们发现,绝大多数关系类名词表示积极意义,只有 disputes 一词具有消极意义。我们提取了 disputes 与 China 搭配共现的部分索引行,制成表 8.6。

表 8.6　disputes 和 China 搭配共现的部分索引行

序号	索　引　行
1	One issue is the territorial **disputes** in the South **China** Sea
2	**China** is involved in territorial and maritime **disputes** in the South **China** Sea and the East China Sea
3	The territorial **disputes** over the South **China** Sea continue to simmer
4	Hence we believe the **disputes** in the South **China** Sea over territorial sovereignty
5	A difficult regional issue is the territorial and maritime **disputes** in Asia, between **China** and Japan (the Diaoyu islands), and between China and several ASEAN members
6	There are territorial **disputes** between **China** and Japan, between Korea and Japan
7	If the **disputes** escalate and destabilise US-**China** relations, the consequences for the world could be catastrophic

　　分析表 8.6 可以发现,新加坡总理外交话语中与中国有关的 disputes 主要指领土和领海的主权争端,如南海问题和钓鱼岛问题,还涉及中美之间不断升级的争端和摩擦。这说明新加坡总理外交话语不仅关注中国政治影响力的扩大与经济实力的提升,还提及中国与周边国家和世界强国的摩擦,表明中国的发展不是一帆风顺的,塑

造了仍面临外部忧患和发展挑战的中国国家形象。

②高频搭配情态动词及其索引行分析

我们提取了新加坡总理外交话语语料库中与 China 一词高频共现的动词,具体结果如表 8.7 所示:

表 8.7　新加坡总理外交话语中 China 的高频搭配情态动词

序　号	高频情态动词搭配	频　次	*MI* 值
1	will	120	3.06
2	should	21	3.56

从表 8.7 可以看出,新加坡总理外交话语中 China 的高频搭配情态动词以 will 和 should 为主,均为中量值情态动词。这说明在对中国的外交态度上,作为发达国家之一的新加坡并未采取俯视的态度,而是以一种平等友好的方式来谈论中国,凸显了中国是不容小觑、值得尊重的大国的国家形象。此外,在高频搭配情态动词中,will 出现的频次最高。我们提取 will 在 China 右侧跨距为 1 的部分索引行,制成表 8.8。

表 8.8　China will 的部分索引行

序号	索　引　行
1	We think **China will** recover faster than most economies, and will help to lift Asian economies
2	**China will** play a growing role in regional and global issues
3	**China will** pull ahead of Europe, Japan, India and Russia
4	As a rising power, **China will** not acquiesce to the status quo indefinitely
5	As the major trading nation, **China will** increasingly depend on international cooperation and conventions

续　表

序号	索　引　行
6	**China will** continue to progress and contribute to the peace and stability of the region
7	But **China will** proceed in different ways
8	**China will** have to find its own way forward
9	I have every confidence that **China will** find its own path to success
10	**China will** have to find a way of dealing with these problems in a fair and equitable way

从表 8.8 可以看出,在 China will 的相关索引行中,所谈论的话题有中国的道路自信、中国充满希望的经济发展前景以及对中国必将克服困难的信心。分析这些索引行,不难看出,一方面新加坡尊重中国独具特色的发展道路与发展方式,认可中国过去所取得的成就;另一方面新加坡虽然注意到了中国面临的困难与问题,但非常看好中国未来的发展,在外交话语中塑造出具有道路自信和进取精神、勇于迎接挑战的中国形象。

2) 新加坡总理外交话语的话语实践分析

从话语来源上看,本研究所用的语料来源于新加坡总理李显龙的对外讲话。说话者李显龙在讲话中的修辞人格构建了其讲话的权威性与说服力。首先,新加坡总理的政治身份赋予李显龙极高的权力地位,增强了其话语的权威性和可信度。这种基于规则和条例的官僚权威,在对外讲话中形成了一种高于听众的关系地位,从而有利于讲话内容的接受与认可。其次,李显龙个人的品质魅力在构建其话语权威的过程中发挥重要作用。李显龙家世显赫,接受过一流的高等教育,具有政治精英的形象。此外,李显龙自从政以来一直保持温和、儒雅、亲民的风格。当听众产生不受规则制度约束的情感依赖时,李显龙的人格魅力便会发挥作用,从而增强其话语的可信度。因此,在话语实践中,李显龙作为话语的直接发出者,其身份地位及人格魅力极大增加了话语的权威性,也使得话语中所塑造的中国形象更易被听众或读者接受。

从话语传播方式上看,新加坡总理外交话语的传播方式以主流官方为主,传播范围广且话语可信度高。首先,从话语的发生场合来看,李显龙发表对外讲话的场合主要为官方场合,包括国事访问、国际会议论坛、新年致辞和记者采访等。其次,从话语的发布渠道来看,李显龙的讲话主要通过新加坡外交部网站、新加坡政府网站、新加坡总理网站等官方渠道发布。同时,新加坡的主流新闻媒体和世界主流媒体也会转载或报道。这些新闻媒体发行量大,公信力强,极大扩展了新加坡总理外交话语的传播范围和影响力。此外,总理的个人社交媒体账号也会发布相关内容,这进一步推动了新加坡总理外交话语的传播。最后,从话语的传播形式来看,除了书面文字记录外交话语内容之外,官方网站或新闻媒体常配有图片、音频、视频等作为补充或佐证。这种图文并茂的多模态传播形式使得其外交话语更加生动鲜活,从而增强了话语的真实性与可信度。

3) 新加坡总理外交话语的社会实践分析

从社会实践层面来看,新加坡总理外交话语所塑造的中国形象很大程度上取决于新加坡在复杂国际形势下的外交策略、政治经济发展中的利益诉求和东方价值观下的文化认同。

首先,面对复杂的国际形势,新加坡一直采取平衡中立的外交策略,这无疑影响了其外交话语对中国形象的塑造。21世纪以来,中国崛起所带来的国际力量与国际体系的变革成为世界形势最明显的变化,世界逐渐向多极化迈进。新加坡虽然拥有优越的地理位置和一定的经济发展实力,但狭小的岛国面积、匮乏的自然资源以及复杂的人口种族构成导致了新加坡固有的脆弱性。作为"小国",新加坡在复杂的国际形势下采取平衡中立的外交策略,以最大限度谋求自身发展利益。新加坡前总理李显龙之父李光耀曾说过:"新加坡奉行中立主义。大国集团发生冲突我们就保持中立,因为不知道谁和我们站在一边。"①受这种中立外交策略的影响,新加坡在处理国际关系时谋求平衡,对世界各国一视同仁,因而在其外交话语中,中国常与其他大国并列出现。

其次,新加坡总理的外交话语较为客观地描述了中国的政治影响力和经济实力,这与新加坡的政治经济利益诉求密切相关。在政治利益上,受地缘政治因素影响,中国在东南亚的影响力是其他大国无法比拟的,而且中国奉行"与邻为善"的外交政策,这与新加坡谋求区域稳定的政治主张相吻合,有利于新加坡达成与大国建立友好关系的目标。因此新加坡总理外交话语塑造出区域影响力大、友好合作伙伴的中国形象。与此同时,也正是出于谋求区域稳定和保证自身外部环境安全的考量,新加坡十分关注中国与周边国家的领土主权争端。在经济利益上,2008 年金融危机后,新加坡经济发展面临动力不足的复苏困局,深化与中国的经济合作,搭中国经济发展的便车,符合新加坡的经济利益诉求。因此,其外交话语极为关注中国的经济发展,塑造了经济繁荣、与新加坡密切合作的中国国家形象。同时,对于中美贸易摩擦的关注,不仅是出于"城门失火,殃及池鱼"的担忧,更是出于对自身经济利益的考量。

最后,新加坡文化中的东方价值观在很大程度上为新加坡理解中国发展道路、认可中国发展成就扫除了认知障碍。东方价值观就是东亚儒家文化圈的价值观,以中国古代的儒学价值观为核心。1988 年,时任新加坡副总理的吴作栋提议把东方价值观提升为新加坡的国家意识,东方价值观成为新加坡道德教育的核心内容以及国民的行动指南。在东方价值观的影响下,新加坡不仅倡导个人奋斗,也奉行集体主义;社会中既有西方资本主义的竞争博弈,也有东方传统的包容与谦和。新加坡文化中的东方价值观与中国所倡导的发展理念具有文化亲缘性。因此,在面对中国独特的发展道路和发展成就

---

① 转引自亚历克斯·乔西. 李光耀[M]. 上海:上海人民出版社,1976。

时,新加坡并未因西方意识形态的影响而排斥甚至敌视中国的强大,相反,它以包容和尊重的态度看待中国的崛起与发展,认可中国的成绩和进取精神。可以说,新加坡文化中的东方价值观为外交话语中中国形象的塑造奠定了意识形态方面的基础。

8.4.3　结语

本研究以新加坡总理的外交话语为研究对象,借助 Fairclough 的批评话语分析理论和三维分析模型,以 China 的搭配和索引行为切入点,分析新加坡总理外交话语的语言特征及由此所反映的中国形象,并探索背后的社会文化动因。研究发现,新加坡总理外交话语中的中国形象主要表现为大国、合作伙伴和进取者:政治上,在国际政治舞台上是发挥积极作用、具有影响力的大国;经济发展强劲,与新加坡合作往来密切;尽管面临发展挑战,但仍展现出勇敢自信的进取精神。话语作为一种社会实践,与社会文化语境密切互动。新加坡总理外交话语中的中国形象建构,反映了新加坡在复杂国际形势下的外交策略、政治经济发展的利益诉求以及东方价值观下的文化认同。

8.5　小结

近年来,作为语言学的分支学科,话语研究愈来愈受到学界的关注,一大批研究成果先后问世。本章分析了语料库在话语研究中应用的主要研究领域,即话语构建研究和话语传播研究,从高频词、关键词、词簇、搭配与语义韵、索引行、情态、人称代词、名物化、隐喻、修辞等角度,详细介绍了语料库在话语研究中应用的切入点,并分析了基于语料库的话语研究中常用的数据。最后,本章介绍了新加坡总理外交话语中的中国形象研究的个案,展示了语料库应用于话语研究的具体实例。

思考题

1. 为什么语料库可以应用于话语研究?

2. 语料库在话语构建研究中的应用具体涉及哪些研究领域?

3. 如何利用语料库开展话语传播研究?

4. 利用语料库开展批评话语分析视域下的话语研究可以从哪些角度切入?

5. "应用语料库开展话语研究只需要进行定量统计,无须进行定性分析",这种说法正确吗? 为什么?

 推荐阅读

Baker, P. *Using Corpora in Discourse Analysis* [M]. New York: Continuum, 2006.

Fairclough, N. *Language and Power* [M]. New York: Longman, 1989.

Halliday, M. A. K. *An Introduction to Functional Grammar* [M]. London: Edward Arnold, 1985.

Vessey, R. Corpus approaches to language ideology [J]. *Applied Linguistics*, 2017, 38(3): 277 – 296.

胡开宝, 李婵. 中国特色大国外交话语的翻译与传播研究: 内涵、方法与意义[J]. 中国翻译, 2018, 39(4): 5 – 12+129.

胡开宝. 中国特色大国外交话语的构建研究: 内涵与意义[J]. 山东外语教学, 2019, 40(4): 11 – 20.

辛斌. 批评语言学: 理论与应用[M]. 上海: 上海外语教育出版社, 2005.

第9章
语料库在文学研究中的应用

9.0　引言

　　文学研究是对文学文本特征以及文学与社会、文化、人类精神和情感等关系的研究①。长期以来,文学研究主要采取定性研究的方法,对作品的语言特征、主题内涵、人物形象、叙事特征等展开研究。20世纪以来,随着计算机技术的进步以及语料库语言学的兴起,语料库方法越来越多地被应用于文学研究领域。研究者们基于文学作品语料库,利用语料库检索软件对文学作品的语言文字及篇章结构等进行考察,在文本研究、作者风格辨析、文学传播及文学史研究等方面产出了一些成果,为传统的文学研究方法带来了深刻变革。本章我们将探讨语料库在文学研究中应用的发展历程、主要领域以及具体的切入点与研究方法,并结合相关研究进行个案分析。

9.1　语料库在文学研究中应用的发展历程

　　人们普遍认为,最早在文学研究中使用计算机技术的当属意大利学者 Roberto Busa。20世纪40年代,Busa 开始使用计算机处理中世纪哲学家托马斯·阿奎纳的作品集,并创建了"托马斯·阿奎纳作

---

① 胡开宝,杨枫. 基于语料库的文学研究:内涵与意义[J]. 浙江大学学报(人文社会科学版),2019,49(5):144.

品索引库"（Index Thomisticus）。基于这一索引库，人们可以对阿奎纳的写作风格进行辨析，或对作品的著作权进行判定。Busa 的研究可以说是最早利用计算机技术进行文学研究的代表。

　　将语料库应用于文学研究有其形成的历史语境，具体可追溯至20 世纪文学研究的"语言学转向"。20 世纪是一个"语言学"的世纪。随着索绪尔结构主义语言学的兴起，哲学领域产生了语言学转向。哲学家们发现人们对现实世界的认识依赖于语言，语言的边界限制我们对世界的认识范围和方式。他们认为哲学首先要探讨的是语言问题，于是转向了对语言及言语行为的考察[①]。语言学转向不仅对哲学研究影响深刻，同时也对文学研究产生了强烈冲击。索绪尔的语言观贯穿于俄国形式主义、捷克布拉格学派、英美新批评以及法国结构主义等文学流派的理论发展脉络之中。这些文学流派的具体理论及主张虽有所差异，但都体现"以语言为范式的共同取向"[②]。这意味着文学理论家和文学批评家不再聚焦于诸如作家生平、历史背景、社会文化语境等作品的外部研究，而是转向文学语言本身，致力于探究文本的语言结构、形式及语言的内在规律。在这一背景下，语言学模式和分析方法开始被应用于文学研究。

　　此外，基于语料库的文学研究的兴起得益于语料库语言学的快速发展，后者为前者提供了研究方法和技术手段。20 世纪 30 年代，语言学形成了较为系统的研究体系。到了 20 世纪五六十年代，语言学分支不断涌现，人们渴望出现更为科学的研究手段。而后计算机技术迅速发展，带来了语料库技术的快速发展，并由此促进了现代语言学的发展。1961 年，第一代储存在计算机上的百万词规模的语料库诞生。到了 20 世纪八九十年代，语料库语言学已经成为普通语言学的一个分支[③]。语料库语言学的理念与特色也越来越受人关注：

---

① 周宪. 文学理论：从语言到话语[J]. 文艺研究, 2008,（11）: 8.
② 同上。
③ 刘敬国, 陶友兰. 语料库翻译研究的历史与进展——兼评《语料库翻译研究：理论、发现和应用》[J]. 外国语（上海外国语大学学报）, 2006,（2）: 67.

1）研究方法上与计算机科学有机结合，利用计算机的强大功能对语料进行存储、检索和分析；2）研究对象为语料库中收集的真实的、海量的语言材料；3）研究目的是通过实证研究方法发现语言运用的规律，全面地描述语言。这些理念和方法也被应用于文学研究，包括使用语料库工具对文学文本进行检索、统计和分析。

文学研究的语言学转向和语料库语言学的发展共同推动了基于语料库的文学研究的诞生和发展。基于语料库的文学研究，是指以语料库为基础，以文学文本为研究对象的研究，具体指在对文本的语言特征进行相关数据统计和理论分析的基础上，系统考察文学作品的语言特征、文体特征、叙事特征、人物形象、作家风格、传播与接受等内容。

与传统的文学研究方法相比，基于语料库的文学研究有着显而易见的优势。首先，它优化了语言的实证研究和量化分析手段。虽然早在19世纪西方就已经出现了对文学作品的量化分析，如1851年，Augustus de Morgan 认为词汇表的量化研究可以用于辨析保罗书信的作者[1]。Mendenhall 试图通过词频辨析狄更斯和威廉·萨克雷的写作风格[2]，但人工计算的方法耗时耗力，且数据的准确性难以保证。借助计算机操作系统和语料库建设软件，人们可以对文学语料进行赋码和标注等技术处理，也可以使用语料库分析软件来自动检索、提取和统计有关数据。在分析这些数据呈现的特征和趋势的基础上，研究者们可对文学作品的语言特征和规律进行有效归纳。与文学研究之前的量化分析手段和传统的"文本细读"方法相比，语料库方法更为系统和客观，增强了研究的科学性和实证性。

其次，基于语料库的文学研究有着独特的研究内容，如"语料库

---

① 李天. 数字人文背景下的文学研究——量化方法在中西文学研究中的比较[J]. 厦门大学学报（哲学社会科学版），2020，（5）：153 – 162.
② Mendenhall, T. C. A mechanical solution of a literary problem [J]. *The Popular Science Monthly*, 1901, 60：97 – 105.

文体学""作家归属研究"①等,这拓展了传统的文学研究领域。语料库所具有的自动检索、自动提取、频率统计、语境呈现等功能为文学研究提供了便利,发掘出新的研究课题。总的来说,基于语料库的文学研究

> 将文学内部研究与文学外部研究融为一体,打破了文学内部研究和文学外部研究之间长期存在的壁垒。具体而言,基于语料库的文学研究在文学作品的语言特征描写基础之上,将文学作品重新置于具体社会文化语境之中,分析与文学作品或文学创作相关的不同因素,概括决定文学发展和变化的普遍规律。②

9.2　语料库在文学研究中应用的主要领域

一般来说,文学研究的主要领域有文本研究、作家风格辨析、文学史以及文学传播研究等。基于语料库的文学研究也可按此分类,即基于语料库的文学作品研究、基于语料库的作家研究、基于语料库的文学史研究,以及基于语料库的文学作品传播与接受研究。

1) 基于语料库的文学作品研究

基于语料库的文学作品研究聚焦于具体的文学作品,使用语料库软件对文学文本的语言特征等进行检索与统计,并与参照语料库中的相关信息进行对比,考察文学作品在主题实现、人物形象塑造、叙事发展等方面的特点。利用语料库方法,我们可以使用高频词及关键词检索、索引行分析、词类分布统计、特殊结构标注与检索等量化分析手段,挖掘文学作品深层次的文本意义,更好地理解小说的主题、情节以及创作手法和技巧。基于此,我们可以按照具体的研究内

---

① 胡开宝,杨枫. 基于语料库的文学研究:内涵与意义[J]. 浙江大学学报(人文社会科学版),2019,49(5):145.
② 同上,第147页。

容将这一领域的研究细分为以下几类。

第一类研究是利用语料库分析文学作品的语言特征。这一领域研究侧重于分析文学作品的总体语言特征,如形符数、类符数、类符/形符比、词汇密度、词汇丰富度、平均句长,高频词、典型词汇或句式结构使用的频率或趋势,以及文学作品的词丛、搭配、类联接和语义韵等。任艳、陈建生和丁峻[①]基于自建的英国哥特式小说语料库和18—19世纪英国小说语料库,对这两个语料库进行数据提取和对比分析,考察了英国哥特式小说在四词词丛方面的特征。该研究发现,英国哥特式小说语料库有更多反复出现的有连续固定词位的词丛。这些词丛信息量有限,但语言相对流畅,富有韵律,朗朗上口。四词词丛的存在使得哥特式小说成为多年的畅销书籍。Hori[②]基于狄更斯作品语料库,并参照19世纪英国小说语料库,对狄更斯作品的词汇搭配模式进行了探讨,揭示出狄更斯创造性的词汇使用特征。

第二类研究是利用语料库分析文学作品的主题及风格。通过提取作品的关键词,以及分析高频词簇及索引行,我们可以清楚地把握文学作品的主题思想和写作风格。魏利霞和周震[③]对《劳拉的原型》进行语料库考察,并以纳博科夫的英文小说《普宁》及11部美国后现代主义小说为参照语料库,提取了作品的关键词列表。通过对关键词的分析,他们发现这部小说聚焦于虚假爱情、无望婚姻和在死亡中寻找乐趣三大主题。陈婵[④]基于自建的爱丽丝·门罗小说语料库,分析其作品中3—6词词簇的基本特征和功能,并与同时代的英文小说作品进行比较,从而发现一些关键词簇,如as if引导的词簇、女性第三人称she相关的词簇等。这些词簇对小说的情节发展和角色塑造

---

① 任艳,陈建生,丁峻. 英国哥特式小说中的词丛——基于语料库的文学文体学研究[J]. 解放军外国语学院学报,2013,36(5):16-20.

② Hori, M. *Investigating Dickens' Style: A Collocational Analysis*[M]. New York:Palgrave Macmillan,2004.

③ 魏利霞,周震. 基于语料库的《劳拉的原型》多元主题解析[J]. 外语教学,2020,41(5):104-108.

④ 陈婵. 爱丽丝·门罗小说中的词簇特征及其功能分析——一项基于语料库的文体学研究[J]. 解放军外国语学院学报,2014,37(3):151-159.

起到了重要作用：as if 引导的词簇被大量运用于女性角色的心理活动刻画上，而女性第三人称 she 相关的词簇则频繁搭配否定词，反映出爱丽丝·门罗小说中女性角色在困境中的迷惘和内心的纠结。Stubbs[①] 从关键词、词类分布、索引行等方面切入，同时比对 BNC、Brown、LOB、Frown 和 FLOB 等语料库中的散文类文本的相关特征，对康拉德《黑暗的心》的主题及语言风格进行考察，认为关键词的使用反映了文明社会与原始社会之间的冲突以及种族偏见等主题。

　　第三类研究是基于语料库的文学作品人物形象研究。文学作品塑造人物形象主要有五种方法：语言描写、心理描写、肖像描写、行为描写和称谓描写。在基于语料库的文学作品人物形象研究中，我们可以对人物名称进行检索，考察相关人物在语言、心理、肖像、行为及称谓等方面的描述，总结其所呈现的人物形象。我们还可以将人物名称设为节点词，提取与该词搭配的高频词汇，归纳具体人物的特征。张优[②]以 Tess 为检索项，考察了《德伯家的苔丝》中苔丝的人物性格。研究发现，苔丝的话语和肢体动作显示出其朴实、善良、温柔、纯洁、勇敢的一面，而与 Tess 搭配的高频形容词则展示出苔丝内心的痛苦与挣扎，以及对过去的悔恨与祈盼惩罚和原谅之情。陈婵和程乐[③]利用语料库软件 AntConc 对莫言小说《蛙》中主要角色"姑姑"进行检索，将检索内容按内容和情感进行标注。分析显示，小说主要描写了"姑姑"人生的三大阶段：乡村的新法接生员、计划生育政策的执行者、晚年的忏悔者。作品通过对"姑姑"这一复杂人物形象的塑造，间接折射出作者对中国生育问题的反思。

　　第四类研究是利用语料库分析文学作品的叙事特征。叙事特征是文体学的重要内容。利用语料库，通过分析文学作品中人称代词

① Stubbs, M. Conrad in the computer: Examples of quantitative stylistic methods[J]. *Language and Literature*, 2005, 14 (1): 5–24.
② 张优.《德伯家的苔丝》艺术效果的鉴赏新模式——基于语料库检索技术的文本分析[J]. 小说评论, 2009, (S2): 160–162.
③ 陈婵, 程乐. 莫言作品《蛙》的语料库检索分析[J]. 浙江工商大学学报, 2014, (5): 26–34.

和动词的应用趋势、频繁出现的时间副词或与时间有关的语篇衔接词语,以及高频实词和高频词簇等,可以有效揭示文学作品的叙事视角、叙事结构以及叙事进程。Toolan[①]利用语料库方法,从主要人物名 Corley 和 Leneham 的使用频率和特征切入,探讨了小说《两位勇士》的叙事进程,发现高频词、关键词和关键句等语言特征引起的词汇语义重复极大影响着小说的叙事进程和读者对情节的预测。张仁霞和戴桂玉[②]对海明威《永别了,武器》进行语料库考察,通过考察高频词、关键词以及情节展示图,发现 I 居于词表之首,且在小说情节中贯穿始终,这表明《永别了,武器》的一大叙事特色是采用第一人称视角叙事。这一特点使叙事者被戏剧化,与其他人物一样在推进故事情节中有着人类共有的局限性,叙事接受者仿佛直接参与情节的安排,从而让虚构的故事更加可信。凤群[③]通过检索词表、关键词和词簇,分析了弗吉尼亚·伍尔夫的《达罗卫夫人》中叙述视角转换的语言特征,包括标点符号、人称和时态的变化、句法变异等,这些语言特征使人物意识具有流动性、混杂性、呈现性。

2) 基于语料库的作家研究

基于语料库的作家研究主要包括基于语料库的作家创作理念研究以及基于语料库的作家风格研究。

基于语料库的作家创作理念研究是在对文学作品进行研究的基础之上,对作家的创作思想和理念进行阐释、考证和归纳。相比于基于语料库的文学作品研究,此类研究尚不多见,这主要是因为它以前者的研究为基础,而这对研究者提出了更高的要求。我们可通过开展基于语料库的文学作品语言特征研究、主题选择研究、人物形象研究、叙事特征研究等来阐释和归纳作家的创作思想,也可以在搜集作

---

① Toolan, M. Narrative progression in the short story: First steps in a corpus stylistic approach [J]. *Narrative*, 2008, 16(2): 105 - 120.

② 张仁霞,戴桂玉. 语料库检索分析在文学批评领域中的应用——以海明威《永别了,武器》为例[J]. 广东外语外贸大学学报,2010,21(5): 34 - 38.

③ 凤群. 基于语料库的意识流小说《达罗卫夫人》文体学分析[J]. 山东外语教学,2014,35(1): 43 - 47.

家创作理念相关论述的同时,开展文学作品研究,审视作者对其创作理念的践行程度。此外,我们还可以开展不同作家之间的创作理念比较研究及作家群体的创作理念研究。

　　基于语料库的作家风格研究以作家风格识别和风格历时变化研究为主。这一领域的研究主要关注的问题有:如何使用语料库方法对作家的风格进行量化分析? 在数据分析的基础上如何描写作家的特定风格? 不同作家的风格有何差异? 同一作家的风格是稳定不变的还是有着历时的变化? 影响作家风格的内在与外在因素有哪些?借助语料库,我们可以快速获取文学作品的词频、平均词长、平均句长、高频词、特色词句、关键词、词语搭配、词类分布、语义韵等信息。例如,平均词长和句长可以用来衡量作家创作文本的可读性和复杂程度。高频词、特色词句和词类分布可以反映作家的用词习惯和语言特色。关键词统计可用于分析作家的整体风格和创作内容。语义韵则呈现了文本中词汇语域及搭配等方面的特征。通过与参照语料库的相关语言参数进行对比,我们可以发现作家在文学作品语言特征、叙事、主题选择、人物形象塑造、创作技巧和手法等方面的特点,从而揭示作者的独特风格。此外,通过对比作家不同时期的作品,我们可以发掘作家风格是否存在着历时变化。Tabata[①] 从词类分布的角度比较了狄更斯 23 部作品的词类频率,发现狄更斯连载小说较多使用语境依赖词、情感词和动词,而在札记这类作品中偏向使用信息词、描述词和名词。该研究还发现,狄更斯的创作风格在 19 世纪 30 到 40 年代经历了选词由华丽到直白,句法由复杂到简单的历时变化。王峰和花萌[②]利用语料库方法,从句长特征和关键词两个角度对比了泰戈尔诗歌和冰心诗歌的风格差异。他们研究发现冰心的小诗与泰氏散文诗并非决然的体裁差异,但是小诗的容量空间更利于诗

---

① Tabata, T. Investigating stylistic variation in Dickens through correspondence analysis of word-class distribution [A]. In T. Saito, J. Nakamura & S. Yamazaki (eds.). *English Corpus Linguistics in Japan* [C]. Amsterdam: Rodopi, 2002: 165 – 182.
② 王峰,花萌. 五四翻译诗学的借鉴与立新:语料库文体实证[J]. 外国文语,2017, 33(6): 108 – 115.

人捕捉和展示刹那间的诗学体验和灵感。相同关键词显示二人的诗歌意象确实存在极大的重叠,细究差异可以发现冰心小诗在意境、意象、意味等方面有所突破与创新。

3)基于语料库的文学史研究

文学史,顾名思义,就是"文学的历史",其描述的对象是"真实的文学历史过程"①。它承认文学的历史是一种客观存在的自然过程。此外,文学史还可以指代"记录文学历史的著作"②,也就是对文学历史发展过程的叙述与书写。"历史叙述"是一个宏观广博的概念,文学史的述史问题几乎涵盖了文学研究活动的全部内容——不仅包括"人们对作品的批评和对文学事件的评述"③,而且也包含了"文学传播、文学批评的参与以及文学理论的构建"④。也就是说,文学史研究的范畴囊括对文学作品的价值评判、对文学事件和文学观念的解读、文学思潮的产生与流变史、作家的活动与交往史、作家创作风格的变迁史以及文学理论史等相关内容。语料库在这些研究领域均有作为空间。刘宇凡、郭金忠和陈清华⑤基于自建的唐诗语料库、宋词语料库、元曲语料库、明清小说语料库以及当代网络小说语料库,对唐代以来汉语文学作品中的字频演变进行了研究。字频分析的结果表明,自唐代以来,文学作品中人们使用汉字的习惯处于不断变化之中。时期越相近,汉字的使用习惯就更具一致性。随着历史的发展,汉字的使用幂律特性不断衰减,而指数特性不断增强。

4)基于语料库的文学作品传播与接受研究

商品需要经历生产——流通——消费这一过程。与之类似,文学作品从创作到最终实现文学价值,也需历经创作——传播——接

---

① 张荣翼,李松. 文学史哲学[M]. 武汉:武汉大学出版社,2014:2.
② 同上.
③ 李松,信誉. 文学史述史的合法化反思[J]. 社会科学,2021,(10):174.
④ 同上.
⑤ 刘宇凡,郭金忠,陈清华. 唐代以来汉语文学作品中的字频演变[J]. 中文信息学报,2011,25(3):93-97.

受这三个阶段。文学创作是文学史的主体,文学理论、文学批评、文学鉴赏是文学史的一翼,文学传媒是文学史的另一翼。所谓文学本位,就是强调文学创作这个主体及其两翼①。依据接受美学理论的观点,作品需要经过读者的阅读与阐释才能实现价值。这意味着,在文学研究中,我们不仅需要关注文学作品本身,也需重视其传播与接受情况。

　　文学作品的传播与接受研究包括对重要作家或作品的影响力和接受程度进行考察,也包括对中国文学在海外的传播及接受效果的探究。传统的研究往往只着眼于文学作品的文学性、翻译效果、艺术价值与影响等方面的定性判断,而运用语料库方法则能将模糊的定性判断转为清楚的定量展示,从而提高研究结论的客观性和科学性。通过建立文学作品评论语料库,研究者能获得相关文学作品的数据信息。语料库方法对出版社、出版数量、出版年份、作品的翻译语种、译名、译者等篇头信息的统计,以及对文本中具体语言特征的考察,可以使研究者直观地了解到文学作品的传播趋势与特征,以及读者对作品的态度和认知。

9.3　语料库在文学研究中应用的切入点和研究方法

9.3.1　切入点

　　一般来说,基于语料库的研究分为四个层面:1)研究词汇出现的频率、邻近搭配以及所处的语境;2)研究词汇共现所组成的结构,对特殊的句法特征进行量化分析;3)研究不同语言项目或语言组合的共现,分析某一体裁的语言特征;4)研究话语的结构及语篇的衔接基础。② 事实上,语料库的研究对象涵盖了语言的各个层

---

① 袁行霈. 中国文学史:第一卷[M]. 北京:高等教育出版社,1999:4.
② Kennedy, G. 语料库语言学入门[M]. 北京:外语教学与研究出版社,2000:276.

面,包括词的特点(如词频、词的搭配、词簇等)、句法特点以及语篇特征(如语篇结构、语篇类型)。基于语料库的文学研究也主要从这些层面来展开。表9.1展示了将语料库应用于文学研究的具体切入点。

表9.1　基于语料库的文学研究的切入点

研 究 领 域	研究内容	切 入 点
基于语料库的文学作品研究	文学作品的语言特征研究	词频统计、词类分布、高频词、关键词、词汇搭配、高频词簇、类联接、语义韵、隐喻、特殊句式结构的检索分析等
	文学作品的主题及风格研究	
	文学作品的人物形象研究	
	文学作品的叙事特征研究	
基于语料库的作家研究	作家创作理念研究	词频统计、平均词长、平均句长、词汇密度、词汇丰富度、特色词、作者偏好词、高频词、关键词、特殊句式、创造性搭配、语义韵、特殊的叙事视角、叙事结构等
	作家风格研究	
基于语料库的文学史研究		序、跋、按语、标题、出版时间、作者信息等副文本信息,基于文学作品历时语料库的文本研究
基于语料库的文学作品传播与接受研究		出版商、出版时间、作者姓名和性别、作品版本、发行情况等语料库篇头信息,基于文学作品评论语料库的文本研究

如表9.1所示,关键词可以揭示作品要表达的主题。我们可以通过分析高频实词来确立诗歌类作品的主旨意象,通过考察高频词簇、词语搭配及类联接来辨识丰富多彩的人物形象特征,通过研

究词汇搭配及词汇搭配形成的语义韵来深化对文本语言特征的理解。

　　进行作家风格研究时,我们可以通过获取词频、平均词长、平均句长、词汇密度、词汇丰富度等语言型式参数,获得关于作者风格的初步信息,而作者偏好词、特殊句式、创造性搭配、语义韵、叙事特征等参数则可进一步揭示作者的特定风格。此外,对比作家其他作品的语言特征,能够帮助明确作者的这一风格是稳定不变的还是存在着历时变化。由于语料库方法对数据的描写与阐释并重,因此,在获得数据之后,我们还要以数据的统计和分析为基础,对具体作品的语言特征进行客观描写,分析数据所呈现的文本语言特征及作家的特定风格。其后,还应对上述特征的成因进行阐释。我们可以在考虑作家自身因素的基础上,结合具体历史时期的社会文化背景、意识形态因素、诗学传统、语域流变等,依据文学理论或文化理论,对作品的语言特征和相关文学事实的背后动因进行深入分析。

　　开展基于语料库的文学史研究时,我们可利用收录不同时期出版、发表的重要文学作品和相关文学评论文章的历时性文学语料库,在对文学作品和文学评论文章进行定量分析和定性研究的基础之上,结合不同时期的诗学传统和社会文化因素,分析文学发展与演变的主要趋势和特征及其形成的内在原因,探讨文学发展的内在规律及其与社会文化的互动关系,勾勒文学发展的全景图①。通过对历时语料库中的语料及作品序、跋、按语、标题、出版时间、作者信息等副文本内容的考察,我们可以探讨不同时期文学作品内容、文学形式、文学思潮及文学流派的特点及其发展与演变的过程,探索文学发展的脉络及嬗变规律。

　　进行基于语料库的文学作品的传播与接受研究时,我们首先需

----

① 胡开宝,杨枫.基于语料库的文学研究:内涵与意义[J].浙江大学学报(人文社会科学版),2019,49(5):151.

要建立文学作品评论语料库,其中包含针对文学作品的论著,以及各类期刊、论文集、报纸中有关该文学作品的书评、书讯、书目简介等语料。对于某些经典文学作品,也可以建立历时评论语料库,因为一部作品的价值与影响可能随着时代的变迁发生着变化,其意义对于不同时代的读者来说存在着差异。其次,文学作品评论语料库中的篇头信息,包括出版商、出版时间、作者姓名和性别、作品版本和发行情况等,可以用于对文学作品的传播与接受趋势进行客观描述。此外,我们还可以考虑从具体文本的语言特征着手,对关键词、高频词、词簇等进行检索,分析作品语言表述的情感特征,揭示读者对具体文学作品的认知与态度。最后,在对文学作品的地位影响、价值意义进行分析的基础之上,我们可以考察作品在不同时代接受情况的差异,探究影响作品传播与接受的具体因素,观察和思考作品的价值与意义在不同时代有何变化,以及这些变化与读者的价值理念、语言习惯、心理期待和当时的社会背景、诗学观念等是否存在关系。

9.3.2 研究方法

语料库在文学研究中应用的研究方法主要为语料库方法、定量研究方法和定性研究方法。

1) 语料库方法

利用语料库开展文学研究,我们通常以文学语料库为平台,在分析大量文学语料的基础上,利用语料库工具提取和统计数据,在分析数据呈现的趋势和应用特征的基础上,对文学作品、作家风格、文学史及读者对作品的认知与接受情况等进行描写和解释。与传统文学研究的思辨、内省、考据等研究方法相比,语料库的实证研究方法为文学阐释提供了充分的数据支持。无论是在发现文本的语言使用特征、挖掘文本隐含意义上,还是在验证文学理论模式上,语料库方法都可为研究者提供可靠的量化依据,从而提高文学研究的客观性和科学性。

2）定量研究方法

定量研究方法在文学研究中的应用主要表现为对各类数据的统计和分析：① 反映文学文本词汇使用特征和分布的数据，如类符/形符比、标准类符/形符比、词汇密度、词表所列的词频、特定词汇的频数和使用频率等；② 体现文学作品句法特征的数据，如平均句长、平均句段长、结构容量、具体句式结构的频数和使用频率等；③ 体现文学文本典型词汇或词丛搭配显著性的数据，如搭配序列频数与节点词频数之比、搭配词的相对频数、Z 值、t 值和 MI 值等；④ 用于检验相互比较的数据之间差异是否具有显著性的数据，如卡方检验和对数似然比的值等。对这些数据的统计和分析在较大程度上提高了基于语料库文学研究的科学性，并且常常能够揭示仅凭直觉和内省无法归纳的规律。

3）定性研究方法

在文学研究中运用语料库，并非只是单纯地强调获取数据，还应关注对数据的描写和阐释。通过定量研究方法获取数据之后，研究者要以数据的统计和分析为基础，对文学作品进行客观描写，并从语言、社会、文化、历史等角度对文学作品中的语言特征和文学事实进行考察，探讨文学作品背后的社会文化因素，以此来揭示文学作品的深刻内涵。因而，语料库在文学研究中的应用具体表现为获取数据——描写数据——阐释与评价的文本分析路径。由此可见，基于语料库的文学研究既有实证性的考察，又有自省式的分析与思考，将语料库语言学研究方法与传统文学研究方法有机结合，有利于拓展和深化文学研究。

9.4 个案分析

本节选取两个具有代表性的研究案例作为个案分析对象，分别对应基于语料库的文学作品研究和基于语料库的作家研究，以说明如何开展基于语料库的文学研究。

9.4.1 基于语料库的文学作品研究个案分析：英国哥特式小说词丛的文体特征研究

任艳、陈建生和丁峻[①]利用语料库方法，对英国哥特式小说的四词词丛特征和词位特征展开研究，考察了英国哥特式小说词丛方面的文体学特点。

作者首先指出，将研究对象确定为四词词丛，一方面是由于通常从文本中提取出的三词词丛数量较大，而且大量功能词的存在使三词词丛不能够充分体现文本的内涵。另一方面是由于五词或六词词丛数量有限，且容易体现出太多的语义韵，从而对研究结果产生干扰。

该研究基于自建的英国哥特小说语料库（简称哥特库）展开，其中包括 1764—1820 年间 8 位作家的 8 部作品，总词数为 787 416。对比库为 18—19 世纪英国小说语料库（简称对比库），语料选自1740—1859 年间出版的 26 部英国小说，总词数为 4 082 453。作者将长度为四个词且至少出现 10 次的词丛作为提取对象，哥特库中提取的四词词丛为 291 个，对比库中为 4 567 个。

研究从两方面切入：1) 以语义域为标准来给词丛分类，同时也考虑词性、频率等方面的差异，进而得出哥特式小说所特有的在四词词丛层面的语料库文体学特征。2) 根据 Biber[②] 的词位分类，将词丛细分到单个的词位，利用相关软件分析哥特式小说中的固定词位（fixed slot）与变量词位（variable slot）情况，并与对比库中词丛的词位变化进行比较，总结哥特式小说的词丛文体特征。

首先，为保证结果的可靠性，作者将提取出的四词词丛按两个库的容量比进行标准化（哥特库 1 455，对比库 4 567），再分别截取出两

---

① 任艳,陈建生,丁峻. 英国哥特式小说中的词丛——基于语料库的文学文体学研究[J]. 解放军外国语学院学报,2013,36(5)：16 - 20.
② Biber, D. A corpus-driven approach to formulaic language in English：Multi-word patterns in speech and writing[J]. *International Journal of Corpus Linguistics*, 2009, 14(3)：275 - 311.

个库中出现频率最高的前 2% 的四词词丛(哥特库 30,对比库 60)。作者对四词词丛按语义域和词性进行初步分类,如表 9.2 所示:

表 9.2　两个语料库前 2% 最高频四词词丛语义域比较

语　义　域	哥特库	百分比	对比库	百分比
时间介词词丛	11	37%	13	14%
空间介词词丛	7	23%	10	11%
其他介词词丛	5	17%	17	19%
动词词丛	3	10%	4	38%
名量词词丛	4	13%	15	17%
其他	0	0%	1	1%
总　数	30	100%	60	100%

　　表 9.2 显示,从宏观上看,哥特库中表示时间和空间的介词词丛明显多于对比库(60%∶25%),说明哥特式小说在故事展开的过程中更加强调对时间和空间的描述,且在时间描述上突出点时间,如 AT THE SAME TIME、ON THE POINT OF、AS SOON AS HE、FOR THE FIRST TIME、IN THE NEXT MOMENT、ON THE PRECEDING NIGHT、ON THE FOLLOWING DAY、AS SOON AS THE、IN A FEW DAYS 等,表明故事情节发展的紧迫性及人物内心的不安与躁动;空间词丛则有 AT THE DOOR OF、AT THE FOOT OF、AT A LITTLE DISTANCE 等,分别强调几个同样扣人心弦的地点词,如 DOOR、FOOT、LITTLE DISTANCE,这些词表示的地点或具体或隐蔽,给人危机四伏的感觉。而在对比库中,时间和空间词丛明显少于哥特库,且时间词丛更多强调过程,如 IN THE COURSE OF,有舒缓、不紧不慢之感;空间词丛则比较外向、广大,如 OUT OF THE ROOM、IN THE WORLD AND。在微观层面上,即使是两个库中同样位于第一位的时

间词丛 AT THE SAME TIME,其频率(哥特库 68 次,对比库 480 次)也在两库对比中存在非常显著的差异($p<0.0001$)。无论是在内容还是在数量方面,哥特式小说中对于时间和空间的描述都要远远多于同时期的其他文学作品。此外,哥特库中用来表示动作的词丛远远少于对比库(10%∶38%),且在出现的 3 个动词词丛中有 2 个是 BE 动词,另外仅有 1 个实义动词 PUT 和 1 个情态动词 WOULD;而在对比库中除了 BE 动词之外,则有 SAID、HAD、LIKE、QUOTH、HELP、BEG 等颇具内涵的实义动词,还有 COULD、SHOULD、WOULD 等情态动词。由此可见,英国哥特式小说中主人公的能动性和行动力相对对比库中的主人公较弱。他们更多的是感受者,或是受动者。

其次,作者对哥特库中四词词丛的词位特征进行了研究。他们基于 Biber① 的研究,首先计算出两库中所有词在各自库中所有四词词丛中每个词位上出现的频率。如果频率大于该词在整个库中出现频率的 50%,说明该词在整个库中的其他词丛及词位中也频繁出现,就将其定义为变量词位,换言之,在这个词位上其他词出现的可能性很大;而如果频率小于 50%,说明该词在整个库中的其他词丛及词位中较少出现,而在这个词丛的这个词位上相对固定,就把它定义为固定词位。以 THE DOOR OF THE 为例,第一、第三、第四个词位的词相对固定,而第二个词位的词明显在频率上大于 50%,因此该词丛的词位分布是 1∗34,星号代表变化词位。Biber 进一步将把词位分布情况分成了三种类型:连续固定词位的词丛(continuous fixed sequences),如 1234、123∗、∗234、∗23∗、12∗∗、∗∗34 等;内部有变量词位的词丛(frames with internal variable slot),如 1∗34、12∗4、1∗3∗、∗2∗4、1∗∗4 等;无连续固定词位的词丛(sequences with 0 or 1 fixed element),如 ∗2∗∗、∗∗3∗、1∗∗∗、∗∗∗4、∗∗∗∗等。

作者根据 Biber 的分类方法对两个语料库中词丛的词位情况进

---

① Biber, D. A corpus-driven approach to formulaic language in English: Multi-word patterns in speech and writing[J]. *International Journal of Corpus Linguistics*, 2009, 14(3): 275–311.

行了统计。研究发现,在第三类无连续固定词位的词丛方面,对比库中的数量远远超过了哥特库,这也导致其文本内容和形式要比哥特库复杂。而在有连续固定词位的词丛和内部有变量词位的词丛方面,哥特库中这两种类型出现的频率要高于对比库。有连续固定词位的词丛所代表的结构和意象在语言中有稳定的内涵,不受语境变化的影响。它们信息量有限但语言相对流畅,富有韵律,朗朗上口。正是此类词丛的大量存在使得哥特式小说成为历来的畅销书籍,但又通常被学者们归为通俗文学、边缘化与主流文学之外。这些高频结构和意象反复出现在文本中,如诗歌中的押韵一样提高了文本的可读性,降低了文本的难度,形成了独具一格的"哥特式风格"。

9.4.2 基于语料库的作家研究个案分析:王家新与策兰诗歌风格比较研究

谢建文和傅舒婷[1]以词类分布和高频词的使用为切入点,基于自建的诗歌语料库,对比分析了中国诗人王家新和德国诗人策兰的诗歌风格。

作者指出,虽然王家新与策兰的诗歌文本已有多视角、多主题的挖掘,但研究方法总体上仍拘泥于传统,论点缺乏分析性数据支撑,不利于客观而深入地考察诗歌语言与风格。随着软件技术与相关学科的发展,基于语料库的研究已从语言学进入文学范畴,为文学研究带来了新的视野。为实现对诗歌语言的量化分析,作者建立了王家新诗歌语料库和策兰诗歌语料库,库容分别为 109 131 字和 43 655 词。参照库为汉语当代诗歌参照库和德语当代诗歌参照库,前者收录了 20 世纪 80 年代到 21 世纪初 50 位诗人的诗歌文本,总计 261 710 字,后者收录德国二战后 23 位重要诗人的诗歌文本,总计 17 238 词。

首先,作者考察了王家新诗歌和参照库的词类分布,并引用刘海

---

① 谢建文,傅舒婷. 基于语料库的王家新与策兰诗歌语言研究[J]. 外语电化教学,2020,(5):37-44.

涛、潘夏星①中口语文本《实话实说》和书面语文本《新闻联播》的词类占比情况，分析王家新诗歌是否具有"口语化"的特征，如表9.3所示：

表9.3　王家新诗歌语料库、汉语当代诗歌参照库、《实话实说》、
《新闻联播》四项词类占比及名/代比

语　料　库	助词(%)	副词(%)	名词(%)	代词(%)	名/代比
王家新诗歌语料库	11.42	7.68	21.17	11.07	1.91
汉语当代诗歌参照库	12.17	6.24	25.77	9.03	2.86
《实话实说》	8.43	7.73	16.71	8.51	1.96
《新闻联播》	6.75	2.67	32.45	0.70	46.36

表9.3显示，王家新诗歌文本的副词、名词以及名/代比均比汉语当代诗歌参照库更接近《实话实说》的特征：其名词占比低，说明文本信息量较小、更易读；代词占比高，名/代比亦低于同期诗歌，说明王家新诗歌在语言上偏重"口语化"。作者进一步提取王家新诗歌与参照库的高频人称代词，排列前四的人称代词均为"我""你""我们""他"，但在具体占比上有所差异，具体如表9.4所示：

表9.4　王家新诗歌语料库与汉语当代诗歌参照库的部分人称代词占比

人称代词	王家新诗歌语料库(%)	汉语当代诗歌参照库(%)
我	38.26	42.31
你	23.74	17.03
他	9.21	9.60
我们	8.52	8.05

① 刘海涛,潘夏星. 汉语新诗的计量特征[J]. 山西大学学报(哲学社会科学版),2015,
(2)：40－47.

由表 9.4 可知,人称代词"我"是汉语新诗最常用的抒情主体,但王家新较同期诗人更常使用"你",有的表现为诗人自我投射的"你",如《守望》(1990)、《转变》(1990)等;有的指向某个西方诗人或抽象的言说对象,如《帕斯捷尔纳克》(1990)、《诗歌》(1990)等。可见,王家新对人称代词"你"的偏爱颇受西方诗歌影响,重视翻译诗歌对汉语新诗的变革性作用。

其次,作者考察了策兰诗歌中的词类分布情况,并引入德语诗歌语料库 di-lemmata 与自建的德语当代诗歌参照库进行对比分析。di-lemmata 收录了 18 世纪中期至 20 世纪初期 41 位德国诗人的诗歌,库容近 280 万词。文章根据主要创作时期将 di-lemmata 中收录的诗歌分为 5 个时间段,分别统计名词、动词占比以及动/名比,并与策兰诗歌库、德语当代诗歌参照库进行比较,如表 9.5 所示:

表 9.5 18 至 20 世纪德语诗歌与策兰诗歌动词、名词占比以及动/名比

	动词占比(%)	名词占比(%)	动/名比
18 世纪下	18.62	23.17	0.804
19 世纪上	18.61	22.73	0.819
19 世纪中	18.23	22.35	0.816
19 世纪下	18.01	21.96	0.820
20 世纪上	18.29	24.60	0.744
德语当代诗歌参照库	15.53	23.21	0.669
策兰诗歌语料库	15.33	24.93	0.615

从表 9.5 可以看出,同 19 世纪相比,20 世纪初德语诗歌的动/名比降低,而策兰库的动/名比低于德语当代诗歌参照库。可知动/名比低属于策兰诗歌语言偏离同时期德语的特征之一,也是 20 世纪以

来德语诗歌语言的变化趋势。作者指出,在策兰的诗歌中,对动词的弱化不仅体现为降低频率,还体现在句法和意义上的削弱。这在他后期的诗歌中尤为明显:动词往往出现在从句中,被置于诗歌末尾,或以第二分词的形态处于从属位置。这种语法上的无序加重了策兰诗歌语言的碎片化。

　　此外,作者使用语料库软件提取了王家新和策兰诗歌中的前 20 位高频实词,以研究诗歌中的意象创设问题,如表 9.6 所示:

表 9.6　王家新、策兰诗歌前 20 位高频实词

	王家新诗歌语料库		策兰诗歌语料库	
	词	词　频	词	词　频
1	诗	188	Auge/眼	211
2	雪	144	Nacht/夜	152
3	风	111	Herz/心	151
4	梦	101	Hand/手	139
5	诗人	97	Wort/词	102
6	树	96	Welt/世界	98
7	山	90	Zeit/时间	76
8	孩子	88	Mund/嘴	73
9	海	77	Stunde/小时	72
10	死	71	Stein/石头	71
11	世界	71	Haar/头发	68
12	雾	70	Stern/星星	63
13	石头	69	Name/名字	62
14	火	69	Schatten/阴影	61

	王家新诗歌语料库		策兰诗歌语料库	
	词	词　频	词	词　频
15	雨	67	Himmel/天空	56
16	生活	66	Seele/灵魂	55
17	黄昏	63	Tod/死	51
18	天空	59	Meer/海	50
19	冬天	56	Licht/光	48
20	太阳	54	Blut/血	46

从词汇语义来看,这些高频实词主要涉及自然、人类和时间范畴。在自然领域,王家新倾向于采用"雪""风""雾""雨"等词,策兰常用"世界""石头""星星""天空"等词铺展诗篇。两位诗人在与人类相关的高频实词处理上差异显著:王家新关注作为主体的诗人及其作品("诗人""诗"),直观"梦"与"生活",而策兰关注人的肉身存在(如"眼""心""手""嘴"和"头发"),其诗由之展现出聚焦微观和意象碎片化的特征。

作者还利用语料库软件进行了索引行检索,联系具体文本考察了一些高频意象在诗歌中的象征意义。如王家新诗歌中的核心高频词"雪"、策兰诗歌中的"眼"以及共有高频词"石头"等。作者指出,在王家新的诗歌中,"石头"指向沉重、不可抗拒、悲剧性的命运,同时也是诗性的隐喻,意味着诗人对自身命运的领受。在策兰诗歌中,"石头"除了象征沉痛与创伤外,更多的是对死亡的暗喻,或是比喻因死亡而产生的缄默。

通过对两位诗人作品中词类分布情况和高频词的考察,作者对两位诗人的创作风格得出以下结论:王家新诗歌文本名/代比低于同时期诗歌,常使用人称代词"你",诗歌语言口语化风格明显,受西方诗歌影响较深;其核心高频词为"诗""雪""雾""诗人"和"山",揭示了其诗歌创作与自然意象和文学艺术的紧密相关性。策兰的诗歌文本动词占比低,名词占比高并接近同期德语书面语,诗歌语言背离常规语法,具有碎片化特征;核心高频词多为身体器官词汇,折射出其诗歌聚焦微观而整体不在场的倾向。

9.5 小结

长期以来,文学研究主要依据研究者的个人直觉与判断,通过"内省"来对文学作品或文学事实进行研究。近年来,随着语料库语言学的蓬勃发展,一些研究者将语料库应用于文学研究,通过对大规模语料的数据分析,考察文学作品的语言使用特征,探究文本语言形式上的内在规律。语料库方法的应用不仅在一定程度上减少了研究的主观性,推进了文学研究方法的重要变革,使得这一研究更为客观与系统,而且拓展并深化了文学研究的内涵。这一点在前文已进行详细展示。

本章在介绍基于语料库的文学研究产生的历史背景基础之上,从基于语料库的文学作品研究、基于语料库的作家研究、基于语料库的文学史研究以及基于语料库的文学作品传播与接受研究四个角度,梳理了语料库在文学研究中的具体研究领域、研究的切入点和研究方法。其后,通过对相关研究案例的介绍进一步阐明如何开展基于语料库的文学研究。应该指出,语料库的应用使得传统的文学研究焕发了生机,基于语料库的文学研究大有可为,未来我们应进一步加强这一领域的研究。

 思考题

1. 语料库方法与传统的文学研究方法有哪些不同? 是否存在冲突?

2. 基于语料库的文学研究是如何兴起的?

3. 基于语料库的文学研究主要有哪些研究领域?

4. 将语料库应用于文学研究有何意义?

5. 当前的基于语料库的文学研究存在着哪些问题与局限?

 推荐阅读

Fischer-Starke, B. Keywords and frequent phrases of Jane Austen's *Pride and Prejudice*: A corpus-stylistic analysis[J]. *International Journal of Corpus Linguistics*, 2009, (2): 429 - 523.

Mahlberg, M. Corpus linguistics and the study of nineteenth-century fiction[J]. *Journal of Victorian Culture*, 2010, 15(2): 292 - 298.

McIntyre, D. & Walker, B. *Corpus Stylistics: Theory and Practice*[M]. Edinburgh: Edinburgh University Press, 2019.

Stubss, M. *Text and Corpus Analysis: Computer-Assisted Studies of Language and Culture*[M]. Oxford: Blackwell, 1996.

Thomas, J. & Short, M. 用语料库研究语言[M]. 北京: 外研社, 2001.

Toolan, M. *Narrative Progression in the Short Story: A Corpus Stylistic Approach*[M]. Amsterdam: John Benjamins, 2009.

桂诗春. 基于语料库的英语语言学语体分析[M]. 北京: 外语教学与研究出版社, 2009.

胡开宝, 杨枫. 基于语料库的文学研究: 内涵与意义[J]. 浙江大学学报(人文社会科学版), 2019, 49(5): 143 - 156.

卢卫中, 夏云. 语料库文体学: 文学文体学研究的新途径[J]. 外国语(上海外国语大学学报), 2010, 33(1): 47 - 53.

赵永刚. 当代文学批评的语料库语言学方法探索[J]. 湖北社会科学, 2011, (4): 131 - 133.

第 10 章
语料库在翻译实践与翻译研究中的应用

10.0 引言

    本章主要围绕语料库在翻译实践与翻译研究中的应用展开。在翻译实践层面,主要以汉英翻译为例详细讲解母语语料库和平行语料库在翻译过程中的功用,为具体的翻译实践提供参考。在翻译研究层面,详细介绍语料库在翻译研究各领域中的应用,并通过典型个案展示如何将语料库应用于翻译研究。

10.1 语料库在翻译实践中的应用

    根据《中国语言服务业发展报告 2012》,我国语言服务企业中译外工作量占比在 2011 年首超外译中,达到 54.4%。《中国翻译服务业分析报告 2014》显示,截至 2013 年年底,64% 的翻译服务企业中译外业务量占据一半以上,显著高于外译中业务量,其中有 13% 的企业中译外业务量已高达业务总量的 80%,甚至 100%。可以看出,中译外已经逐步成为中国翻译市场的主要需求,其中汉英为主要的翻译对应语言。下面就以汉英翻译为例详细说明语料库在翻译实践中的应用。

    一般而言,可以应用于汉英翻译的语料库主要可以分为两大类别。第一类是英语母语语料库,即收集英语母语者所说或所写材料的语料库,如 COCA 或 BNC 等,可用于检查英译表达是否地道。第二类是汉英平行语料库,即实现汉语原文和英语译文之间句级对齐的语料库,可以提供汉英词汇、句式等方面的对应单位,为汉英翻译提供参考。同时,语料库的使用可以分为线上和线下两种方式。线上是指网络在线检索,而线下是指使用相应软件检索储存在计算机硬盘上的语料库。这里分别以两类语料库为例来介绍如何使用语料库辅助汉英翻译,其中母语语料库和平行语料库各一个,线上和线下各一个。

10.1.1　母语语料库在翻译实践中的应用

首先,以 COCA 为例讲解英语母语语料库在翻译中的应用以及具体操作办法。COCA 由美国杨百翰大学 Mark Davies 教授开发,是当前世界上规模较大且目前应用最为广泛的免费在线英语母语语料库,包含多达 10 亿词的真实英语语料。该语料库包含自 1990 至 2019 年每年 2 500 余万词的语料,涵盖口语、小说、时尚杂志、新闻报纸、学术文本、影视字幕、网络博文以及其他网络文字共 8 种体裁。

汉译英必然涉及英语作为目的语的表达是否地道,而且译者必须要清楚地意识到汉译英的译文不是为了给中国读者看,而是给看不懂中文的外国读者看的,特别是给以英语为母语的读者阅读的。因此,汉译英时要避免中式英语,使英语译文更为地道,符合英语行文习惯,才更容易被英语世界所接受。

那么,怎么使用英语母语语料库才能让英语译文更加准确、地道呢? 下面举例说明。

例 1：近百年来正是人类社会的发展失衡导致了经济危机频发。

这个句子翻译起来并不太难。句子的主干部分是"发展失衡导致经济危机频发"。其中,"发展失衡"可以翻译为 imbalanced development,"经济危机频发"可以译作一个名词词组 frequent economic crisis。那问题是"导致"一词应该使用哪个英语单词或词组来翻译? 通过查阅吴光华教授编纂的《汉英大词典》,"导致"对应的英语单词有 lead to、result in、cause 等。那么在翻译上句话中,应该选择哪一个呢? 在浏览器地址栏输入网址,进入 COCA 语料库检索页面,点击搭配标题栏,在词语/短语框里输入 lead to,在搭配框里输入 crisis。同时,考虑到需要检索的是 crisis 出现在 lead to 右侧的情况,所以在搭配词所处位置那里设置为右 4,设置如图 10.1 所示。然后点击查找搭配,两词搭配结果如图 10.2 所示:

图 10.1　lead to 与 crisis 搭配检索

图 10.2　lead to 与 crisis 的搭配频次

从图 10.2 中,可以看出 lead to 与 crisis 搭配次数为 17 次。若想了解详细例子,则可以在图 10.2 显示的页面上点击 crisis,查阅到 lead to 和 crisis 搭配的具体上下文。可以用同样的步骤检索 cause 和 crisis。稍微需要注意一点的是,考虑到 cause 还可能作为名词使用,可以在[词性]([POS])标记处点击选中词性为动词,然后点击查找搭配,两词搭配结果如图 10.3 所示:

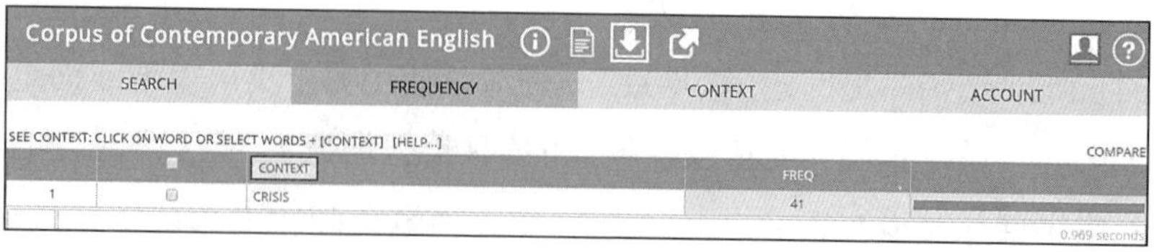

图 10.3　cause 与 crisis 的搭配频次

从图 10.3 可以看出,cause 和 crisis 的搭配频次为 41 次。这首先可以表明对于英语母语者而言,相较于 lead to,他们更倾向于使用 cause 与 crisis 进行搭配。然而,这只是 lead to 和 cause 与 crisis 相搭配的频次。那 lead to 和 cause 在与其他名词相搭配时有没有什么差别呢?

重新回到检索页面,点击搭配标题栏,在词语/短语框里输入 lead to,在搭配框里后面[词性]里选择 noun.ALL,表示检索 lead to 右侧四个单词中具有名词词性的搭配词,设置如图 10.4 所示:

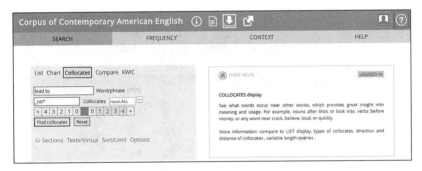

图 10.4　lead to 与名词的搭配检索

然后点击查找搭配选项,其结果如图 10.5 所示。从图 10.5 可以看出,在 lead to 的名词搭配词中,既有明显呈现积极意义的词,如 increase、development、success 等,也有明显呈现消极意义的词,如 problems、loss、death 等。在其最高频的前 15 位搭配词中,总频次为 2 111,而具有明显消极意义的搭配词频次为 798 次,约占总频次的 38%。也就是说,lead to 的名词搭配中具有明显消极意义的搭配词占比不高,更多的是具有积极意义或比较中性的搭配词。再来看 cause 与名词的搭配情况,按照同样的步骤,检索 cause 右侧四个词范围之内具有名词词性的搭配词,结果如图 10.6 所示:

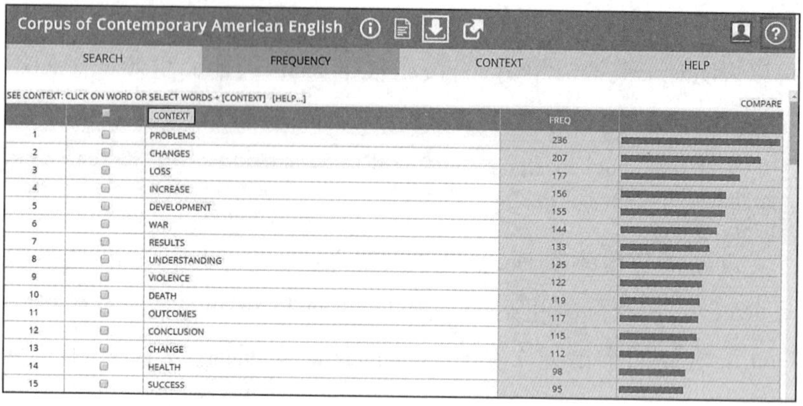

	CONTEXT	FREQ
1	PROBLEMS	236
2	CHANGES	207
3	LOSS	177
4	INCREASE	156
5	DEVELOPMENT	155
6	WAR	144
7	RESULTS	133
8	UNDERSTANDING	125
9	VIOLENCE	122
10	DEATH	119
11	OUTCOMES	117
12	CONCLUSION	115
13	CHANGE	112
14	HEALTH	98
15	SUCCESS	95

图 10.5　lead to 与名词的搭配结果

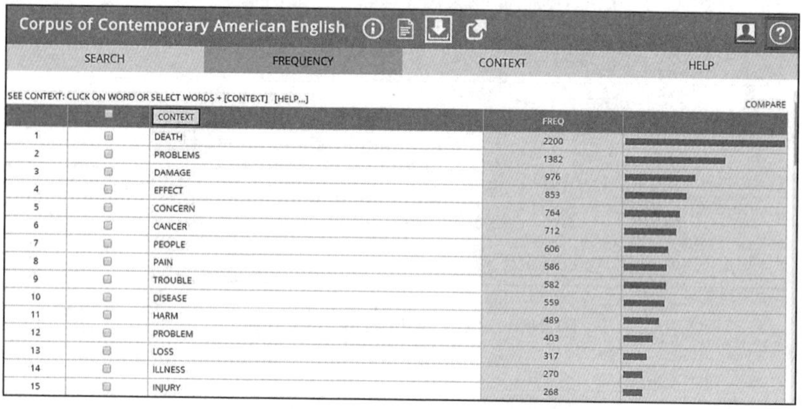

	CONTEXT	FREQ
1	DEATH	2200
2	PROBLEMS	1382
3	DAMAGE	976
4	EFFECT	853
5	CONCERN	764
6	CANCER	712
7	PEOPLE	606
8	PAIN	586
9	TROUBLE	582
10	DISEASE	559
11	HARM	489
12	PROBLEM	403
13	LOSS	317
14	ILLNESS	270
15	INJURY	268

图 10.6　cause 与名词的搭配结果

从图 10.6 可以看出，cause 一词的名词搭配词大多数为明显负面意义的词汇，且频次非常高。仅 death 一词作为搭配词就出现 2 200 次。可见，对于英语母语者而言，他们更倾向于把具有负面意义的词汇和 cause 进行搭配。因此，基于以上语料库分析，我们可以把例 1 译为例 1 译文：

例 1： 近百年来正是人类社会的发展失衡导致了经济危机频发。

例 1 译文： It is the imbalanced development of human society that caused the frequent economic crises over the past century.

　　当然,这里并不是说 lead to 不能用于翻译这句话,或者不能和负面意义的词搭配。事实上,语料库检索结果也表明 lead to 可以和具有负面意义的名词搭配,只是英语母语者更倾向于使用 cause 与具有负面意义的名词搭配,而采用 cause 搭配 crisis 对例句进行翻译,会让例句更为准确、地道、得体,更像英语母语者所说的话,因此也会让译文更容易被传播和接受。

　　除了在搭配层面上使译文更加准确、地道,英语母语语料库还可以提供多种选项,一方面可以让译者在翻译过程中有多种选择,另一方面也可以提高译文的可接受性。例如:

　　例 2: 对外开放的伟大实践取得了巨大成就。

　　这里"取得……成就"可以翻译为 make … achievements。其中"巨大"一词在英语中有多个对应词语。究竟有哪些词语可以选用?应该选用哪个词语?这时可以利用英语母语语料库进行辅助翻译。在 COCA 检索界面,在检索框里输入[j *] achievement,其中[j *]表示所有的形容词,设置如图 10.7 所示。然后点击查找匹配字符串(Find matching strings),就可以检索出语料库中所有的形容词加 achievement 的搭配型式,检索结果如图 10.8 所示。那么就可以从检索结果中寻找可以用来翻译"巨大"的英语单词。

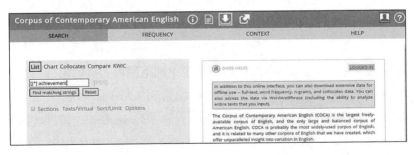

图 10.7　Adj+achievement 的检索设置

		CONTEXT	FREQ	
1	☐	ACADEMIC ACHIEVEMENT	2822	▅▅▅▅
2	☐	EDUCATIONAL ACHIEVEMENT	263	▪
3	☐	INDIVIDUAL ACHIEVEMENT	235	▪
4	☐	LOW ACHIEVEMENT	145	▪
5	☐	STANDARDIZED ACHIEVEMENT	145	▪
6	☐	GREATEST ACHIEVEMENT	144	▪
7	☐	CROWNING ACHIEVEMENT	137	▪
8	☐	GREAT ACHIEVEMENT	130	▪
9	☐	PERSONAL ACHIEVEMENT	129	▪
10	☐	HIGH ACHIEVEMENT	97	▪
11	☐	REMARKABLE ACHIEVEMENT	96	▪
12	☐	HIGHER ACHIEVEMENT	84	▪
13	☐	JUNIOR ACHIEVEMENT	84	▪
14	☐	SIGNIFICANT ACHIEVEMENT	73	▪
15	☐	MAJOR ACHIEVEMENT	72	▪

图 10.8 Adj+achievement 的检索结果

从这 15 个搭配型式中,可以看出 greatest、great、high、remarkable、significant 等词都可以用来表示"巨大",用以修饰"成就"。因此就可以把例 2 译作如下译文:

例 2:对外开放的伟大实践取得了巨大成就。

例 2 译文:The great practice of reform and opening-up has made remarkable achievements.

此外,英语母语语料库还可以用于帮助译者提高英语译文用词的多样性。还是以"巨大"为例,译者可在英语母语语料库中找到"巨大"的英语用词 remarkable 的同义词,从而在翻译过程中可以选用不同的词汇来表达相同或相近的意义。我们可以在 COCA 检索页面选中搭配选项,在词语/短语框里输入"[=remarkable]",在搭配框里输入 achievement,同时选择右侧四个单词范围内的搭配词,设置如图 10.9 所示。点击查找搭配,就可以检索到 achievement 的例句,点击打开,就可以发现这些例句中,既包含有 achievement 一词,也含有与 remarkable 意义类似且修饰 achievement 的词语,具体如图 10.10 所示:

图 10.9　achievement 搭配词 remarkable 的近义词检索设置

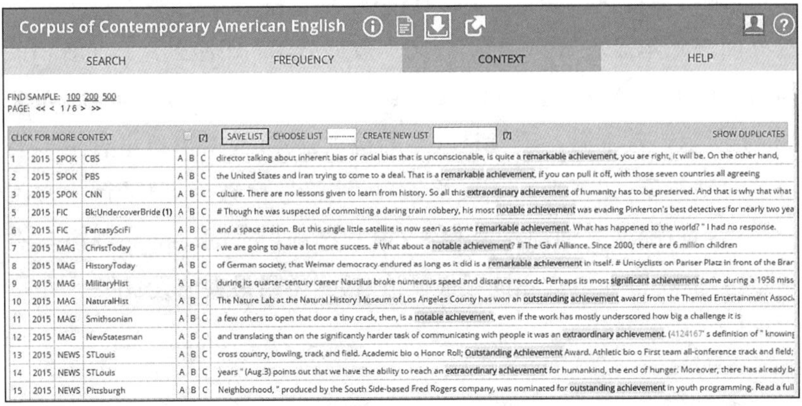

图 10.10　remarkable 近义词检索结果

从图 10.10 中可以看出，除了 remarkable，还有 extraordinary、notable、outstanding 等词语也可以用来修饰 achievement，且意义没有大的改变。因此，"对外开放的伟大实践取得了巨大成就"还可以翻译为"The great practice of reform and opening-up has made extraordinary/notable/outstanding achievements."。

10.1.2　平行语料库在翻译实践中的应用

本小节以中国政治话语汉英平行语料库为例，借助 ParaConc 平行语料处理软件来演示如何使用平行语料库辅助汉英翻译。

中国政治话语汉英平行语料库包括中共中央、国务院及其各部

271

门发布的重要文献资料,包括党代会报告及决议、政府工作报告、领导人著作、白皮书等,涵盖政治、经济、军事、外交等方面的话题,时间跨度为 2000—2018 年,库容为 260 余万字词。ParaConc 软件是一款双语或多语检索语料处理软件,可实现双语或多语文本对齐、词频统计、热词索引、搭配搜索等多种功能,有助于翻译人员发现翻译的规律性特征,因此被广泛应用于平行语料库建设、语言对比、翻译研究及译者培训等领域。

我们打开 ParaConc 软件,加载原先处理好的中国政治话语汉英平行语料。当语料加载完毕之后,菜单栏已经显示有多个选项。软件界面左下角显示有 90 个平行文本被加载,右侧则显示了汉语和英语语料的形符数。当点击检索标题时,有 4 个选项可以选择,如图 10.11 所示。其中第一项就是基本的检索;高级检索窗口里有更多高级的检索选项,如正则表达式检索、标注符号检索等等;平行检索就是一对一精确汉英词项对译检索;检索选项(Search options)窗口有很多可选项,譬如检索项词频最低值、检索结果最大值设置等。

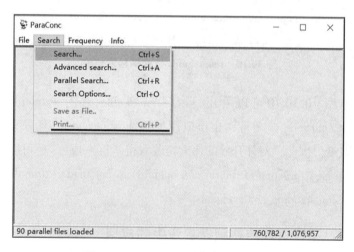

图 10.11　ParaConc 的检索标题选项

这里以基本检索为例,点击检索选项,就会出现文本检索窗口,如图 10.12 所示:

Text Search

Language: Chinese (PRC)

Enter pattern to search for:

导致

e.g. "colo%r", "a * of", "thr?w", or "made @ mi

Options... | Advanced >> | OK | Cancel

图 10.12 ParaConc 的文本检索窗口

此时,我们可以在语言右侧下拉框里选择简体中文(Chinese [PRC]),查找含有"导致"一词的汉英对应索引行,在输入要检索的型式(Enter pattern to search for)下拉框里输入"导致",点击确定键即可。图 10.13 展示了"导致"一词的汉英对应索引行,在"导致"平行索引行活动窗口左下侧可以看到该语料库中"导致"的频数为 42。点击任意汉语索引行,则可以同时选中对应的英语索引行,表明二者是句级对应的平行索引行。

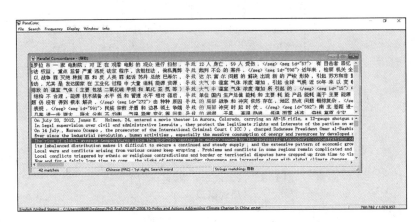

图 10.13 ParaConc 中"导致"的汉英对应索引行

此时,可以在检索标题下选中保存为文件(Save as File)进行存储,然后详细观察。另外,ParaConc 还有一个热词(Hot Words)功能,如图 10.14 所示:

图 10.14　ParaConc 的热词选项

检索汉语词语"巨大"，呈现共计 118 项对应索引行。在其英语索引行窗口中点击右键，就可以发现热词选项，点击该选项可以生成"巨大"的英语对应词表，方便翻译人员进行选择，如图 10.15 所示：

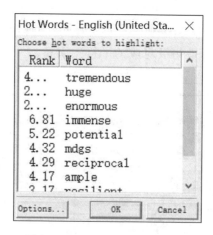

图 10.15　ParaConc 中"巨大"的
热词窗口

此外，一词多译现象也非常普遍，平行语料库可以有效提供同一词语的多个对应选项。我们以"提高"为例，使用 ParaConc 检索中国政治话语汉英平行语料库，结果生成 2 168 个平行索引行，其中包括很多"提高"的英语对应项，如 raise、more costly、increase、enhance 等。

补助 标准 从 人均 35 元　[[提高]]　到 40 元，农村 地区 新 增

We will　　　　　　　　raise　　annual per capita
　　　　　　　　　　　　　　　　government subsidies

环境 保护 的 法律 责
任，大幅度　　　　　　　[[提高]]　违法 成本。

and make it much　　　more costly　to violate the law.

失业 工伤 生育 保险
制度。　　　　　　　　　[[提高]]　统筹 层次，制定 全国 统
　　　　　　　　　　　　　　　　　一 的

We will　　　　　　　upgrade　　management of social
　　　　　　　　　　　　　　　　security funds

推动 同 周边 国家 互联
互通。　　　　　　　　　[[提高]]　抵御 国际 经济 风险 能力。

We should become　　better able　to defuse international
　　　　　　　　　　　　　　　　economic risks

交流 和 合作，国际 地
位 显著　　　　　　　　　[[提高]]。

China's　　　　　　　　has risen　noticeably
international standing

我国 综合国力 又 有
新 的　　　　　　　　　[[提高]]，进一步 增强 了 全国 人民
　　　　　　　　　　　　　　　　继续

national strength has　heights .　They have boosted
reached new　　　　　　　　　　the confidence

控股 工业 企业 经济效
益 大幅度　　　　　　　　[[提高]]，实现 利润 3 784 亿 元，

stake was owned by　increased　substantially; they generated
the state　　　　　　　　　　　　a total of

都 要 杜绝 浪费，降低
消耗，　　　　　　　　　[[提高]]　资源 利用 效率，形成 有
　　　　　　　　　　　　　　　　利于

materials, and　　　more　　to develop production and
use resources　　efficiently,

优质 高产 高效 生态 安
全 农业，　　　　　　　　[[提高]]　农产品 质量 和 竞争力。

eco-friendly and safe agriculture, to	improve and enhance	the quality of agricultural products their competitiveness.

再以"大力"为例。ParaConc 检索结果显示有 586 个汉英平行索引行,其中有很多"大力"的英语对应词,如 energetically、vigorously、redouble efforts、worked hard、intensified efforts、strongly、actively、making every effort 等。例 3 中"大力"的英语对应词为 making every effort。

例 3: 中国[[大力]]提高 原始 创新 能力,集成 创新 能力 和 引进 消化 吸收 再 创新 能力。

例 3 译文: China is making every effort to enhance its ability of original innovation, integrated innovation and re-innovation after absorbing advanced technology from abroad.

但是比较有意思的是,从检索结果中也会发现有时候英语译文并没有提供任何翻译对应项,如例 4、例 5:

例 4: 用 高新技术 和 先进 适用 技术 改造 传统 产业,[[大力]] 振兴 装备 制造业。

例 4 译文: It is necessary to transform traditional industries with high and new technology and advanced adaptive technology and invigorate the equipment manufacturing industry.

例 5: 美国,欧盟[[大力]] 推动 加大 对 伊朗 制裁。

例 5 译文: The United States and the EU stepped up sanctions against Iran.

可以看到,例 4 和例 5 都没有提供"大力"的英语对应词,那么是否可以在 invigorate(振兴)和 step up(推动)前添加"大力"的英语对应词呢? 这里选取 make every effort 作为"大力"的对应项,在谷歌搜索引擎中采用完全匹配查找，发现 make every effort to invigorate 和 make every effort to step up 分别出现 6 200 次和 95 600 次，说明这两个表达式均可使用，如图 10.16、图 10.17 所示。这表明：一方面，平行语料库可以提供多样的翻译选择；另一方面，发现翻译迁移也是翻译研究的原初动力。

图 10.16　make every effort to invigorate 谷歌搜索引擎结果

图 10.17　make every effort to step up 谷歌搜索引擎结果

在当前信息化时代,翻译工作通常任务量巨大,时间又紧迫,语料库堪称是一种不可或缺的翻译辅助工具。译者熟练掌握几款语料库软件,了解各类线上线下语料库,将为自己的翻译实践提供有力支撑。

10.2 语料库在翻译研究中的应用

如前所述,Teubert[①] 曾表示,语料库已然成为语言相关研究的必备资源。翻译涉及两种语言之间的转换,语料库既在翻译实践中起着重要作用,也被应用于翻译研究。语料库在翻译研究中的应用发端于 20 世纪 90 年代,后来经过多年的发展,最终形成语料库翻译学这一全新的翻译研究分支学科。

与传统的翻译研究相比,语料库翻译学在研究方法方面有着显著不同。传统的翻译研究主要依据研究人员内省式或诱导式的研究方法,对特定翻译现象提出研究假设,并截取部分翻译实例予以证明。这些方法某种程度上来说难以避免研究人员的主观性乃至研究偏见,因此研究结果的可靠性就相应打了折扣。而语料库翻译学凭借语料库技术手段,可以将对翻译事实或特征的描写建立在对海量翻译语料的分析基础之上,从而一定程度上避免由于考察语料数量有限而导致的研究结论的片面性和主观性,也使得翻译研究本身更具客观性和科学性。此外,通过相关语料库软件提取具体翻译语料的原始数据并开展定量统计分析,揭示这些数据的总体特征和趋势,我们可以对翻译语言特征或规律进行有效归纳。这种对翻译语料的定量统计分析不仅可以有效提高翻译研究的科学性,更为重要的是可以揭示仅凭直觉和内省无法体悟或总结的规律性特征。可以说,语料库给翻译学带来一种独特而有效的研究方法。

目前学界较为统一的看法是,语料库翻译学肇始于国际知名翻

---

① Teubert, W. My version of corpus linguistics[J]. *International Journal of Corpus Linguistics*, 2005, 10 (1): 1-14.

译学学者 Mona Baker 于 1993 年所发表的题为《语料库语言学与翻译研究：启示与应用》（"Corpus Linguistics and Translation Studies: Implications and Applications"）的研究论文，特别是其中关于翻译共性的探讨，赋予了有关翻译语言的语料库研究以独特的学科地位，开启了翻译研究新篇章。此后，以 Mona Baker 教授为代表的英国、美国、加拿大、意大利、波兰、南非等诸多国家的学者相继建设面向翻译研究的相关语料库，探讨语料库在翻译研究中的应用及学理基础。国内以王克非、胡开宝教授等为代表的一大批学者投入并推动语料库翻译学在国内的蓬勃发展，获批了不少国家级、省部级科研项目，产出了许多重要研究成果。可以说，语料库翻译学逐步形成了包括翻译共性在内的独特研究领域，在国内外都有着相对稳定的学术研究团体，基于语料库的翻译研究已然成为翻译学的重要研究范式。

10.2.1 语料库在翻译研究中应用的主要研究领域及其切入点

经过 30 余年的发展，语料库翻译学逐步发展成为重要且独立的翻译研究学科分支，语料库在翻译共性、译者风格、翻译规范、翻译过程、批评译学、翻译史、翻译教学等领域有着广泛的应用。本节将围绕语料库翻译学的主要研究领域及其切入点展开讨论。

1) 翻译共性及其研究切入点

翻译共性（translation universal）是指翻译语言作为独立的语言变体所具有的规律性语言特征。这些语言特征既不同于源语语言，又有别于目的语语言。Baker[1]认为翻译共性源于翻译活动自身的特殊性，与翻译过程中两种语言的影响无关，并指出翻译语言通常呈现出显化、简化、消除歧义、超额再现目的语语言特征等共性，并倡导采用语料库路径开展翻译共性研究。这里有必要提及一下，Baker[2]在其 1993

---

① Baker, M. Corpus linguistics and translation studies: Implications and applications[A]. In M. Baker, G. Francis & E. Tognini-Bonelli (eds.). *Text and Technology: In Honour of John Sinclair*[C]. Amsterdam: John Benjamins, 1993: 233 – 250.
② 同上，第 249 页。

年论文的一个注释中专门区分了"翻译共性"和"翻译腔"的概念,她表示某些情况下,一些译文也会呈现出一种独特的语言特点,而这些特点明显源于译者的经验缺乏或对于目的语把握能力的不足,那么这种现象并非翻译共性而是翻译腔。30余年来,语料库翻译学领域关注最多的翻译共性主要包括显化(explicitation)、简化(simplification)、范化(normalization)等。

其中,显化是最受关注的翻译共性之一,它是指译者在翻译过程中往往会对原文中隐含的信息加以详细说明,而不是将含糊不清的地方保留下来①。贺显斌②认为只要译文意义比原文更加清楚、明确、具体、易懂,逻辑关系比原文更加明晰,或者译文中心意义比原文更为突出,那么就可以认为译文存在显化。也就是说,显化不仅仅体现在语言形式上,也应该体现在语言意义上。通常情况下,对显化的考察可以通过开展翻译文本与同类别的目的语原创文本之间的对比来实现,研究者常常选取翻译文本中的具体语言单位,特别是衔接词、人称代词等作为研究切入点,观察这些语言单位在翻译语料库中的使用频次是否高于它们在目的语原创文本语料库中的使用频次。如果相比之下,这些语言单位在翻译语料库中更为高频地出现,那么至少就这些语言单位的翻译而言存在显化。此外,平均词长、平均句长也是衡量翻译显化现象的重要参数。如果较之于目的语原创文本语料而言,翻译语料的平均词长或平均句长数值更大,那么也可以说翻译中存在显化现象。

简化是另一个备受关注且得到学界广泛认可的翻译共性。它是指翻译语言整体呈现出更易理解的特性,即更加简单易懂。典型的做法有消除原文歧义③。模棱两可的代词在翻译语料中出现了确切

---

① Baker, M. Corpus-based translation studies: The challenges that lie ahead[A]. In H. Somers (ed.). *Terminology*, *LSP and Translation*[C]. Amsterdam: John Benjamins, 1996: 175–186.
② 贺显斌. 英汉翻译过程中的明晰化现象[J]. 解放军外国语学院学报,2003,(4):63–66.
③ Baker(1993:244)在论及简化时也一并提到翻译的消歧(disambiguation)倾向,表示翻译语言的简单易懂倾向。

指代,使用上义词、更为简单常用的同义词或者描述性的短语来翻译难度较高的词语,或者复杂句法在翻译语料中变得更为简单明了等,均是翻译简化的表现。有一点值得注意的是,Baker① 在论及简化时表示简化是译者"下意识地做简化处理",也就是说翻译共性不仅不考虑源语或目的语的影响,也不受个体译者的约束。翻译共性是一种宏观、整体的翻译语言特征。简化现象的考察方式主要包括比较翻译文本与目的语原创文本在词汇密度、平均句长、高频词等方面的差别。一般而言,如果高频词占比更高,虚词使用的频率就更高。如果词汇密度低,则类符/形符比数值小。如果平均句长的数值小,则意味着翻译文本一定程度上更加简洁易懂,因而呈现出简化倾向。

关于范化,Vanderauwera② 基于荷兰语小说的英语翻译语料库,发现译文整体呈现出更加规范的倾向,在标点符号、词语选择、句子及篇章结构等方面更加符合目的语的语言规范。范化在口译中表现得更为明显。例如口译倾向于把断句补充成完整的句子,修正不符合语法规范的错误表达等。范化研究通常需要考察目的语中的典型语言单位在翻译文本和同类别目的语原创文本中的频次异同。如果该典型语言单位在翻译文本中的频次更高,即翻译文本更加遵循甚至夸大该典型语言单位的使用,则可以认为翻译文本存在范化倾向。

此外,隐化(implicitation)、整齐化(leveling out)、源语透射效应(source language shining-through effect)以及我国学者所提出的语义强化和弱化③、表达式固化④等翻译共性也得到了学界关注。可以说,翻译共性的提出打破了传统翻译研究中的"忠实""对等"等翻译理念,赋予翻译语言以独特的学科地位,进一步强化了翻译学作为一

---

① Baker, M. Corpus-based translation studies: The challenges that lie ahead[A]. In H. Somers (ed.). *Terminology, LSP and Translation*[C]. Amsterdam: Benjamins, 1996: 175 – 186.

② Vanderauwera, R. *Dutch Novels Translated into English: The Transformation of a "Minority" Literature*[M]. Amsterdam: Rodopi, 1985: 93.

③ 胡开宝,陶庆. 记者招待会汉英口译句法操作规范研究[J]. 外语教学与研究,2012, (5): 738 – 750.

④ 王克非. 语料库翻译学探索[M]. 上海:上海交通大学出版社,2012: 68.

门独立学科的合法性,因而成为语料库翻译学的核心研究论题之一。

2) 译者风格及其研究切入点

根据胡开宝和谢丽欣①,译者风格是指译者在源语文本的选择、翻译过程中翻译策略与方法的采用以及译文文本语言等方面所表现出的个性化特征。尽管大家都知道翻译要忠实于源语文本,但在实际翻译的过程中,译者还是会自觉或不自觉地体现出主体性,在目的语词汇和句式结构选择等语言层面以及翻译策略和方法的应用等非语言层面,彰显出稳定且区别于其他译者的个性化特征。需要提醒的是,译者风格既不同于翻译文体,也有别于译作风格。翻译文体是指翻译文本相较于源语文本或目的语原创文本而言的语言特征;译作风格是指某一译作相较于其他译作所呈现的翻译个性特征,包含译者风格和源作风格要素。可以说,译者风格要体现于同一译者的不同译作,还要能够区别于其他译者的规律性特征,而语料库为开展译者风格研究提供了重要的技术支撑。

Baker②首次采用语料库考察了 Peter Bush 和 Peter Clark 两位英国译者的风格差异,认为人们写出或说出一段文字不可能不包含个人的风格,就像握住一个东西不可能不留下指纹一样,译者也有属于自己的风格。译者风格就是译者在其所有翻译文本中所呈现的具有一致性的语言使用模式。此外,她还认为译者风格集中表现为译者无意识的且不引人注目的语言习惯。可以说,Baker 关于译者风格的探讨开创了基于语料库的译者风格研究的先河,为后续的相关研究奠定了基础。

根据胡开宝和谢丽欣③,基于语料库的译者风格研究应主要涵盖语料库建设、翻译现象描写和翻译现象解释三大阶段。在语料库建设阶段,设计之初要考虑到语料能够涵盖同一译者的不同译作或者

---

① 胡开宝,谢丽欣. 基于语料库的译者风格研究:内涵与路径[J]. 中国翻译,2017,38(2):12-18.

② Baker, M. Towards a methodology for investigating the style of a literary translator[J]. *Target*, 2000, 12(2):241-266.

③ 同①。

同一源语文本的不同译本,在条件许可范围内还可以考虑收录译者的原创作品或者有可比性的同类别原创作品,然后进行相应的技术处理,从而为基于语料库的译者风格研究铺垫基础。在翻译现象描写阶段,可以利用语料库检索软件如 WordSmith 等获取有关翻译文本语言特征的基础数据,如类符/形符比、平均词长、平均句长等,还可以更进一步获取目的语中的独特语词及句式、关键词的搭配型式以及体现语篇特征的语词或句式等语言单位使用频次和分布的特征,从而方便与其他翻译文本或相关原创文本开展统计对比分析,描写并归纳译者风格总体特征。有了从语料库中获取的译者风格特征数据描写结果,第三阶段就是翻译现象解释,即探究译者风格特征的形成原因或影响因素,为其提供合理的学理阐释,这可以从译者自身因素和非译者自身因素两方面考虑。其中译者自身因素主要包括译者的翻译目的、翻译理念以及译者本人的个性、生活教育背景等个人因素,而非译者自身因素主要指译者所处的社会文化语境,包括该时期的诗学传统和翻译规范、翻译涉及的两种语言文化之间的差异等。这些因素也会对翻译文本语言特征、翻译策略和方法的应用等产生影响,进而影响译者风格的形成。

事实上,基于语料库的译者风格研究的切入点较为广泛。早期以 Baker 教授为代表的学者主要依据的是语料库软件统计的翻译文本整体特征,如标准类符/形符比、平均句长等,后来也有研究主要关注具体的语言单位,甚至扩展到话语和叙事特征等方面。但大体来说,切入点可以区分为译者风格的语言特征层面和非语言特征层面两个类别。其中,译者风格的语言特征涵盖词汇、句法、搭配型式、语篇和叙事特征等层面,包括翻译文本的词汇或句法总体特征分析、高频或典型的目的语词汇或句法结构的应用特征,特定词汇搭配的种类、搭配的丰富度及语义韵特征,语篇衔接、人物形象描写、叙事结构及视角等。译者风格的非语言特征主要包括翻译人员在翻译过程中所采用的翻译策略与方法,如译者常用的增词、减词、合译法、分译法等以及译员所采用的增加冗余度、分解复杂结构、暂时储存信息不译等技巧。可以说,译者风格的彰显既是微观的,也是宏观的,翻译文本中措辞上的用词偏好、概念表达以及具体的翻译策略选用等均可体现译者风格,而语料库的应用有助于找出这种规律性的译者个性化特征。

纵观译者风格研究的发展历程,可以看出,现有基于语料库的译者风格研究仍然存在较大提升空间,主要存在如下问题:第一,现有研究通常仅考察译者的个别翻译作品,而译者的单篇或单部翻译作品很难代表该译者在翻译时整体上呈现出的规律性和个性化特征;第二,仅仅依靠个别词语、句式或者类符/形符比等较为简单的语料统计结果,也较难总结译者风格,且其他如通过搭配型式来考察译者风格的研究相对较少;第三,现有基于语料库的译者风格研究多局限于文学翻译,其他文体的翻译作品有待纳入译者风格研究范围;第四,除 Hu 和 Meng① 等少数研究外,基于语料库的口译译员风格研究尚未得到学界的足够关注。而这些问题将来会成为基于语料库的译者风格研究的主要研究领域。

3) 翻译规范及其研究切入点

翻译作为一种社会行为,难免要受到社会文化规范的影响。各类社会规则、惯例以及价值观念等或多或少都会对翻译形成一定程度上的规约和限制,而作为翻译行为主体的译者也难免受到社会规范的制约。胡开宝认为,"翻译规范是指关于翻译作品和翻译过程正确性的规范,体现了具体某一社会或历史时期关于翻译的价值观和行为原则,制约着译者的具体翻译活动"②。

Toury③ 认为从翻译活动起始到结束过程中的不同阶段,制约译者翻译行为的规范有所不同,他区分了三类规范。第一类为预备规范(preliminary norms),指与翻译政策、翻译模式等相关的规约翻译

---

① Hu, K. & Meng, L. Gender differences in Chinese-English press conference interpreting[J]. *Perspectives*, 2018, 26(1): 117 – 134.

② 胡开宝. 语料库翻译学概论[M]. 上海:上海交通大学出版社,2011:123.

③ Toury, G. *Descriptive Translation Studies — and Beyond*[M]. Amsterdam: John Benjamins, 1995: 56 – 58.

活动的社会性因素,如翻译政策可能会决定译者选择什么样的材料进行翻译,翻译模式会影响是直接翻译还是间接翻译等。第二类是初始规范(initial norms),这类规范要求译者在翻译活动开始前做好决定,确定是为了产生能够充分体现原作的译文而选择源语语言系统规范,还是为了让译文有更好的接受性而遵循目的语语言系统规范。第三类称为操作规范(operational norms),即规约译者在翻译活动操作过程中如何决策的规范,又可以分为框架规范(matricial norms)和篇章语言规范(textual-linguistic norms)。前者影响译者的整体宏观架构,譬如是全部译出还是部分译出源语文本,是翻译成散文体还是诗歌体等。而篇章语言规范对译本的微观层面有较大影响,譬如译文中语词和句式的选用,甚至字体、格式的选用等。

其他学者如 Chesterman①、Hermans②、Nord③ 也都进一步对翻译规范的本质和适用性等方面做了深入探究。这里有必要提及的是,翻译规范与译者之间存在一种互动关系:一方面,整个翻译活动过程中,译者自始至终都会受到社会、文化、语言、诗学传统、读者接受能力、译者的文化态度等因素的规范与制约。另一方面,译者除了可能要适应主流的翻译规范,还会充分发挥其主观能动性,选择是否遵循以及如何遵循翻译规范,对翻译策略和方法进行取舍,进而导致产出译本的不同,从而改变或构建新的翻译规范。

Toury④ 还指出,翻译规范的探究可以借助两类资源:第一类是翻译文本资源。翻译文本是翻译规范约束下译者产出的文本,不难理解,译本在语言和翻译方法的使用等方面可以体现出翻译规范。因此,分析大量翻译文本的规律性特征,可以归纳译文所体现的翻译

① Chesterman, A. *Memes of Translation: The Spread of Ideas in Translation Theory* [M]. Amsterdam: John Benjamins, 1997.

② Hermans, T. *Translation in Systems: Descriptive and System-Oriented Approaches Explained* [M]. Manchester: St. Jerome, 1999.

③ Nord, C. *Translation as a Purposeful Activity: Functionalist Approaches Explained* [M]. Manchester: St. Jerome, 1997.

④ Toury, G. *Descriptive Translation Studies — and Beyond* [M]. Amsterdam: John Benjamins, 1995: 65.

规范。第二类是译本外资源,包括直接参与翻译活动的各类主体或相关的译者、编辑、出版单位等所发表的翻译评论、译本评价,以及对特定译者或特定翻译流派的翻译活动的述评等。也就是说,与翻译活动相关的一切文本均可作为再现翻译规范的有效资源。

翻译规范体现在文本之中,但这无法靠研究者的主观感知和经验来判断或总结,只有基于对大量翻译文本的分析才能识别归纳。因此,对翻译规范的考察可以借助语料库开展,具体做法包括构建翻译文本语料库,将译本外资源如译作评论等建成语料库等。20世纪90年代以来,随着语料库在翻译研究中的广泛应用,基于语料库的翻译规范研究也得到了发展。Mona Baker①教授首次将特定社会文化语境下的翻译规范作为语料库翻译学的重要研究课题,并区分了翻译共性和翻译规范两个概念,认为翻译共性是翻译过程本身的产物,不受源语和目的语两个语言系统的影响,而翻译规范则是特定社会文化与历史语境下翻译文本常常表现出来的特征。事实上,译者在特定社会文化语境下对翻译策略和方法的应用以及对翻译文本语言呈现方式的选用等,均受限于当时的翻译规范。可以说,翻译共性体现特定时期的翻译规范,且会随着翻译规范的变化而变化。例如,胡开宝和陶庆②基于汉英会议口译语料库,分析了记者招待会汉英口译的句法操作规范,发现显化和隐化、简化和复杂化以及强化和弱化等句法操作规范在不同程度上对记者招待会的汉英口译产生了影响,他们认为原因在于英汉语言形式化程度的不同、英汉句法结构的差异、译员面临的时间压力以及译员对口译活动的介入。

根据胡开宝、朱一凡和李晓倩③,基于语料库的翻译规范研究可

---

① Baker, M. Corpus linguistics and translation studies: Implications and applications[A]. In M. Baker, G. Francis & E. Tognini-Bonelli (eds.). *Text and Technology: In Honour of John Sinclair*[C]. Amsterdam: John Benjamins, 1993: 233 – 250.
② 胡开宝,陶庆. 记者招待会汉英口译句法操作规范研究[J]. 外语教学与研究,2012, (5): 738 – 750.
③ 胡开宝,朱一凡,李晓倩. 语料库翻译学[M]. 上海:上海交通大学出版社,2018: 87 – 88.

以分为三个步骤：首先，可以根据某一具体历史时期的翻译传统及理念、源语和目的语间的差异、译者翻译思想及翻译目的、译本翻译语言特征等，提出该历史时期或某一文类的翻译规范假设。如20世纪二三十年代，鲁迅等人推崇异化翻译策略和直译方法的应用，期望通过吸收国外语言的词汇和句法，改良旧式白话文。根据这一历史背景及翻译目的，我们可以提出翻译陌生化规范的假设。其次，选取与翻译规范假设相关的目的语词汇或句式结构，如功能词、虚词、强势语、情态动词、程度副词、立场标记、被动语式等等，考察双语平行语料库中这些词汇或句式结构的规律性特征，并在此基础上验证翻译规范假设。最后，还要依据翻译学、功能语言学、语用学和批评话语分析等相关理论分析框架，从翻译本质属性、翻译方向、文体特征、源语和目的语之间的差异、译者的主体性、社会文化语境和意识形态等多维角度分析翻译规范形成的内在原因。

尽管语料库为翻译规范研究提供了重要的研究工具和方法论支持，但目前基于语料库的翻译规范研究仍有较大发展空间。随着多类型语料库的构建，如翻译历时语料库、翻译副文本语料库、翻译评论语料库等，加上对比模式的多样化拓展，研究者可以对不同历史时期、不同文体类型或不同翻译方向的译本及其副文本开展语料库路径的探究考察，从而揭示不同时期、不同文体、不同翻译模式等维度的翻译规范，进而从语言差异、诗学传统、意识形态等多维角度探究其内在动因。可以预见，基于语料库的翻译规范研究未来会逐步深入。

4）翻译过程及其研究切入点

翻译过程研究是翻译研究的一个重要方面。通常来说，翻译过程研究主要是探究翻译过程中的译者心理认知活动，但事实上，其涵盖的范围要更加宽泛一些。一方面，翻译过程研究探求翻译过程中译者行为、能力、认知过程以及认知与翻译产品之间的关系，从而建立翻译过程认知模型；另一方面，社会文化背景对于翻译过程的影响，甚至翻译个体在翻译过程中所表现出来的特点都是翻译过程研究的焦点[①]。

然而,翻译过程研究有赖于科学技术及各类探究人脑及人的心理的工具的开发。当前,科学技术越来越先进,为翻译过程的研究提供了重要基础。通常情况下,翻译过程研究可以采用的方法有回溯法、有声思维法、键盘记录法、屏幕录制法、眼动记录法、核磁共振脑成像法等。必须明确的是,翻译过程研究通常会涉及译者执行翻译任务时的认知过程。然而,至少目前为止,没有任何研究方法可以直接观测认知过程。上述研究方法或技术手段均是对翻译过程的间接检测。

不可否认,现有翻译过程研究所依赖的研究方法或技术手段均有一定的局限性。譬如,回溯法不一定可以完整再现译者的翻译过程,而有声思维法影响实时翻译过程,而且现有大部分翻译过程研究的通常做法就是将学生译者和专业译者作为对照组和实验组,进行实证性对比考查,但如何设计实验会直接影响研究结果。首先,很难找到能和学生译者人数相当的专业译者参与实验。其次,很难界定专业译者与非专业译者,从业 5 年还是 10 年? 即使是从业 10 年的译者,他/她在某一特定领域未必就比学生译者高明太多。再者,翻译材料的长度及难度也影响翻译过程,进而影响实验效果。最后,一些较为先进的设备如核磁共振成像仪器的可及性不高,大部分研究人员很少有机会利用这些设备或者难以支付使用这些设备进行实验所需的经费。此外,尽管在实验设计较好的情况下,可以较好地控制各类变量,但实验环境依然很难完全体现真实翻译过程的各个场景,必然存在一定差异。

众所周知,基于语料库的翻译研究主要考察的是翻译文本,也就是产品导向性研究,对于翻译过程较少关注。但事实上,翻译过程与翻译产品难以完全分割,从翻译产品倒推翻译过程也不失为一种间

---

① Saldanha, G. & O'Brien, S. *Research Methodologies in Translation Studies* [M]. London: Routledge, 2014: 109.

接的考察路径。与上述研究方法或技术手段不同的是,基于语料库的翻译研究关注自然真实语境下的翻译过程以及经由翻译过程所产生的翻译产品。随着语料库技术的不断成熟,不少学者开始尝试探究利用语料库开展翻译过程研究,在大量翻译语料的数据统计与分析的基础上,探究翻译过程的属性和规律性特征。

刘晓东和李德凤[①]基于自建汉英双语平行语料库,对比考察交替传译、笔译和字幕翻译三种不同类型的翻译过程中的认知加工路径,回答了学界有关译者在翻译过程中的主导加工路径究竟是形式加工路径还是意义加工路径这一难题。该研究以文化专有项为切入点,考察了不同类型的翻译语料库中文化专有项的翻译策略,并探讨了分别以直译和意译翻译策略为趋向的认知加工路径的异同。Alves和 Couto-Vale[②] 则采用语料库方法观察单个翻译单位(翻译过程中的一个停顿)如何拓展至两个或更大的翻译单位,从而探究翻译过程中初译和修改两个阶段的翻译过程的典型特征。该项研究所依据的CORPRAT 语料库对语料做了标注以方便提取翻译过程数据,可以实现半自动批量检索语料数据,从而探究翻译过程中在线文本生成过程中的典型特征以及翻译过程中各步骤顺延发生中的认知计划和负荷。这些研究都在很大程度上推动了语料库在翻译过程研究中的应用。

这里并不是在说要用语料库路径取代其他研究方法或技术手段去探究翻译过程,而是强调语料库路径可以作为翻译过程研究的一个重要方法,与其他手段互为补充。例如,上文提及的 CORPART 研究项目收集了五种类型的数据用于比较,包括键盘记录数据、眼动数据、听道录制数据、屏幕录制数据、标注的译文语料库数据,语料库数

---

① 刘晓东,李德凤. 翻译认知过程加工路径:基于汉英双语平行语料库的实证研究[J]. 外国语(上海外国语大学学报),2022,(2):102 – 110.

② Alves, F. & Couto-Vale, D. On drafting and revision in translation:A corpus linguistics oriented analysis of translation process data[A]. In S. Hansen-Schirra, S. Neumann & O. Čulo (eds.). *Annotation*, *Exploitation and Evaluation of Parallel Corpora* [C]. Berlin: Language Science Press, 2017:89 – 110.

据作为其中的重要一类与其他四类数据互为验证和补充。

基于语料库的翻译过程研究可以主要从如下方面开展：一是以多模态口译语料库为基础的翻译过程研究。当前，语料的概念范畴不断扩大，不再局限于文字文本语料，还包括录音转写文本语料以及录像文本语料等。语料标注的内容也不再局限于词汇、句式、语篇等语言特征，还包括说话者或译员发言的节奏、语调、音高、韵律以及翻译场景等副语言特征。不过，利用多模态口译语料库，我们可以实现对口译过程中的语言和副语言特征的深度探讨。例如，我们可以根据译员的手势、面部表情等副语言特征分析口译过程中译者的心理状态、内心情感以及认知负荷高低，还可以探究口译过程中语言和副语言符号之间的协同关系，进而揭示口译过程中的认知机制。二是以翻译过程语料库为基础的笔译翻译过程研究。利用收录不同翻译阶段语料的翻译过程语料库，我们可以对不同翻译阶段的翻译文本语言特征、特定信息处理方式、翻译活动类型分布以及译者行为方式等进行多维度的比较，在此基础上结合译文修改痕迹、译者记录等语料信息，考察翻译过程中不同翻译阶段的特征及其总体趋势。三是以不同类型翻译语料库为基础的翻译过程研究。翻译内容涉及广泛，可能属于小说、科技、新闻等不同文体，而翻译方式可以划分为不同类别，如人工翻译、机器翻译、机辅翻译加译后编辑等。此外，翻译种类也有差别，如字幕翻译、同声传译、笔译等。我们可以依据研究目的，建设不同内容、不同方式或者不同类型的双语平行语料库，选取情态动词、模糊限制语、评价性修饰语、隐喻等语言单位，观察同一类语言单位在不同类型翻译过程中的处理异同，分析译者在翻译过程中采用的翻译策略和方法的差别，进而归纳推导出不同类型翻译过程的规律性特征。

总之，语料库路径可以作为翻译过程研究的重要方法之一。通过对语料库海量双语文本中的语言单位对应频次进行定量分析，并依据统计数据确定翻译过程实验研究的切入点，翻译过程研究的客观性和科学性可以得到提升。而且，基于语料库分析、归纳翻译文本中语言使用的规律性特征以及译者应用翻译策略和方法的特征,一定程度上也可以揭示翻译过程中这些规律性特征所蕴含的译者认知机制。

5) 批评译学及其研究切入点

"批评译学研究旨在通过对源语文本选择、翻译文本的接受、翻译文本语言特征以及翻译策略和方法运用的分析,揭示意识形态对翻译的影响以及翻译对意识形态的反作用。"[①]批评译学将翻译活动看作社会实践,认为翻译在具体社会文化语境下进行,必然受到语言文化规范、诗学传统、意识形态等多类因素制约,同时也会影响甚或参与建构包括意识形态在内的社会文化语境。可以说,批评译学产生于描写性翻译研究与批评话语分析的融合,其中描写性翻译研究为其提供了重要的理论基础,而批评话语分析则为其提供了研究视角和路径。

根据胡开宝和孟令子[②],批评译学的特征主要表现为四个方面,即文本的比较分析为基础、描写与解释并重、微观分析和宏观研究相结合、定性研究和定量研究相结合。其中,文本的比较分析是批评译学研究的重要基础,因为翻译的文本选择、译者翻译策略的应用、译文中词汇或句法等语言单位的选用无不折射出意识形态无形的支配,而只有通过分析文本语言特征才能揭示渗透于翻译话语实践之中并隐含于文本底层的意识形态。在批评译学框架下,描写以解释为归宿,解释以描写为立足点。描写可以涵盖翻译的文本选择、副文本、翻译策略应用、文本语言单位特征、译作的接受及社会功用等多维度信息,而解释则依据描写结果所呈现的规律性特征,揭示影响这些特征形成的意识形态等社会文化因素。批评译学既重微观分析也重宏观探究。微观分析侧重描写翻译文本在词汇、句法、语篇、叙事结构、人物塑造等方面的特征,探讨译文与原文在这些

---

① 胡开宝. 语料库翻译学:内涵与意义[J]. 外国语(上海外国语大学学报),2012,(5):66.
② 胡开宝,孟令子. 批评译学研究:翻译研究新进展[J]. 外国语(上海外国语大学学报),2017,(6):57-68.

特征层面出现的规律性迁移;宏观探究则侧重考查翻译文本生产和接受的社会团体意识形态因素以及译者翻译理念、目的、语言使用偏好等个人意识形态因素。此外,批评译学研究依照定性和定量分析相结合的研究路径。因承袭批评话语分析传统,批评译学曾以定性研究为主,常凭借研究人员直觉判断,基于个别或少量文本探讨翻译与意识形态之间的关系。然而,随着语料库翻译学的学科深入发展,语料库也被广泛应用于批评译学,推动了批评译学研究由定性研究向定性与定量研究相结合的方向拓展,使研究结果更加客观、科学、有效。

胡开宝和李晓倩①指出,基于语料库的批评译学研究是指"采用语料库方法,在观察和分析大量翻译文本的特征并进行相关数据统计的基础上,系统分析翻译文本特征和翻译过程背后的意识形态因素以及翻译对意识形态影响的研究"。该文还详细阐述了语料库批评译学的四个主要研究内容,包括基于语料库的性别与翻译研究、基于语料库的民族与翻译研究、基于语料库的政治与翻译研究、基于语料库的译者个人意识形态与翻译研究。

基于语料库的性别与翻译研究旨在分析译者的性别意识或性别角色对于翻译活动的影响以及翻译在体现及践行性别意识方面的作用。如 Hu 和 Meng② 基于中国政府记者招待会汉英口译语料库,考察了男女译者处理包括情态动词、人称代词等特定语词的口译方法的异同,并认为男女译者口译方法使用差别很大程度上是由于中国社会语境下男女性别角色的不同所致。

基于语料库的民族与翻译研究目的在于分析翻译文本特征以及翻译策略和方法的应用,从而揭示译者所处民族的意识形态对其翻译行为的影响,以及翻译在凸显或建构民族身份方面的功用。通常情况下,译者在翻译处理与本民族意识形态相抵触的源语文化要素

① 胡开宝,李晓倩. 语料库批评译学:内涵与意义[J]. 中国外语,2015,12(1):90.
② Hu, K. & Meng, L. Gender differences in Chinese-English press conference interpreting[J]. *Perspectives*, 2018, 26(1): 117 – 134.

时,会刻意采用意译或删译等方法予以消解,而在将本民族的文化要素译成外语时,常常会有意识地采用异化翻译策略进行处理,从而在目的语文化体系中凸显本民族的文化特色和文化身份。汪晓莉和胡开宝[1]基于少数民族题材小说《额尔古纳河右岸》汉英平行语料库,考察了民族特色的翻译,并结合译者采访及博客文章,探究了翻译中民族意识形态的再现,认为译者的民族意识形态影响了《额尔古纳河右岸》翻译的全过程,也是该译本取得成功的重要影响因素。

基于语料库的政治与翻译研究通过语料库技术手段,分析译文中的规律性语言特征,一方面探究隐匿于文本中的特定政党、阶级或国家的政治立场、主张、主流价值观对翻译文本以及翻译过程造成的影响,另一方面考察翻译在特定政党、阶级或国家的形象建构或重塑过程中,以及在特定意识形态形成过程中所发挥的作用。如 Li 和 Pan[2] 基于中国政治话语汉英平行语料库,以评价系统为分析框架,考察了与中国相关的词项的评价修饰语的英译特征,并基于翻译统计数据探究了中国政治话语英译语境下的中国国家形象重构,认为译者翻译立场、礼貌普遍原则等因素对国家形象重构有重要影响,并由此提出了双层意识形态对称模型。

基于语料库的译者个人意识形态与翻译研究强调通过采用语料库技术手段考察分析翻译文本规律性的语言特征以及翻译策略与方法应用,探究译者自身审美观、价值观、翻译理念、翻译目的等个人意识形态因素对于译本形成的影响。这里的个人意识形态不仅表现为译者作为个体所具有的与所处社会中其他人不同的意识形态,还表现为该译者所具有的与其他译者不同的意识形态。因此,基于语料库的译者个人意识形态与翻译研究还常常会比较同一源语文本的不同译者对于特定语言单位所采用的翻译策略及方法的异同,以及各

---

① 汪晓莉,胡开宝. 民族意识形态与少数民族题材小说翻译——以《额尔古纳河右岸》英译为例[J]. 中国外语,2015,(6):90-98.

② Li, T. & Pan, F. Reshaping China's image: A corpus-based analysis of the English translation of Chinese political discourse[J]. *Perspectives*, 2021, 29(3): 354-370.

自译文中所呈现的规律性特征,进而探究译者个人意识形态对翻译的影响。刘慧丹[①]采用语料库方法,考察了 15 部莎士比亚戏剧中的情感意义在梁实秋译本和朱生豪译本中的传递方式和程度的异同。研究发现,尽管两位译者都倾向于提升汉译本中的情感意义强度,但他们在传递情感意义的方式、使用的情感表达式方面不尽相同,这归因于两位译者在文本理解、翻译目的、翻译原则、目标读者定位等个人意识形态方面的差异。

　　胡开宝[②]提出基于语料库的批评译学研究一般分为两个步骤。首先,利用语料库描写翻译文本的语言特征尤其是具体语词或句法结构的应用,并与源语文本进行对照。然后,分析具体语言特征或翻译策略和方法背后的意识形态因素及其社会功能。可以说,语料库批评译学旨在通过语料库技术手段发现译文中的规律性语言特征,进而探究翻译与意识形态的互动关系,因此选用蕴含意识形态的语言单位作为研究切入点较为关键。根据胡开宝和李晓倩[③],语料库批评译学可以选择及物系统、名物化、情态系统、分类系统、关键词、敏感词汇等作为研究切入点。其中,及物系统包括物质过程、心理过程、关系过程、行为过程、言语过程和存在过程,而各类过程通常体现为动词或特定句式的使用。名物化包含名词性从句、动名词、不定式、动词和形容词的名词化等。情态系统主要包括情态动词、情态形容词、情态副词和人称代词等。分类系统指用于人物或事件命名或描述的语言单位等。关键词和敏感词汇通常是体现该翻译文本主题及特定意义的语词。以分类系统为例,我们可以以指称特定人物或事件的名词、代词为检索项,利用语料库技术提取包含这些语言单位的源语和译语平行索引行,重点关注与其搭配的形容词、动词和名词,统计分析译文与原文中这些分类系统的使用频次异同及其翻译

---

① 刘慧丹. 基于语料库的莎剧汉译中情感意义的传递研究——以 UN/HAPPINESS 类情感为例[J]. 山东外语教学,2018,39(4):99 - 110.

② 胡开宝. 语料库翻译学:内涵与意义[J]. 外国语(上海外国语大学学报),2012,35(5):59 - 70.

③ 胡开宝,李晓倩. 语料库批评译学:内涵与意义[J]. 中国外语,2015,12(1):90 - 100.

迁移,并进一步探讨这些差别和翻译迁移的影响因素以及由此导致的意识形态变化。

整体而言,语料库批评译学进一步拓展了描写翻译研究,不仅促使批评译学研究方法发生重大变革,也扩大了批评译学研究的学科范围,在当前翻译研究领域是较为前沿的研究领域。

6) 翻译史及其研究切入点

翻译史是翻译研究的重要学科分支之一。根据 Pym[①],翻译史包括如下三个方面:翻译考古、历史批评、阐释。其中翻译考古主要回答谁翻译了什么、如何翻译、在何处翻译、何时翻译、为谁翻译以及翻译产生了什么效果等涉及翻译史实的问题;历史批评是指还原历史语境,评述翻译在当时社会历史进程中的功用;而阐释旨在说明翻译史实的来龙去脉,特别是当时翻译语境下的各种权力与翻译之间的因果关系。然而,目前翻译史研究大多满足于罗列翻译史实或整理翻译文本,对于社会宏观文化背景中翻译文本功用的历时评论关注不够,在翻译史研究的阐释层面也着力不多。

胡开宝[②]指出,语料库翻译学与翻译史均强调对研究对象进行客观描写,重视还原翻译社会语境方法的应用,这些共性为语料库在翻译史研究中的应用提供了发挥空间。基于语料库的翻译史研究可以利用历时翻译语料库对名家译作进行文本分析,从而揭示翻译家在翻译策略应用、翻译风格和翻译语言等方面所表现出的个性特征及其所遵循的翻译规范。而且,翻译是一种特殊的社会文化行为,不可避免要受到特定规范的制约,但各类规范会因时代变迁和社会文化的演变而有所不同,因此利用历时翻译语料库分析不同时期翻译文本的具体特征,归纳不同历史时期的翻译规范,既可以阐明翻译者在社会文化规范制约下的翻译行为,再现翻译活动的历史真实面貌,又可以帮助发现翻译规范的历时演变规律。基于语料库的翻译史研究

---

① Pym, A. *Method in Translation History*[M]. London:Routledge, 2014:5-6.
② 胡开宝. 语料库翻译学:内涵与意义[J]. 外国语(上海外国语大学学报),2012,35(5):59-70.

还可以通过提取翻译语料的头文信息,包括译者的个人信息,如姓名、性别、教育背景等,译作信息如来源国家、作品主题等,出版信息如出版时间、出版机构等,对特定译者、特定翻译机构、特定历史时期等的翻译活动进行客观描述。此外,翻译中的一本多译或重译现象也涉及翻译史的研究。研究者通过描写、分析从语料库中提取的大量语料,可以发掘不同历史时期不同译者在其译文中使用的规律性翻译策略,并从社会文化视角解释描写数据。同时,还可以建设不同时期译本的评论语料库,通过考察语料库中的评价性修饰语分布特征,探究不同时期译本的接受情况及影响因素。

可以说,基于语料库的翻译史研究以翻译史实的数据描写为基础,进而探究翻译文本形成的社会文化语境影响因素,极大地拓展了翻译史研究的方法及范围。如 Marin-Lacarta① 采用语料库方法,结合副文本信息,考察了 1949 年至 2010 年间 84 部现当代中国文学著作在西班牙的翻译史及接受情况,发现翻译语料呈现出偏爱文献价值、坚持差异、强调审查和反叛等政治及创伤类主题的特征。她进而探讨了现当代中国文学在西班牙的边缘化、英法文学传统对中国文学在西班牙接受的调解以及全球范围内文学交流的复杂性和等级性等影响因素。

近年来,翻译概念史研究也受到了翻译学界的广泛关注,被 Mona Baker 教授称为语料库翻译研究的新方向。这里首先简单介绍 Mona Baker 教授领衔承担的重大项目:"知识谱系——概念的跨时空演变与竞争"("Genealogies of Knowledge: The Evolution and Contestation of Concepts across Time and Space")。该项目获得英国艺术与人文研究理事会百万英镑经费支持,可见十分前沿且意义重大。该项目旨在探索政治和科技话语中的核心概念在跨时空传播过程中翻译转换的多样性,以及翻译等跨文化交际活动在引导人们对于这些概念的认

---

① Marin-Lacarta, M. Mediated and marginalised: Translations of modern and contemporary Chinese literature in Spain (1949 – 2010) [J]. Meta, 2018, 63(2): 306 – 321.

知时所发挥的重要作用。具体而言,该项目创建了包括古希腊语语料库、中古阿拉伯语语料库、拉丁语语料库、现代英语语料库、互联网英语语料库等五类库容近 4 000 万词的非平行但存在关联的系列语料库,考察政治和科技两类话语中的重要概念在古希腊语、中古阿拉伯语、拉丁语和现代英语中的历时演变过程,描述跨时空的翻译传播路径,以及这些概念在从一种语言转换到另一种语言的过程中,如何根据不同社会、政治、文化的需求而经历意义迁移,这当中也涵盖包括译者在内的社会行为主体如何在跨语言转换中融入自己的世界观从而影响概念的历时演变。

胡开宝①指出,基于语料库的翻译概念史研究可以从特定概念在历时语料中的分布、频率、搭配和演变等数据出发,考察其在目的语语境中落地、协商、生根和变形的历时变化,从历史维度分析特定概念的译名及其内涵与外延历时演变的趋势与特征。同时,一个社会文化领域的核心概念承载着该民族和国家的文化传统、政治理念以及价值体系,而相关概念的跨语际传播与接受既体现了源语社会意识形态的影响,也会对目的语社会意识形态以及目的语话语体系的发展产生影响。因此,基于语料库的翻译概念史研究还应在大量语料考察和定量统计的基础上,考察特定概念传播与接受历时演变的意识形态影响因素以及对目的语话语体系和社会意识形态的反作用,探究这些概念所塑造的民族身份和国家形象以及目的语社会民众对此的态度和认知。朱一凡和秦洪武②基于英汉翻译历时语料库,考查了 individualism 一词所表示的概念在我国的翻译历时演变,并利用北京大学 CCL 现代汉语历时语料库(现当代部分)及北京语言大学 BCC 汉语语料库中的微博语料,对照考察了“个人主义”在汉语文化语境中被商讨、争论并重构的方式和过程,认为“个人主义”在中

① 胡开宝. 数字人文视域下现代中国翻译概念史研究——议题、路径与意义[J]. 中国外语,2021,18(1):10-11.
② 朱一凡,秦洪武. Individualism:一个西方概念在中国的译介与重构——一项基于语料库的研究[J]. 中国翻译,2018,39(3):34-43.

国语境下的每一次解读和重构,都是西方观念与中国传统及当时的话语体系反复碰撞、争论、妥协、融合的结果。他们认为,将一个概念译入另一种文化语境是经历原有意义丢失、异变,且新意义在新的文化语境中重构、商讨并反复再造的过程。

可以说,语料库在翻译史研究中的应用意味着该领域研究方法的变革,使得对相关翻译史实,特别是特定概念历时演变过程的描写,建立在大量翻译语料或翻译文献分析的量化依据基础之上,从而使得研究结果更为科学、可靠。

7) 翻译教学及其研究切入点

翻译教学是重要的翻译研究领域之一。如何培养学生掌握双语语言技能和翻译技巧,以及促使他们在社会文化背景下获取有关翻译的体验及认知值得深入探究。传统的翻译教学多基于教师个人经验式、感悟式、师徒式的传授方法,在翻译教学模式、翻译质量评估和翻译教材建设方面均存在诸多不足之处。近 20 年来,不少学者先后开展了语料库在翻译教学中的应用研究,取得了较为丰硕的研究成果。迄今为止,基于语料库的翻译教学研究主要集中于五个重要领域。

第一,翻译教学语料库及其平台的建设研究,旨在研究如何建设针对翻译教学的语料库及其平台。对于翻译教学语料库的建设原则,目前学界较为统一的看法是语料质量高、语料真实、囊括翻译信息点。语料质量高就是说翻译教学语料库所收录的语料通常为名家名译或知名出版社出版的译作,能够为学生的翻译学习提供良好的示范。语料真实涵盖两个层面:一方面,翻译教学语料库所收录的语料应是在真实、自然语境下产生的翻译语料,而不是臆造的翻译语料;另一方面,翻译教学语料库所收录的语料应与当前翻译市场紧密结合,收录不同真实社会场景下的翻译语料,不仅收录文学类翻译语料,也应涵盖政治、商务、法律、新闻、科技等领域真实场景下的翻译语料。囊括翻译信息点是指翻译语料库中的语料应能最大范围地体现翻译策略和技巧信息,尽量选取能够体现双语语言文化差异的翻译文本。此外,还可以对翻译教学语料进行标注,包括语料题材、出版社、译者背景等信息以及翻译策略和技巧等。然而,基于语料库的翻译教学平台尚不多见,仍多停留在理念探讨和概念介绍。近年来,经过研究人员的努力也有了一些进展,如李晓倩[1]详细介绍了上海外国语大学研发的智能化多语种教学与科研平台的建设目的、总体设计、功能模块、语料管理等方面,并阐述了各模块在翻译教学中的应用。

第二,语料库在翻译教学中的实证研究,主要探究不同类型语料库在翻译中的重要作用。如 Bowker[2] 依托计算机领域母语语料库开展翻译教学实验,发现使用该语料库的实验组被试在原文内容理解、术语翻译的准确性及表达的专业性方面,均优于仅使用专业词典的对照组被试。面向翻译教学的语料库类型主要涵盖专门用途语料库、平行语料库、翻译学习者语料库等。专门用途语料库在翻译实践中发挥着重要作用,主要包括提取术语和常用词块、学习特定领域关键词的意义及用法、获取特定领域知识以及语言表达式。而平行语料库能够提供更为丰富的目的语对应单位,并可应用于机辅翻译软件,直接服务于翻译实践。近年来,基于学习者翻译语料库的研究也有所发展,主要探讨学习者翻译语料库建设以及如何通过学习者翻译语料库来协助教师监测学生翻译能力的提升,并帮助学生反思自己的翻译过程并改进译文质量。

第三,基于语料库的翻译教学模式研究,主要探究如何利用语料库加强翻译课堂教学,提高课堂教学效果,形成完备的翻译教学方法体系等。基于语料库的翻译教学模式以建构主义学习理论为依托,强调以学生为中心的翻译教学,注重课堂上师生间的互动以及课后学生的自主学习,改变传统翻译教学中的规定性教学方法,让学生成

---

[1] 李晓倩. 智能化语言教学与科研平台的研制及其在翻译教学中的应用[J]. 中国外语, 2021,18(3)：106 - 111.

[2] Bowker, L. Using specialized monolingual native-language corpora as a translation resource：A pilot study[J]. *Meta*, 1998, 43(4) ：631 - 651.

为翻译教学活动的主体。与传统的翻译教学模式相比,基于语料库的翻译教学模式最突出的特点是翻译教学内容的客观性以及翻译规律性特征的可视化。从语料库中截取的翻译教学内容,特别是翻译策略使用的规律性特征,是建立在真实翻译实例和语料数据统计基础上的,从而有效避免了传统翻译教学的主观性和规定性。同时,基于语料库的翻译教学可以直观呈现两种语言之间的对应语料,并利用可视化技术手段呈现其规律性特征,翻译学习者可以真实感受到两种语言文化间的差异,了解具体语言单位在不同语境中的翻译策略和方法,掌握双语转换规律。此外,基于语料库的翻译教学可以组织学习者观察分析翻译语料,将其纳入翻译教学主体,提高他们独立发现和解决翻译实际问题的能力,逐渐形成自己的翻译观。王克非和秦洪武[1]探究了平行语料库在翻译教学中应用的依据、动因和方式,认为平行语料库在课堂环境下的使用可以让学习者面对充足、易筛选的双语数据,使对翻译技巧和特定语言单位翻译的讲授相对集中,有助于创建高质量的自主学习和发现式的翻译教学环境。

第四,基于语料库的翻译质量评估研究,主要考察如何使用语料库提升翻译质量评估的效用。翻译质量评估是翻译教学过程中不可或缺的重要一环,如何评估学习者翻译质量,不仅直接关乎对翻译教学的实际效果的评价,也影响翻译质量评估的反拨效应,并进一步影响翻译教师教学活动的开展以及学习者学习翻译的动力。Bowker[2]曾提出建设翻译评估语料库,包括可比源文语料库(comparable source corpus)、质量语料库(quality corpus)、数量语料库(quantity corpus)、不当译文语料库(inappropriate corpus)四个子库。其中可比源文语料库为可选项,是否包括该子库取决于翻译的时间、文本类型以及译文目的。该子库主要包含与源语文本类型、发表时间、内容主

[1] 王克非,秦洪武. 论平行语料库在翻译教学中的应用[J]. 外语教学与研究,2015, 47(5): 763-772.

[2] Bowker, L. Towards a methodology for a corpus-based approach to translation evaluation[J]. *Meta*, 2001, 46(2), 345-364.

题相似的源语语料,以便评估人员熟谙源语文本是否遵循了文类规范。质量语料库收录涉及原文主题的特定专业领域文本,能够提供对源语文本涉及概念的权威解读,为翻译评估人员提供有效参考。数量语料库同样收录与原文主题相似的文本,但主要是该领域偏普及性质的文本,目的在于为翻译质量评估者提供语言使用层面的参考例证,从而确定被评估者译文在词汇、短语、语义韵、文体等方面是否恰当。不当译文语料库所收集的语料文本类型更为广泛,在主题和出版时期等方面可以不同,主要目的在于了解被评估者翻译错误所在,从而获得具体、有效的反馈。该语料库的设计对于翻译质量评估有着重要参考价值。

　　不难看出,基于语料库的翻译质量评估模式有着独特优势。首先,基于语料库对翻译文本系统描写的结果客观、真实且更加可靠。其次,基于语料库的评估路径借助计算机软件开展,不仅便捷,还可以获取规律性语言使用模式。再者,基于语料库的译文评估比较具有系统和一致的优点,不因评估人员的改变而出现偏颇,并支持重复性验证,更为科学。然而,这并不意味着目前的翻译质量评估就完美和无可挑剔,也有学者对于翻译质量评估研究提出异议。如刘亚猛[①]认为几千年来对翻译的讨论并没有使翻译质量评估有普遍认可的规范及法则可依,各种评估模式的前提和预设相互冲突,构筑一个能准确衡量、客观评价翻译质量且普遍适用的平台是一个虚幻的理想。因此,摆在我们面前,需要我们及时做出回应的问题是如何在翻译质量评估标准的客观需求与普适标准缺失之间、评估的客观性要求与评估者客观性的缺失之间,以及评估的语言层次可行性与社会文化视野观照之间取得合理的平衡。就目前而言,基于语料库的翻译质量评估研究仍不失为重要的研究范式,语料库“在翻译质量评估中的运用将越来越广,语料库途径也将为翻译质量评估带来重大的突破”[②]。

① 刘亚猛. 翻译质量评估的理想与现实[J]. 中国翻译,2018,39(2):8-16.
② 戴光荣,左尚君. 翻译质量评估中语料库的运用与研究[J]. 外语教学,2021,42(2):95.

第五，基于语料库的翻译教材编写研究，主要探究如何利用语料库克服目前翻译教材的诸多缺陷，提高翻译教材的编写质量。根据胡开宝[①]，基于语料库的翻译教材编写在教材内容编排、翻译材料难易度选择以及翻译练习设计等方面有着重要优势，能够有效避免编者直觉和主观经验对教材编写的干扰，从而实现翻译教材编写理念和方法的革新。

传统的翻译教材编写往往依据编者个人主观经验来判定教材内容的难易程度，进而确定其编排顺序，然而教材内容难易度的判断仅凭直觉和经验未必准确。不过，利用语料库及相关检索软件，我们可以考察具体翻译文本的类符/形符比、平均词长、词汇密度、平均句长等相关数据，判定该文本的难易程度，进而循序安排相关翻译教学内容。此外，我们还可以通过建设学习者翻译语料库，收录不同层次学习者的翻译习作，并进行翻译错误类型标注，在语料数据统计的基础上，分析学习者翻译错误的类别、特征、频次，并作为翻译教材内容编排的依据。同时，翻译例证的选取同样关乎教材编写质量，好的翻译例证不仅要求真实、新颖，有效体现翻译技巧，还要求翻译例证选材广泛、多样、可靠，而语料库收录的语料少则几十万，多则十数亿，可为翻译教材编写提供丰富、有针对性的翻译句子、段落及篇章。此外，翻译练习也是教材编写不容忽视的部分，几乎所有教材在阐释相关翻译理论或特定翻译技巧时，都会配以适当的翻译练习来帮助学习者消化和巩固所学知识。胡开宝和李翼[②]认为在编写教材过程中充分利用语料库的技术优势，如语境自动呈现和数据自动生成等，设计一些探索式练习题，有利于提升学习效果。那么运用语料库编写翻译练习，可以提取规律性的翻译片段，强化特定翻译策略或技能训练，凸显规律性的翻译特点，便于强化学习者的翻译感知。可以说，基于语料库的翻译教材编写有利于促进翻译教学内容的科学编排，从而

① 胡开宝. 语料库翻译学概论[M]. 上海：上海交通大学出版社，2011：171.
② 胡开宝，李翼. 当代英语教材语料库的创建与应用研究[J]. 外语电化教学，2016，(3)：34-39.

有效提高翻译教学质量。然而,基于语料库的翻译教材编写实证研究目前仍不多见。

　　整体而言,基于语料库的翻译教学研究取得了长足的发展。然而,需要注意的是,语料库有其自身限制,无法也不可能解决翻译教学中的所有问题。因此,在如何实现语料库与翻译课堂教学之间的有机融合,如何使基于语料库的翻译教学与传统翻译教学相互补充,如何在译者培训中不因语料库例证的影响而抹杀译者创造性等方面,仍需要进一步探索。

　　综上所述,语料库已广泛应用于翻译研究的众多领域。语料库翻译学是以语料库应用为基础的实证性、描写性翻译研究范式,注重翻译事实及其影响因素的观察与客观描写。语料库翻译学还注重在描写基础上对翻译事实或数据体现的规律性特征进行解释,探索这些规律背后的社会文化因素以及翻译与社会文化之间的互动关系。就其研究步骤而言,胡开宝[①]曾指出语料库翻译学通常可以划分为四个步骤:第一,依据某一理论确定利用语料库开展研究的切入点,即具体语词、句法结构或搭配等。在此之前也应根据相关理论和研究目的,确定是否需要对语料进行相关标注。第二,采用相应语料处理软件,提取研究所需的语料和数据,进行定量统计分析。第三,依据定量统计结果,描绘数据所反映的翻译文本或翻译过程的总体特征和趋势,归纳出有关某一翻译事实或翻译现象的研究发现。第四,对研究发现进行学理讨论和解释。

10.3　个案分析

　　本节以《基于语料库的等级趋弱级差资源口笔译对比研究》[②]为

① 胡开宝. 语料库翻译学:内涵与意义[J]. 外国语(上海外国语大学学报),2012, 35(5):64.
② 李涛,胡开宝. 基于语料库的等级趋弱级差资源口笔译对比研究[J]. 浙江大学学报(人文社会科学版),2020,50(6):180-190.

案例,提供翔实的研究步骤和路径,着重说明语料库在翻译研究中的
应用以及如何开展基于语料库的翻译研究。

10.3.1　研究背景及缘起

　　中国政治话语体系是全球治理中国方案的集中体现,语言使用
严谨、信息权威,通常代表国家立场。中国政治话语也时常使用特定
评价资源,从而有效展现外交辞令以使话语语义含蓄、模糊甚至模棱
两可,最大程度上规避话语风险及责任,在中国政治话语体系走出
去、构建具有中国文化主权且融通中外的对外话语体系的过程中维
护我国国家形象及利益。因此,如何有效对外传播中国政治话语以
提升我国国际话语权值得深入研究。

　　这里选取评价系统作为理论分析框架,主要是因为评价系统被
认为是截至目前最为完善的价值评判话语分析模型。近年来,评价
系统广泛应用于话语分析,研究对象涉及新闻、法律、商务、政论、小
说、学术等各种话语类型。此外,评价系统研究与语料库研究均以词
汇或语篇研究为切入点。评价系统通常从作为评价资源的评价性语
词入手,拓展话语中的人际意义研究,而评价系统理论分析框架的创
建者 James Martin 教授也表示语料库在评价系统的话语实现层面至
关重要。语料库方法可通过相关检索软件,进行语词及其扩展意义
单位的详细分析,特别是高频词及搭配等方面的考察。这是语料库
研究和评价系统研究的契合点。这也是为什么评价系统研究会逐步
借助语料库方法开展评价意义考察分析,包括基于语词搭配共现的
评价意义等相关研究。

　　根据 Martin 和 White① 的论述,评价系统分为介入(Engagement)、
态度(Attitude)和级差(Graduation)三个子系统。其中,级差系统在整
个评价系统中占有重要地位,态度和介入系统都处于其辖域,因为级

---

① Martin, J. & White, P. *The Language of Evaluation: Appraisal in English* [M]. London:
Palgrave Macmillan, 2005: 35.

差性是态度、介入及其各子系统的典型属性。而级差系统又可细分
为语势和聚焦两个子系统：语势主要是依据强度或量度等级轴线，
用以标识增强或减弱意义的力度，有强势和弱势两类；聚焦则是依据
典型性轴线，实质上是把不能分级的范畴进行层次化，包括锐化和钝
化两个子系统。在级差系统整体层面上，级差资源又可区分为级差
等级趋强（up-scale）和等级趋弱（down-scale）两类。本研究所涉及的
等级趋弱级差资源在级差系统内表现为语义等级趋弱，降低、减弱说
话者表达态度的力度或有意虚化范畴边界，模糊所传达的话语意义，
暗含说话者对话语语义的不确定，或在态度上降低量级以规避话语
风险及责任。

那么，翻译人员如何运用评价资源及在译文中再现原文中的评
价语义？这是评价系统和翻译研究都亟待关注的重要交叉课题。而
对中国政治话语中等级趋弱级差资源的翻译直接关系到能否彰显翻
译主体的翻译立场，这也是我们选取等级趋弱级差资源作为研究对
象的缘由。大体来说，本研究基于中国政治话语汉英口笔译语料库，
选取等级趋弱级差资源为切入点，开展等级趋弱级差资源搭配型式
的口笔译对比分析，探究中国政治话语口笔译过程中的翻译处理异
同，并对研究结果进行解释。

10.3.2　文献综述

有关评价系统在翻译中的应用的学术探讨是最近一二十年来的
事情。随着评价系统研究的拓展，部分学者才开始尝试以评价系统
为理论工具探讨评价资源的翻译研究。

张美芳较早探讨了译者在理解和传达原文评价语义时所表
现出来的自身的价值取向，认为译者与原文作者的价值观差异是
导致译文不忠实于原文的重要因素。[①] 文学翻译领域、商务翻译领

---

① 张美芳. 语言的评价意义与译者的价值取向[J]. 外语与外语教学, 2002, (7)：
　15-18+27.

域,特别是新闻翻译领域,对评价系统的应用均有较多的深入探讨,如 de Souza[①] 对比分析了一篇英语新闻稿件及其两篇葡萄牙语译文中的评价资源翻译差异,详细考察了评价系统在译语中的再实例化。研究发现,部分级差资源在译文中表现出语势增强或减弱以及从语势子系统到聚焦子系统的转换。该研究是近年来评价系统与翻译研究中较为系统的一项研究,然而研究数据仅仅依靠一篇新闻稿件,较为单薄,有待扩展。

然而,在政治话语翻译领域,评价系统的应用研究仍不多见。Munday[②] 较为系统地考察了包括政治话语在内的多类话语中评价资源的翻译,不过其关注点主要在于译者主体性,较少提及评价语义的重构及其影响机制,且对评价资源重构的研究也多限于对单篇文本的探讨。Li 和 Xu[③] 详细分析了中国当代政治文献英译中的级差资源重构,并借此讨论了中国政治话语英译对我国及其他国家态度的变化。Wang 和 Feng[④] 的研究是现有为数不多的评价资源口译重构研究。该文采用语料库方法,详细分析了译员在口译"问题"一词过程中的决策,认为译员并非翻译机器,而是扮演着口译再语境化中的协调人角色。可以说,以上研究或多或少对评价系统在翻译中的应用做出了尝试。

但也不难看出,国内外探究翻译话语中评价资源重构的研究还有较大发展空间。现有研究大多局限于个别语篇或少数例句的分析,较少关注不同翻译类型对评价资源重构的影响。基于语料库的评价资源搭配共现重构研究尚付阙如,评价资源搭配语词的语义趋

① de Souza, L. M. F. Interlingual re-instantiation: A model for a new and more comprehensive systemic functional perspective on translation [D]. Florianópolis & Sydney: Universidade Federal de Santa Catarina and University of Sydney, 2010.

② Munday, J. *Evaluation in Translation: Critical Points of Translator Decision-Making* [M]. London: Routledge, 2012.

③ Li, T. & Xu, F. Re-appraising self and other in the English translation of contemporary Chinese political discourse[J]. *Discourse, Context and Media*, 2018, 25(5): 106 – 113.

④ Wang, B. & Feng, D. A Corpus-based study of stance-taking as seen from critical points in interpreted political discourse[J]. *Perspectives*, 2018, 26(2): 246 – 260.

向如何影响其在口、笔译中的重构有待研究,这也正是本节个案研究的出发点。

10.3.3　研究设计

基于以上对先前文献的梳理和述评,本研究主要回答以下问题:1)作为不同翻译类型的口译和笔译对等级趋弱级差资源搭配型式的翻译处理是否存在差异? 2)等级趋弱级差资源搭配词的语义趋向是否会影响其口、笔译处理? 3)等级趋弱级差资源搭配型式的口、笔译过程中存在哪些影响因素?

本研究以中国政治话语汉英口笔译语料库为研究基础。该语料库由记者招待会汉英口译平行语料库(以下简称口译语料库)和党政工作报告汉英平行语料库(以下简称笔译语料库)两个子库组成,其中口译语料库包括我国中央领导记者招待会问答环节汉英口译语料,笔译语料库包括中国共产党全国代表大会和中央政府工作报告汉英笔译语料,时间跨度均为 1989 年至 2019 年,具体库容分布如表10.1 所示:

表 10.1　中国政治话语汉英口笔译语料库的库容分布

子　库	库容(单位:词)		占总库容的百分比
记者招待会汉英口译平行语料子库	518 090	原文语料: 289 368	49.98%
		英译语料: 228 722	
党政工作报告汉英平行语料子库	518 432	原文语料: 283 559	50.02%
		英译语料: 234 873	
总　计	1 036 522		100%

根据表 10.1 可知,口译语料库和笔译语料库的库容大致相当。而且,因译员及译者均为国家高级别翻译工作人员,语料质量上乘。

此外,口译语料库和笔译语料库所收集的语料均涵盖政治、经济、外交等方面的话题,同属中国政治话语。口笔译语料之间具有较好的可比性。

采集研究数据是十分重要的研究环节,有必要详细说明步骤,因为这关涉到研究结果的可信度。本研究中所获取的等级趋弱级差资源要满足两个基本条件:一是口笔译语料库汉语原文共享该级差资源;二是该级差资源表现出等级趋弱向度。这里先使用语料库软件WordSmith 分别制作口笔译汉语原文词表,并使用该软件生成两个词表的词表,提取出频次为 2 的语词,即口笔译汉语原文共享的词表。然后,依据评价系统分类,选取共享词表中所有的等级趋弱级差资源作为研究对象,包括"比较""初步""大体""基本""相对",其频次及分布如表 10.2 所示:

表 10.2　等级趋弱级差资源在原文中的频次及分布

语料库	比较	初步	大体	基本	相对	总计
口译语料库	107	6	1	18	6	138
笔译语料库	66	40	1	116	14	237

最后,使用平行语料库软件 ParaConc,分别提取并观察口译语料库和笔译语料库中的等级趋弱级差资源的汉英翻译索引行,采用SPSS 对提取数据进行统计检验,进而探究中国政治话语口笔译对等级趋弱级差资源搭配型式的翻译处理异同及其动因。

10.3.4　语料库数据统计结果呈现

基于所提取的汉英翻译索引行,通过观察我们可以把等级趋弱级差资源的翻译分为对应翻译、转译、零翻译三个类别。其中,对应翻译指译文中提供了对应语言单位,并且其评价语义在译文中也表现为等级趋弱,譬如"应该说,我们减税的规模是[[比较]]大的"

(This is fairly large-scale tax reduction.)。转译是指采用词性转换、重置语句、正话反说等变通方式,在译文中传达出等级趋弱级差资源所承载的评价意义。譬如"加快完善文化管理体制和文化生产经营机制,[[基本]]建立现代文化市场体系,健全国有文化资产管理体制,形成有利于创新创造的文化发展环境"(We should accelerate improvement of the system for managing the cultural sector and the mechanism for cultural production and operation, establish the basic framework of a modern cultural market system, improve the system for managing state-owned cultural assets, and foster a cultural environment that encourages creativity.)。零翻译简单地说就是指译文中没有提供任何对应语言单位。譬如"企业债务率高是老问题了,因为中国是间接融资为主,但是我们的居民储蓄率也[[比较]]高"(A very high corporate debt ratio is not new in China, as they still raise finances mostly indirectly in China, but we have a high saving's rate.)。这里译文中没有提供"比较"的英语对应单位如 fairly,同时 fairly high 这样的搭配在 COCA 中高频出现,符合英语规范,因此本句的翻译就被归类为零翻译。需要注意的是,转译和对应翻译都再现了原文中的级差语义,这里统一归类为对应翻译。

为了进一步深入考察等级趋弱级差资源的翻译,本研究还考虑了其搭配型式并区分了等级趋弱级差资源的积极搭配词和消极搭配词。积极搭配词如"[[基本]]淘汰黄标车,加快淘汰老旧机动车"和"物价[[相对]]稳定"中的"淘汰""稳定",消极搭配词则与此相反。与传统的语义韵不同,这里对于积极与消极搭配词的判断是建立在其扩展语境整体意义上表现出的语义趋向,像"黄标车"得以"[[基本]]淘汰","问题"得以"[[初步]]解决"等,从整体上来说表达出了积极语义趋向,则"淘汰"和"解决"就被认定为积极搭配词。等级趋弱级差资源搭配型式在口、笔译语料库中的翻译具体情况,分别如表 10.3 和表 10.4 所示:

表 10.3　口译语料库中等级趋弱级差资源搭配型式的翻译

词　语	对应翻译		零翻译	
	积极搭配词	消极搭配词	积极搭配词	消极搭配词
比较	34	19	33	21
初步	3	0	3	0
大体	1	0	0	0
基本	14	0	4	0
相对	0	3	1	2
共计	**52**	**22**	**41**	**23**
百分比	**37.68%**	**15.94%**	**29.71%**	**16.67%**

表 10.4　笔译语料库中等级趋弱级差资源搭配型式的翻译

词　语	对应翻译		零翻译	
	积极搭配词	消极搭配词	积极搭配词	消极搭配词
比较	14	11	20	21
初步	33	0	7	0
大体	1	0	0	0
基本	87	17	6	6
相对	7	1	5	1
共计	**142**	**29**	**38**	**28**
百分比	**59.92**	**12.24%**	**16.03%**	**11.81%**

可以看出,口译和笔译基本实现了等级趋弱级差资源的评价语义,分别占据口译和笔译语料中相应总频数的 53.62% 和 72.16%,这

进一步验证了胡开宝教授与陶庆副教授 2012 年的研究结论,就汉语程度副词的英译而言,记者招待会汉英口译语料和政府工作报告笔译语料均呈现出显著的对应趋势。但口译相较于笔译而言,存在更多的零翻译处理,占比高达 46.38%。

为考察等级趋弱级差资源搭配词项的不同语义趋向是否会影响口笔译处理,这里采用 SPSS 软件对研究数据进行统计检验,具体如表 10.5 所示:

表 10.5　等级趋弱级差资源搭配型式的口笔译重构

子库及检验	积极搭配词		消极搭配词	
	对应翻译	零翻译	对应翻译	零翻译
口译语料库	52	41	22	23
笔译语料库	142	38	29	28
χ^2检验	$\chi^2=15.740$;$p=0.000$		$\chi^2=0.040$;$p=0.842$	

经卡方检验可以发现,当等级趋弱级差资源与积极搭配词共现时,原文中的评价语义在两种不同类型翻译中的实现方式存在差异($\chi^2=15.740$;$p<0.005$)。进一步观察可以发现,当等级趋弱级差资源与积极搭配词共现时,笔译比口译更倾向于采用对应翻译进行处理,对应翻译及零翻译分别占其总频数的 78.89% 和 21.11%;而口译同样倾向于采用对应翻译,但相较于笔译而言,口译则更加倾向于采用零翻译,对应翻译及零翻译分别占其总频数的 55.91% 和 44.09%,等级趋弱级差资源零翻译的比例是笔译的两倍有余。当等级趋弱级差资源与消极搭配词共现时,数据显示两类不同翻译对等级趋弱级差资源的实现方式并未产生显著影响($\chi^2=0.040$;$p>0.005$)。通过对比观察数据,可以看出在与消极搭配词共现时,口笔译在较多采用对应翻译的同时,也都存在较高比例的零翻译,且口译零翻译频次占比更高。

10.3.5 语料库数据统计结果的学理阐释

任何翻译都是在特定社会语境下进行并受社会语境制约的活动。"作为一种特殊的社会实践活动,翻译一方面受到各翻译主体交际意图及其权力关系的制约,另一方面受到译者所处社会的主流意识形态的影响以及译者本人的政治立场影响"[①],政治话语翻译亦不例外。同时,翻译活动有其自身的规律,翻译人员也必然遵从相应的职业规范。我们认为中国政治话语翻译中的翻译立场、口笔译特点以及汉英语言差异这三个因素可以部分解释上述研究发现。

首先,中国政治话语翻译过程中,原文信息来源权威,代表国家立场,具有相对较高的政治地位,这实际上对翻译活动施加了权力约束。可以说,对于中国政治话语翻译人员而言,服从记者招待会发言人或官方文件起草人是其翻译职业规范的要求,表现在翻译实践中就是忠实、准确地再现原文意义,任意对原文语义的更改就会违反翻译职业规范并可能导致政治性风险。因此,无论口译还是笔译,中国政治话语翻译人员整体上都更多地采用了对应翻译,使得原文和译文中的级差语义量级保持相当。以下也从语料库中撷取具体索引行予以说明:

例 6: ……由于 目前 粮食 的 [[相对]] 过剩 , 粮价 的 下跌 , 收入 , 主要 是 讲 主产区 的 农民的 ……

例 6 译文: At the moment, there is **relative** surplus in food supply and the price of grain has dropped, which has resulted in the decline of increase of income for the farmers in the grain producing areas.

例 7: ……融资 成本 上升 势头 得到 [[初步]] 遏制……

---

① 胡开宝,李涛,孟令子. 语料库批评翻译学概论[M]. 北京:高等教育出版社,2018:31.

例 7 译文：Initial success was thus made in curbing the rising cost of financing.

例 6 和例 7 分别取自口译语料库和笔译语料库，等级趋弱级差资源"相对"和"初步"分别与消极搭配词"过剩"和积极搭配词"遏制"共现。可以看出，两个例子中的等级趋弱级差资源在原文中都起到降低、减弱所搭配语词语义力度的作用，形成等级趋弱向度，例 6 中的"相对过剩"暗含并非十分过剩，而例 7 中的"初步遏制"也表达出尚未完全遏制的含义。翻译人员把"相对"和"初步"两个等级趋弱级差资源采用对应翻译或转译方法处理为 relative 和 initial，在译文中同样表达出级差语义等级趋弱向度，实现了原文和译文在级差语义层面的相互对应。

同时也值得提及的是，无论是口译还是笔译，翻译人员均为我国国家机关工作人员，需要传达国家立场，维护国家形象和利益。因此，在翻译政治话语中的等级趋弱级差资源时，翻译人员无论采用对应翻译还是零翻译，都要体现出维护我国国家形象和利益的翻译立场。这一点在处理等级趋弱级差资源与积极语词搭配时更为明显。当翻译人员采用零翻译处理原文中的等级趋弱级差资源时，原文中的积极语义的降级趋势得以缓和、弱化甚至终止，那么译文相较于原文而言，事实上表现出了积极语义级差量度升级，呈现出更为正面的国家形象。

例 8：……企业　债务　率高　是　老　问题　了　，　因为中国　是　间接　融资　为主　，　但是　我们　的　居民　储蓄率　也　[[比较]]　高　……

例 8 译文： A very high corporate debt ratio is not new in China, as they still raise finances mostly indirectly in China, but we have a high saving's rate.

例 9：……我国　经济　基本面　好　，　商业银行　资本　充

足率 拨备 覆盖率 [[比较]] 高 ， 可 动用 的 工具
和 手段 多 ……

例 9 译文：The fundamentals of the Chinese economy remain
sound, the capital adequacy ratio and provision coverage of commercial
banks remain high, and we have many financial tools and instruments
that can be used.

例 8 和例 9 分别取自口译语料库和笔译语料库。作为等级趋弱
级差资源，两个例子中的"比较"在原文中降低并减弱了其积极搭配
词"高"的语义等级量度，表现出等级趋弱向度。"比较高"意味着不
是"很"或"非常"高，这里如果把"比较"对应翻译为 fairly，在译文中
着实可以降低 high 的语义等级量度，实现原文与译文之间的级差语
义对应。但是，译员和译者均相应采用零翻译方法处理原文中的"比
较"，原文中对"高"这一积极语义的级差降级得以消解并终止。与
原文相比，译文呈现出积极语义的等级量度升级，在译文中传达出我
国"居民储蓄率高"和"银行资本拨备覆盖率高"并因此经济依然向
好的意义，有力回应了国际上对我国经济下行的担心，从而有利于维
护我国国家利益。

然而，有必要指出，当等级趋弱级差资源与消极词搭配时，口、笔
译在对应翻译和零翻译之间显著统计差异。译员或译者在处理等级
趋弱级差资源与消极词搭配时，都部分保留了原文中的消极评价语
义，甚至提高了其消极语义等级量度。不过，通过详细观察相关语
料，我们发现等级趋弱级差资源的这些消极搭配词多指人民困苦、贪
污腐败、形式主义、官僚主义等。

例 10：……目前 的 制度性 成本 还是 很 高 ， 办
事 还是 [[比较]] 难……

例 10 译文：the government-imposed transaction cost in China
remains high, and it is still difficult for the people to get things done.

例 11：……腐败现象　在　一些　地方　部门　和　领域 [[比较]]　严重……

例 11 译文：Corruption remains a serious problem in some localities, departments and areas.

例 10 和例 11 分别取自口译语料库和笔译语料库。两个例子中的等级趋弱级差资源"比较"分别搭配消极词"难"和"严重",在原文中降低减弱了"办事……难"和"腐败……严重"的等级量度。在例 10 中,译员把"办事还是比较难"零翻译处理为"it is still difficult for the people to get things done",例 11 中,译者同样采用零翻译,没有提供"比较"的英文翻译,没有传译"比较"的等级趋弱向度。这在译文中实际上呈现出"难"和"严重"消极评价语义的等级量度升级。但是这却表达了中国领导人以及政府对官僚主义、贪污腐败等不正之风的痛恶,并体现其抵制、打击不正之风的期望和决心。因而,这里采用零翻译,某种程度上体现出翻译人员传达我国国家态度、维护国家正面形象和利益的翻译立场。

其次,口译和笔译各有其自身特点,不可避免会影响上述研究结果。从表 10.3 和表 10.4 可以看出,与笔译相比,口译更加倾向于采用零翻译,零翻译采用比例达到 46.38%,而笔译比口译更倾向于采用对应翻译,对应翻译采用比例高达 72.16%。口译具有单次性、即时性和现场性等特点。译员在口译过程中承载高强度的认知负荷,面临巨大的时间压力,需在短时间内使用目的语一次性完成原文信息传递。口译研究学者普遍认为口译过程中省略现象客观存在,经验丰富的译员也不例外。因此,译员不必也不能照顾到全部语义信息,零翻译或省略是译员口译过程中采取的必要策略。译员在信息超出认知负荷时,会最大限度地传译发言人的核心信息而省略次要信息。

例 12：……我们　也　看　到　,　的　确　产　生　了　一些

[[比较]] 严重 的 过剩 产能 ， 主要 是 在 重化工
领域⋯⋯

例 12 译文：It is true that in some sectors there are serious problems of overcapacity, especially in heavy industries and petrochemical industries.

例 12 取自口译语料库。如果对原文的语义进行层层分解，那么其核心意义就可以理解为"一些重要领域产生了过剩产能问题"，"问题严重"次之，"比较严重"更次之。译员这里没有翻译"比较"，有可能是在高强度的口译压力之下忽略次要信息的结果。

同时也应看到，口译的这种特点一定程度上宽容了译员的不对等翻译，减少了职业规范及受众舆论给译员带来的压力，这为译员处理等级趋弱级差资源时更多采用零翻译提供了可能。而在党政工作报告笔译过程中，译者拥有相对充足的时间，有条件采用不同的翻译方法实现原文与译文的级差语义对应，如"基本"在笔译中的对应单位多达 6 种，但同时也使译者更加受限于中国政治话语翻译规范，若译者有充足时间却未能遵从翻译规范，则其翻译职业公信力会受到影响，甚至需要承担因政治性错误而引发的严重后果。这使译者更加忠实地再现原文中的等级趋弱级差资源，从而更多地实现了原文与译文之间评价语义的级差对应。

最后，汉英语言差异对译文所产生的影响也不容忽视。例如，在翻译"基本普及九年义务教育和[[基本]]扫除青壮年文盲"（fulfilling the objectives of making nine-year compulsory education universal in the country and eliminating illiteracy among young and middle-aged people）时，译者采用零翻译处理"基本"及其积极搭配词"扫除"。这里的问题可能在于 basically 是否可以和 eliminate 搭配，就是说汉语中可以相互搭配的语词共现在英语中未必可行。我们查阅朗文在线词典，eliminate 被定义为"to completely get rid of something that is unnecessary or unwanted"，可以看出 eliminate 自身含有 completely（彻

底地)这一义素,而 completely 和 basically 事实上出现了语义冲突。为此,我们分别检索了 BNC 和 COCA。在 BNC 中,basically 和 eliminate 搭配频次为 0,在 COCA 中搭配频次仅为 14,这首先表明二者搭配力不强。进一步观察,发现 COCA 中的 14 个搭配共现索引行大都源自对非英语母语者的引用,如 SAAKASHVILI(格鲁吉亚人)的"We basically managed to crack down on corruption and to basically eliminate the issue of corruption."。因此,翻译人员在处理等级趋弱级差资源时,虽然整体上更倾向于采用对应翻译,但仍有不低频次的零翻译处理,这有可能归因于翻译人员深厚的英语语言素养,从而避免使用此类搭配以展现其翻译能力。

口笔译对中国政治话语中的等级趋弱级差资源搭配型式处理的异同受诸多因素影响。通过以上分析,可以说中国政治话语翻译中的译者立场,口笔译特点以及汉英语言差异是其中三个重要的因素。当然,通常情况下还需适时强调研究的潜在应用价值,譬如在中国政治话语口笔译教学中,不仅要关注学员的语言素养以及对口笔译差异的认知,也需要强化学员的政治立场,培养其政治敏锐性,使其深刻理解中国政治话语对外翻译不仅是文字处理工作,更是非常重要的政治任务。同样,任何研究都有其局限性,也应在可能的范围内指出未来研究方向,如系统考察中国政治话语中的态度、介入等其他评价资源的口笔译对比研究,以及从历时视角探讨汉英翻译中的评价语义迁移研究等仍有待进一步开展。

10.4　小结

本章主要通过实例和个案分析展现了语料库在翻译实践和翻译研究中的应用。可以看出,无论对于翻译实践还是翻译研究,语料库都是非常有效的工具,不仅可以提供地道而翔实的翻译参考,还促使翻译研究在一定程度上克服研究者的主观偏见,使研究结果更加客观、科学和可靠。

　　然而,需要提醒的是,无论是翻译实践还是翻译研究都无法完全脱离人为因素,因此不能过于夸大语料库的功用。在翻译实践层面需要注意的是,一旦译者过于依靠语料库,可能会阻碍其主观能动性的发挥,导致译文中规中矩,缺乏创造性,较难为读者带来新鲜的阅读体验。在翻译研究层面,真实海量的翻译语料分析只是研究的起始,翻译语料中规律性的翻译特征仍需研究人员考察和探究。目前多数研究仍然只是停留在翻译特征的描写阶段,更为重要的是还需要对这些语料数据支撑的规律性翻译特征进行合理解读。也就是说,基于语料库的翻译研究不能停留在呈现翻译语料的结果,研究者需要从更深层次的理论视角对语料统计结果做出学理阐释。

 思考题

　　1. 英语母语语料库在汉英翻译实践中有哪些主要功用?

　　2. 汉英平行语料库在汉英翻译实践中有哪些主要功用?

　　3. 除了英语母语语料库和汉英平行语料库,在汉英翻译实践中还有哪些类型的语料库可以使用?

　　4. 基于语料库的翻译研究有哪些研究步骤?

　　5. 基于语料库的翻译研究有哪些主要研究领域?

　　6. 语料库在翻译实践和翻译研究中有哪些局限?

 推荐阅读

de Souza, L. M. F. Interlingual re-instantiation: A model for a new and more comprehensive systemic functional perspective on translation [D]. Florianópolis & Sydney: Universidade Federal de Santa Catarina and University of Sydney, 2010.

Hu, K. & Li, X. Corpus-based critical translation studies: Research areas and approaches[J]. *Meta*, 2018, 63(3): 583 – 603.

Li, T. & Pan, F. Reshaping China's image: A corpus-based analysis of the English translation of Chinese political discourse [J]. *Perspectives*, 2021, 29(2): 354 – 370.

Li, T. & Xu, F. Re-appraising self and other in the English translation of contemporary Chinese political discourse [J]. *Discourse, Context and Media*, 2018, 25: 106 – 113.

Martin, J. & White, P. *The Language of Evaluation: Appraisal in English* [M]. London: Palgrave Macmillan, 2005.

Munday, J. *Evaluation in Translation: Critical Points of Translator Decision-Making* [M]. London: Routledge, 2012.

Wang, B. & Feng, D. A corpus-based study of stance-taking as seen from critical points in interpreted political discourse [J]. *Perspectives*, 2018, 26(2): 246 – 260.

胡开宝,李涛,孟令子. 语料库批评翻译学概论[M]. 北京:高等教育出版社,2018.

胡开宝. 语料库翻译学概论[M]. 上海:上海交通大学出版社,2011.

胡开宝. 语料库翻译学:内涵与意义[J]. 外国语(上海外国语大学学报),2012,35(5):59 – 70.

第 11 章
语料库在外语教学中的应用

11.0 引言

  自 20 世纪 50 年代以来,语料库先后被应用于词典编纂、语言学、翻译和文学等领域,有力地推动了这些领域研究的发展。与此同时,学界先后研发学习者语料库,探讨语料库在外语教学中的应用。20 世纪 60 年代,英国伯明翰大学与柯林斯出版公司合作建设库容达 2 亿词的英语语料库,并基于该语料库编写了一系列工具书、语法书和教材等。1994 年,英国兰卡斯特大学举办"教学与语料库"研讨会,讨论语料库在语言教学中的应用。迄今为止,该研讨会已举办 14 届,所讨论的话题主要包括通用语料库和专门语料库在教学大纲设计、语言测试、教材研究和课堂教学中的应用,有力地推动了语料库在外语教学中的应用研究。语料库具有批量呈现、语境共现和数据驱动等技术优势。批量呈现指语料库可以集中呈现大规模真实语料,使得学习者能够同时接触不同词汇或语言结构。语境共现指语料库能够展示众多相同或相似的语境信息,从而唤起学习者的有效注意,激发其大脑图式并形成新的图式。数据驱动指语料库能够提供关于语言应用趋势和特征的数据,使得语言教学建立在对大规模语料的考察和数据统计的基础之上。这些技术优势使得外语教学的理念和方法发生了重大变化,在很大程度上丰富了外语教学的内涵。

11.1　语料库在外语教学中应用的主要领域

一般而言,语料库在外语教学中有两种应用方式,即直接应用和间接应用。前者包括语料库在外语课堂教学中的直接应用及数据驱动式外语教学模式的构建。后者则涵盖语料库在外语工具书编写、外语教学大纲设计、外语测试、中介语研究、外语课堂教学话语研究、外语教材研究等领域中的应用。

11.1.1　语料库在外语教学中的直接应用

1) 语料库与外语课堂教学

长期以来,传统的外语课堂教学以教师讲授为主,而且教师的讲解多为定性分析,讲授的语言知识往往是规定性知识,缺乏充分的事实依据和数据支撑。尤其令人担忧的是,教师课堂上教授的外语词汇和句法结构的特征和使用规律往往与实际用法有所出入。语料库在外语课堂教学中的应用一方面可以使教师对外语语言知识和技能的讲解建立在对大规模语料考察和相关数据分析的基础之上,并因此趋于客观和全面,另一方面也将语言使用的实例批量呈现给学生,并凸显关键词的语境和搭配,方便学生接触原汁原味的语言,在观察典型词汇或句式结构的语境的基础之上,发现目的语的语言特征及其使用的趋势和规律,从而提高学生的语言意识,即对于语言形式和功能的认识和敏感性。Allan 认为"使用语料库资源,特别是语境共现的形式对提高语言意识具有独特的作用"[1]。Meunier[2] 倡导学习者语料库在课堂教学中的应用,认为教师在课堂上利用语料库对学

① Allan, Q. Enhancing the language awareness of Hong Kong teachers through corpus data[J]. *Journal of Technology and Teacher Education*, 1999, 7(1): 57–74.
② Meunier, F. The pedagogical value of native and learner corpora in EFL grammar teaching [A]. In S. Granger, J. Hung & S. Petch-Tyson (eds.). *Computer Learner Corpora*, *Second Language Acquisition and Foreign Language Teaching* [C]. Amsterdam: John Benjamins, 2002: 119–142.

习者语料和母语者语料进行比较,分析中介语中的错误,可以帮助学生了解中介语和目的语之间的差异。徐曼菲和何安平[1]采用关键词分析等语料库技术,依据词汇共选理念,分析了如何根据英语文章的关键词,指导学生理解文章主题、语篇结构和文体风格。

2) 语料库与数据驱动式外语教学模式的构建

教学模式是指在一定教学思想或教学理论的指导下,以完成特定教学任务为目的的相对稳定的规范化教学程序和操作体系。数据驱动式外语教学模式本质上是数据驱动学习法在外语教学中的应用。数据驱动学习法最早由 Tim Johns 于 20 世纪 90 年代提出,其主要做法是引导学生基于对大规模语料库数据的观察、概括和归纳,发现外语使用的趋势、特征和规律。Johns 认为"语言学习者实际上也是语言的研究者,他们的学习需要数据来驱动,这种使用语言数据来驱动学习的方法称为'数据驱动学习法'"[2]。

数据驱动式外语教学模式秉承建构主义教学理念,强调学习者的主动性,认为外语学习是学习者主动参与学习,依据已有的语言知识和认知图式,理解并吸收新的语言知识,积极、主动地参与语言知识建构的过程。该模式以语料库的直接应用为主要特征,因此也被称为"基于语料库的教学模式",其特征主要表现为真实性、客观性、直观性和研究性。

真实性是指数据驱动式外语教学模式强调让学生接触大量语言使用实例,创造真实的语言学习环境。该模式不仅强调教材课文和练习所使用的语言应当原汁原味,能够体现语言实际使用的现状,而且强调教师凭借语境共现这一语料库技术优势,向学生集中呈现大量真实语料,以激活学生关于语言知识的认知图式。

客观性是指课堂教学内容的传授具有充分的事实依据和数据支

[1] 徐曼菲,何安平. 语料库技术促进英语深度阅读教学[J]. 中国电化教育,2003,(12):87-90.

[2] Johns, T. "Should you be persuaded": Two samples of data-driven learning materials[J]. *English Language Research Journal*, 1991, (4): 1-16.

撑。一方面,教师可以发挥语料库的技术优势,提取、调用大量语料和相关数据并加以考察和分析,呈现并解释具体外语现象或事实的特征和规律。另一方面,学生也可以在考察众多语料的基础之上,自行总结和归纳具体语言现象或语言事实的特征及规律。

直观性是指语料库可以通过语境共现方式呈现语料,凭借表格或图形呈现数据。这一特征使得学生可以直观地观察到具体词语或句法结构在不同语境中的形式或功能,从而把握语言使用的趋势和规律。

研究性是指数据驱动式外语教学模式强调以学习者为中心,学生是观察和分析语料的主体。在教学过程中,教师可以事先利用语料库软件检索具体词语和句法结构的实例,将之制作成相应的学习材料,供学生观察和分析;也可以在课堂上利用语料库检索平台检索出包含某一词语和句法结构的索引行,组织学生观察和总结这些索引行反映的规律。学生不再是被动的参与者,而是积极的观察者、研究者和发现者。在教学过程中,学生在观察相关语料和数据的基础上,自主探索并发现目的语语言使用的特征和规律,而教师则在语料观察与数据分析等方面给予学生必要的指导,引导他们利用语料库技术学习语言知识,解决语言学习问题。甄凤超认为作为学生探索和发现的学习过程,数据驱动式学习"基于语料库给学生提供大量真实的语言数据,引导学生自己监察学习过程,根据需要去经历、探索、发现语言知识"[①]。根据秦洪武和王克非,"语料库支持下的翻译教学更易于加强学习者学习的主动性和自主性,因为这时学习者可以是发现者,甚至是研究者"[②]。

众所周知,传统外语教学模式通常遵循讲解(presentation)、练习(practice)和输出(production)等步骤,所涉及的推理过程是一种演绎

---

① 甄凤超. 语料库数据驱动的外语学习:思想、方法和技术[J]. 外语界,2005,(4):19-27+40.

② 秦洪武,王克非. 对应语料库在翻译教学中的应用:理论依据和实施原则[J]. 中国翻译,2007,28(5):49-52.

性推理。在教学过程中,教师占主导地位,采用灌输式教学方法,而学生多是被动吸收。与传统外语教学模式不同,数据驱动式外语教学包括语料观察、语料与数据分析以及语言知识归纳等三大阶段。在语料观察阶段,教师提供或者学生直接提取以索引行或语境共现形式出现的大量语料及相关数据,学生对这些语料进行认真观察,以期发现内在规律。在语料与数据分析阶段,学生分析相关语料所体现的语言使用趋势和特征,之后教师对这些语料和数据进行必要的讲解和分析。在语言知识归纳阶段,教师引导学生在观察和分析语料及数据的基础之上,归纳出语言使用的规律。Johns[①]认为数据驱动式教学包括索引行观察、显著特征分类和规则概括等步骤。Carter和McCarthy[②]指出,就基于语料库的语言教学法而言,教学模式表现为3I模式,即 Illustration — Interaction — Induction。Illustration 是指观察真实语料,Interaction 指讨论和分享彼此的观点和观察结果,Induction 则指就某个语言点归纳规则。

11.1.2 语料库在外语教学中的间接应用

1) 语料库与外语工具书编写

工具书主要指词典和语法书。工具书(尤其是词典)对外语学习具有很强的应用价值。工具书的编写一直采用传统的手工方法,费时、费力,而且关于语言的描写往往不够准确。自20世纪80年代以来,学界便开始建设和利用语料库来编写词典和语法书。1987年,英国伯明翰大学的语料库语言学专家与柯林斯出版公司合作开发了英语语料库,并以该语料库为基础,编写并出版了《柯林斯 COBUILD 英语词典》(*Collins COBUILD English Dictionary*)等工具书。20世纪90年代初,牛津大学出版社等机构联合建设库容达1亿词的英国国

---

① Johns, T. "Should you be persuaded": Two samples of data-driven learning materials[J]. *English Language Research Journal*, 1991, (4): 1 – 16.
② Carter, R. & McCarthy, M. Grammar and the spoken language[J]. *Applied Linguistics*, 1995, 16(2): 141 – 158.

家语料库 BNC，利用该语料库先后编写并出版了《牛津高级学生词典》(*Oxford Advanced Learner's Dictionary*)、《朗文当代英语辞典》(*Longman Dictionary of Contemporary English*)、《钱伯斯基础英语词典》(*Chambers Essential English Dictionary*)等工具书。2004 年，南京大学双语词典研究中心利用语料库编写的《新时代英汉大词典》由商务印书馆正式出版。

　　一般而言，语料库主要应用于词典编写中的词目与义项的确定与排列、词目或术语的释义及例证的选择等方面。词目是词典的核心要素，其选择与确定直接关系到词典的使用范围及编写质量。长期以来，词目和义项往往依据词典编纂者的个人主观经验和判断来确定，科学性和客观性均不尽如人意。与此相对，利用语料库，编纂者可以根据有关词目和义项在语言实际使用中的频率来决定哪些词目和义项应收入词典，并对义项进行排序，从而最大限度地体现语言的实际使用情况。根据章宜华[①]，在词典的选词立目方面语料库可以提供两方面的帮助：一是对词典的收词进行检验，二是直接提供立目依据。

　　词目或术语的释义是词典编纂的核心内容。采用语料库方法，我们可以将词目或术语的释义建立在对大量语料的考察和相关数据统计与分析的基础之上，从而避免词典释义的主观性和片面性，确保义项设立的完备性和释义的可靠性。王永耀指出，"基于语料库对释义进行定量分析，有助于发现、纠正传统释义中对词义理解和概括的主观性、经验性的偏差或疏误"[②]。

　　词典例证用于说明词目意义及具体用法，帮助读者掌握具体词语的语义、语法和语用信息。凭借语料库的技术优势，我们可以很方便地从大量真实语料中提取并挑选丰富的例证，从而确保词典例证的真实性、典型性和鲜活性，在很大程度上提高词典编纂的效率。

---

① 章宜华. 计算词典学与新型词典[M]. 上海：上海辞书出版社,2004.
② 王永耀. 语料库介入的汉语语文词典释义途径[J]. 辞书研究,2010,(1)：111－118.

　　此外,语料库对于语法书的编写也具有重要的应用价值。利用语料库,我们可以在对大规模真实语料进行描写和分析的基础上,总结具体语言使用的特征,并以此为基础归纳该语言的语法规则,从而全面而客观地反映语言使用的实际现状。Biber 等①利用库容达4 000万词的朗文口笔语语料库,编写并出版了《朗文英语口语和笔语语法》(*The Longman Grammar of Spoken and Written English*)。该书对语法进行详尽描写,提供了取自真实语料的例证,充分注意到了口语和书面语作者利用语言资源的方式。其他利用语料库技术编写的语法著作还包括《柯林斯 COBUILD 英语语法大全》(*Collins COBUILD English Grammar*)、《柯林斯 COBUILD 英语用法》(*Collins COBUILD English Usage*)和《柯林斯 COBUILD 语法型式》(*Collins COBUILD Grammar Patterns*)等。

　　2) 语料库与外语教学大纲的设计

　　教学大纲是根据学科内容及其体系和教学计划的要求编写的教学指导文件,它以纲要的形式规定了课程的教学目的、目标与任务,知识和技能的范围、深度与体系结构,以及教学进度和教学方法。利用语料库,我们可以对大规模语料进行考察和数据统计,获取词汇和句法结构使用的频率,并以这些频率为依据制作词表,确定语法项目表及其在教学中讲解的先后次序,从而使教学大纲的设计更贴近外语学习的实际。此外,凭借语料库,我们可以很方便地提取出词汇搭配和词块,并根据其实际使用频率和特征将它们列入教学大纲。20世纪 80 年代,上海交通大学杨惠中教授领衔的研究团队创建了上海交大科技英语语料库,并基于该语料库研制了科技英语常用词表(包括通用词汇、技术词汇、次技术词汇等)。该词表直接被用于制定《大学英语教学大纲(高等学校理工科本科用)》中的词汇表和 20 世纪 90 年代中期的《大学英语教学大纲通用词汇表》(1—4 级和 5—6 级)。

---

① Biber, D., Johansson, S., Leech, G., Conrad, S. & Finegan, E. *The Longman Grammar of Spoken and Written English*[M]. London: Longman, 1999.

事实上,语料库在外语教学大纲设计中的应用可以使教学大纲的编制建立在充分的事实基础之上,因而趋于客观、全面。Mindt①强调,不采用语料库编制教学大纲往往会导致大纲要求讲授的内容与语言的实际使用情况不一致;他认为教学大纲应当以实例为依据,而不应依据传统和直觉,应依据具体用法的频率来确定教学内容的优先级。Hunston②强调,应用语料库可以帮助形成关于不同词汇的教学大纲,即词汇教学大纲。按照 Sinclair 和 Renulf③的观点,词汇教学大纲主要关注某一语言中最常见的词形、重要用法型式以及词形和型式之间的结合;词汇大纲并非仅仅关注词汇,而是涉及语言使用的方方面面。

3) 语料库与外语测试

自 20 世纪 90 年代以来,学界开始探讨语料库在外语测试中的应用。1996 年,Alderson④指出语料库在语言测试中的应用主要包括试题选材、试题编制和试题评分等。根据 McEenery 和 Xiao⑤,语料库可以用作测试脚本的档案库,用于开发试题素材、优化测试程序、提高测试评分质量、验证测试的有效性和合理性,以及对测试进行标准化处理。

首先,我们可以以语料库的应用为基础,根据考试的目的、内容以及难易度,从语料库中挑选合适的书面语或口语材料,作为命题素材。我们也可以建设满足某一语言测试需要的专用语料库,为试题编写提供素材。

其次,我们可以采用语料库方法考察学习者语言和母语者语言之

① Mindt, D. English corpus linguistics and the foreign language teaching syllabus[A]. In J. Thomas & M. Short (eds.). *Using Corpora for Language Research*[C]. London: Longman, 1996: 232–247.

② Hunston, S. *Corpora in Applied Linguistics*[M]. Cambridge: Cambridge University Press, 2002: 189.

③ Sinclair, J. & Renulf, A. A lexical syllabus for language learning[A]. In R. Carter & M. McCarthy (eds.). *Vocabulary and Language Teaching*[C]. London: Longman, 1988: 148.

④ Alderson, C. Do corpora have a role in language assessment? [A]. In J. Thomas & M. Short (eds.). *Using Corpora for Language Research*[C]. London: Longman, 1996: 248–259.

⑤ McEenery, T. & Xiao, R. What can corpora offer in language teaching and learning[A]. In E. Hinkel (ed.). *Handbook of Research in Second Language Teaching and Learning*[C]. London: Routledge, 2010: 364–380.

间的差异,分析学习者语言中的常见错误,并依据这些差异和错误确定语言测试的内容,从而为试题编写提供参考。我们可以从语料库中提取原汁原味的语言实例,包括语句、段落或篇章,并利用这些语言实例编写试题;还可以利用语料库,获取关于某一词语、搭配或句式结构的频率信息,并根据这些信息确定语言测试需要考察的具体语言点。此外,在试题编写过程中,我们可以利用语料库分析作为测试内容的具体词语、搭配和句式结构的使用频率及真实性,核查它们作为测试内容的可能性和必要性。Coniam[①] 探讨了如何利用语料库词频数据自动生成完形填空题。Kaszubski 和 Wojnowska[②] 成功研发了 Testbuilder 软件。该软件以语料库的应用为基础,可用于生成句级的测试练习。Choi、Kim 和 Boo[③] 利用语料库的词频信息系统,自动生成完形填空的试题。

最后,我们可以充分发挥语料库的技术优势,制定试题评分量表,研制试题自动评分系统。

评分量表是关于语言学习者语言运用能力的描述,通常划分为不同等级。目前国内外许多评分量表往往依据研究人员的经验和判断制定,难免显得主观,不够科学。利用语料库技术,我们可以对不同等级语言学习者的语言特征(包括类符/形符比、平均词长、平均句长等)和语言错误进行分析,并据此对评分量表所涉及的不同等级进行描写,以推动评分量表朝客观化和科学化方向发展。英国剑桥大学考试委员会利用英国国家语料库 BNC 分析英语中的搭配、真实题干和合理干扰项,采用语料库方法分析参加剑桥英语考试的外语/二语学习者写作的特征,并探讨如何将这些特征"归入单一的等级体

---

① Coniam, D. 1997. A preliminary inquiry into using corpus word frequency data in the automatic generation of English language cloze tests[J]. *CALICO Journal*, 2010, 16(2–4): 15–33.

② Kaszubski, P. & Wojnowska, A. Corpus-informed exercises for learners of English: The TestBuilder program[A]. In E. Oleksy & B. Lewandowska-Tomaszczyk (eds.). *Research and Scholarship in Integration Processes: Poland-USA-EU*[C]. Łódź: Łódź University Press, 2003: 337–354.

③ Choi, I., Kim, K. & Boo, J. Comparability of a paper-based language test and a computer-based language text[J]. *Language Test*, 2003, 20(3): 295–320.

系,即用同一体系描述不同等级的二语写作水平"[①]。Hasselgren[②] 考察了 19 个最常用的交际信号词/词组在高分组语料库和低分组语料库中的使用趋势和特征,发现口语流利度好的学生比流利度差的学生更频繁、更得体地使用不同的交际信号词/词组。因此,她提出,关于考生交际信号词/词组的使用情况的描述应作为口语流利度评分量表的重要组成部分。

试题自动评分研究始于 20 世纪 60 年代。当时,美国杜克大学 Ellis Page 博士的科研团队于 1966 年开发出第一套作文自动评分系统 PEG(Project Essay Grade)。目前常用的自动评分技术包括文本范畴技术(Text Categorization Technique)、潜在语义分析(Latent Semantic Analysis)技术和多层面语言特点识别技术(Hybrid Feature Identification Technique)。这些技术均以语料库技术的应用为基础,对大量已进行人工评分的样本进行考察,分析这些样本的特征,如词汇复杂度、句子结构和篇章结构等,并以这些特征为依据对其他文章进行自动评分。Attali 和 Burstein[③] 利用自然语言处理(Natural Language Processing)技术与信息撷取(Information Retrieval)技术开发了 E-rater(Electronic Essay Rater)作文测评系统。该系统将考生的作文与专门语料库收录的已打分的作文进行比对和自动评分。梁茂成[④]成功研发基于语料库的试题生成软件 CoolTomatoes。该软件可以自动生成完形填空、多项选择题,并且能够自动评分。2010 年,北京词网科技有限公司成功研发批改网系统。该系统基于语料库和云

① Hawkey, R. Towards a common scale to describe L2 writing performance[J]. *Research Notes*, 2001,(5): 9 - 13.
② Hasselgren, A. Learner corpora and language testing: Small words as markers of learner fluency[A]. In S. Granger, J. Huang & S. Petch-Tysonm (eds.). *Computer Learner Corpora*, *Second Language*, *Acquisition*, *and Foreign Language Teaching* [C]. Amsterdam: John Benjamins, 2002: 143 - 173.
③ Attali, Y. & Burstein, J. Automated essay scoring with e-rater 2.0[R]. *ETS Research Report*, 2005: 4 - 45.
④ 梁茂成. Bridging the gap between corpora and language testing[R]. 2007 语言测试国际研讨会(北京,2007 年 11 月 3—4 日)宣读论文。

计算技术,可以对学生作文进行自动批改并提供分数和评语。

4) 语料库与中介语研究

中介语是指在第二语言习得过程中,学习者通过一定的学习策略,在目的语输入的基础上形成的一种既不同于其第一语言也不同于目的语的,随着学习的进展向目的语逐渐过渡的动态的语言系统。中介语最早由 Larry Selinker 于 1969 年提出,后来又在他 1972 年发表的题为《中介语》("Interlanguage")的文章中得到进一步阐释。Selinker 认为学习者学习第二语言时,潜在的心理结构会被激活。在特定的情境中,学习者语言不同于同一语言的母语者语言,其结构介于学习者的母语和目的语之间。学界普遍认为,中介语具有一套自己的语法规则,而且是不断变化的,其语法受到普遍语言规律的限制。中介语朝着目标语前进,本质上是变化的。

中介语研究对于二语习得研究或外语教学研究具有十分重要的理论价值,可以深化人们对于二语习得或外语学习的规律和特征的认识,从而提升二语教学或外语教学的效率和质量。中介语研究迄今已走过 50 余年的发展历程。它曾经一直采用定性研究方法,但随着语料库语言学的发展,语料库尤其是学习者语料库在中介语研究中得到广泛应用,语料库方法逐渐发展成为中介语研究的重要研究范式。事实上,利用学习者语料库或中介语语料库,结合目的语原创语料库,我们可以从词汇、句法和语篇等层面切入,比较分析学习者语言与母语者语言,获取中介语在词汇、句法和语篇等层面上的趋势和特征数据,包括特定词语或句法结构的使用频率等,在数据分析的基础上,归纳中介语中的超用、少用或误用现象及其他方面的特征,从而揭示二语习得或外语学习的规律。

自 20 世纪 90 年代以来,基于语料库的中介语研究愈来愈受到学界的关注。一方面,国内外学界先后建设了一批学习者语料库。在国外,具有较大影响力的学习者语料库包括朗文学习者语料库(Longman Learners' Corpus)、剑桥学习者语料库(Cambridge Learner Corpus)和国际学习者英语语料库(International Corpus of Learner

English）。朗文学习者语料库由朗文出版公司负责建设,库容为数亿词。该语料库收录了不同国家和地区学生的英语作文和考试试卷,提供了作者国籍、英语水平、文本类型、目的语类型(英国英语或美国英语)和居住国等篇头信息,但没有进行词性标注处理,部分语料进行了错误赋码。剑桥学习者语料库收录了全球考生剑桥英语考试作文部分的语料,提供了考生的具体写作内容和试卷得分等信息。该语料库隐去了所收录作文的作者姓名,对四分之一的语料进行了错误赋码。国际学习者英语语料库始建于 1990 年,负责人为比利时鲁汶大学的 Sylvinne Granger 教授,现有库容为 300 万词。国际学习者英语语料库收录了 14 种母语背景的学习者所撰写的英语作文,每篇作文长度为 500—1 000 词。这些学习者的母语分别为法语、德语、荷兰语、西班牙语、瑞士语、芬兰语、波兰语、捷克语、保加利亚语、俄语、意大利语、希伯来语、日语和汉语。后来又增加了葡萄牙语、卢森堡语、挪威语和南非等母语背景学习者所写的英文作文。该语料库对所收录语料均进行了词性标注、句法切分和错误赋码等技术处理。在国内,中国学习者英语语料库、中国大学生英语口语语料库和中国英语学生口笔语语料库等先后建成。中国学习者英语语料库由广东外语外贸大学桂诗春教授和上海交通大学杨惠中教授负责建设,始建于 2002 年。该语料库收录了我国中学生、大学英语四级和六级考试考生、英语专业低年级和高年级学生的英语作文,库容达 100 万词。中国大学生英语口语语料库由上海交通大学杨惠中教授负责建设,收录了全国大学英语四级考试口语考试录音的转写语料。该语料库对这些语料均进行了语音标注和错误赋码。中国英语学生口笔语语料库由当时在南京大学工作的文秋芳教授及其团队于 2005 年建成,口语语料为高校英语专业学生历年参加英语口语考试录音的转写语料,书面语语料为国内 9 所高校英语专业的一至四年级学生的作文。该语料库的库容为 200 万词,对全部语料均进行了词性标注。

另一方面,学界以学习者语料库的应用为基础,对学习者语言或中介语的语言特征以及学习者易犯的错误进行系统、深入的研究。

这些研究分别涉及中介语词汇层面特征研究①②③、中介语句法层面特征研究④⑤、中介语语篇和语用层面特征研究⑥⑦以及学习者的语言错误研究⑧⑨。

王华⑩采用语料库方法,分析大学英语四、六级口语考试讨论任务中词汇复杂度指标之间的聚类关系,探究交际任务如何影响词汇复杂度多维性的构成。研究发现,词汇复杂度由实词、多词短语和功能词三个维度构成,且交际功能是影响词汇复杂度构成的重要因素。随着交际功能的正式化、书面化,词汇复杂度的构成因素主要表现为词频、多词短语词频和搭配强度指标,但随着交际功能倾向于非正式化、口语化,词汇复杂度的构成因素往往体现为功能词相关指标。

房印杰和梁茂成⑪采用语料库与实验法对中国英语学习者的关系代词取舍现象开展实证研究。结果表明:学习者习得了制约关系

---

① Altenberg, B. & Granger, S. The grammatical and lexical patterning of MAKE in native and non-native student writing[J]. *Applied Linguistics*, 2001, 22(2): 173 – 195.

② Flowerdew, J. Use of signaling nouns across L1 and L2 writer corpora [J]. *International Journal of Corpus Linguistics*, 2001, 15(1): 36 – 55.

③ Osborne, J. Top-down and bottom-up approaches to corpora in language teaching[A]. In U. Connor & T. Upton (eds.). *Applied Corpus Linguistics: A Multidimensional Perspective*[C]. Amsterdam: Rodopi, 2004: 251 – 265.

④ Aarts, J. & Granger, S. Tag sequence in learner corpora: A key to interlanguage and discourse[A]. In S. Granger (ed.). *Learner English on Computer*[C]. London: Longman, 1998: 132 – 141.

⑤ Biber, D., Conrad, S. & Reppen, R. *Corpus linguistics: Investigating Language Structure and Use*[M]. Cambridge: Cambridge University Press, 1998.

⑥ Callies, M. What is ever alarming is … — A contrastive learner-corpus study of what-clefts in advanced German and Polish L2 writing[A]. In M. Wysocka (ed.). *On Language Structure, Acquisition and Teaching. Studies in Honour of Janusz Arabski on the Occasion of His 70th Birthday*[C]. Katowice: Wydawnictwo Uniwersyetu Slaskiego, 2009: 283 – 292.

⑦ 王立非,祝卫华. 中国学生英语口语中话语标记语的使用研究[J]. 外语研究, 2005, (3): 40 – 45.

⑧ 李冰冰,邓耀臣. 基于SECOPETS语料库的学习者英语口语失误分析[J]. 外语与外语教学, 2009, (5): 19 – 22.

⑨ 郑李卉,肖忠华. 中国英语学习者的口语搭配行为:基于语料库的研究[J]. 外语教学理论与实践, 2015, (6): 29 – 36+93.

⑩ 王华. 中国英语学习者口头互动词汇复杂度多维性研究[J]. 外语教学与研究, 2021, (5): 745 – 756.

⑪ 房印杰,梁茂成. 中国英语学习者关系代词取舍研究——语料库与实验法的交叉验证[J]. 外语与外语教学, 2020, (3): 34 – 43+147.

代词取舍使用的原型性语言知识;学习者的语言产出和语言理解过程存在差异,可能受到不同因素的制约。

方秀才[①]利用基于中国大学生英语笔语语料库和英语本族语者作文语料库 LOCNESS,分析中国 EFL 学习者 ing-小句的非限定用法使用特征。研究结果表明,学习者过少使用 ing-小句的非限定用法,过多使用它们作主语和立场状语,过少使用它们作宾语和补语,在定语和其他状语等语法功能上则无显著差异。

张文忠和杨士超[②]分 12 个描述子类和 11 个诊断子类对中国学习者英语语料库中 1 481 个动名搭配错误进行描写及诊断分析。描述数据表明,动名搭配中包括虚化动词和动词固定词组在内的动词用法是学习难点,学习者对动名搭配中名词用法的掌握不理想,作为动名搭配有机组成部分的非实词成分不可忽视。诊断数据显示,母语迁移、滥用虚化动词、忽略搭配(词)的结构或语义(韵)限制以及误用目的语规则等是造成动名搭配错误的重要原因。

郑李卉和肖忠华[③]利用中国学生英语口语语料库,分析中国英语学习者口语中不同类型的搭配错误。结果表明:与动词有关的搭配知识(包括动词与介词的搭配)是动名词搭配学习和使用的难点,而母语迁移、同/近义词误用、过度概括以及目标词选择错误是造成动名词搭配错误的主要原因。鉴于此,大学英语教学需将语料库方法运用到词汇教学中,重视对学习者搭配错误的观察和诊断。

5) 语料库与外语课堂教学话语研究

课堂教学话语是教学主体在课堂教学过程中为实现一定教学目标所实施的言说行为及其结果,主要包括教师话语和学生话语。教师话语是教师对教学内容进行解读、诠释和编码形成的话语。学生

---

① 方秀才. 基于语料库的中国 EFL 学习者"ing-小句"非限定用法研究[J]. 外语教学, 2013,(4):48-52.
② 张文忠,杨士超. 中国学习者英语语料库中动名搭配错误研究[J]. 解放军外国语学院学报,2009,(2):39-44.
③ 郑李卉,肖忠华. 中国英语学习者的口语搭配行为:基于语料库的研究[J]. 外语教学理论与实践,2015,(6):29-36+93.

话语是学生对教师话语和教学内容进行内化并予以编码的话语输出。教学话语是"教"与"学"活动的载体。课堂教学话语旨在促使学生内化课堂教学所传授的知识和能力。事实上,课堂教学质量在很大程度上取决于课堂教学话语的质量。教学话语的互动性以及教学话语能否营造出宽松和谐的环境均在不同程度上对课堂教学效果产生影响。20世纪90年代中后期,华南师范大学何安平教授及其团队建成中国英语课堂教学话语语料库,并利用该语料库分析中国英语课堂教学话语的语言特征,包括课段标识语①、提问语②、礼貌用语③、指令语④⑤和协同式话语⑥等。不过,总体而言,国内外课堂教学话语研究相对滞后。为此,未来应当大力推进课堂教学话语研究,尤其是基于语料库的课堂教学话语研究。我们应当凭借语料库在大规模语料考察和数据统计等方面的优势,对课堂教学话语的语言特征进行量化分析,并由此从不同维度开展课堂教学话语研究。

一方面,我们可以分析课堂教学话语的内容、结构、特征及其与课堂教学质量之间的相关性,并以此为基础构建教师课堂教学质量的评价系统,探究如何改进英语教学。何安平⑦利用收录超过17万词的中国英语课堂教学话语语料库,依据认知发展理论,对包括指令动词、疑问语式、四字语和师生对话模式在内的教师话语的部分语言特征进行分析,探讨国内高中、初中和小学英语课堂教师话语中的认知思维导向特点及其教育教学功能。

另一方面,我们可以从具体词语和句法结构以及话轮等角度切入,分析课堂教学话语的科学性、逻辑性和互动性,并分析如何使之

---

① 游南醇. 谈课段标识语[A]. 华南师大学报——外国语言文学论丛[C]. 广州:华南师范大学学报编辑部,1998,23.
② 罗颖. 利用语料库分析中学英语课堂提问技巧[J]. 国外外语教学,1999,(4):26-31.
③ 梁晓艳. 礼貌策略在中学英语课堂中的英语[J]. 中小学外语教学,2001,(5):27-30.
④ 何安平. 基于语料库的英语教师话语分析[J]. 现代外语,2003,(4):161-170.
⑤ 朱东华. 对中国初中英语教师课堂指令语的研究[D]. 广州:华南师范大学,2002.
⑥ 谭伟民. 对中学英语课堂中协同式话语的基于语料库的研究[D]. 广州:华南师范大学,2001.
⑦ 同④。

优化。我们还可以对不同类型课程和不同性别教师的教学话语进行分析,探讨影响教学话语的因素。

6) 语料库与外语教材研究

外语教材研究一般包括外语教材内部研究、外语教材外部研究、外语教材编写研究和外语教材评估研究。外语教材内部研究包括外语教材语言特征研究、外语教材比较研究和外语教材发展史研究。外语教材语言特征研究涉及外语教材课文和练习在词汇、句式和语篇层面所呈现的特征。外语教材比较研究指对不同时代教材、不同国家教材和不同类型教材的语言特征及其编写理念所做的比较分析。外语教材发展史研究旨在从历时视角分析外语教材编写理念、原则、策略和方法以及语言特征等的历史演变。外语教材外部研究包括外语教材影响研究以及外语教材与意识形态之间互动关系的研究。外语教材影响研究是关于外语教材在外语教学中所发挥的作用和影响以及外语教材的传播与接受等的研究。外语教材与意识形态之间互动关系的研究旨在阐明外语教材课文和练习所体现的意识形态影响以及外语教材对意识形态的反作用。外语教材编写研究旨在分析外语教材编写的理念、原则、方法,教材内容的选择和编排,以及练习题的编写等。外语教材评估研究旨在依据一定评估标准对外语教材质量和外语教材编写过程的合理性进行分析和评价。

作为一种电子化和自动化的语料汇集平台,语料库可以直接应用于外语教材研究。凭借语料库的技术优势,我们可以在对大规模语言事实的考察和相关数据的统计与分析的基础之上,开展外语教材研究,从而使该领域的研究趋于客观、科学。

首先,我们可以应用语料库,从词汇和句式等层面切入,考察教材语言与真实语言之间的共性与差异,分析教材课文和练习部分的语言特征是否体现语言实际使用的现状[1][2];从主题词、关键词、人称

---

① Kennedy, G. Amplifier collocations in the British National Corpus: Implications for English language teaching[J]. *TESOL Quarterly*, 2003, (3): 467－487.

② Romer, U. *Comparing Real and Ideal Language Input: The Use of EFL Textbook Corpus in Corpus Linguistics and Language Teaching*[M]. Amsterdam: John Benjamins, 2003: 151－168.

代词和评价词汇等角度切入,分析教材课文和练习所体现的社会文化和意识形态等因素①②③。胡秋红和何安平④凭借语料库软件的词表功能和语境共现功能,以不同职业名词、指人的类属名词、涵盖两种性别的指代词以及表示不同性别人物的成对名词为检索项,分析人民教育出版社1996年出版的《全日制普通高级中学教科书实验本:英语》以及该社现行《普通高中课程标准实验教科书:英语》中男女人物数量及百分比、著名人物及女性人物比例、男女人物职业类型、不同性别人物指代词的数量和类型以及男女人物的特征描述,发现课改后的高中英语教材更加关注性别比例平衡,女性的贡献和影响力得到更多关注,女性特征的描述更加接近现实。

其次,我们可以在对外语教材指令性话语的语言特征进行语料库考察的基础之上,探讨教材编写所遵循的教学理念和教学模式⑤⑥⑦。何安平⑧采用语料库方法对人民教育出版社1996年出版的《全日制普通高级中学教科书实验本:英语》以及该社现行《普通高中课程标准实验教科书:英语》中第二人称代词、be动词、情态动词和表示心智行为和过程的词汇等的使用频率及其搭配进行分析,考察这些教材所体现的教育者与学生的关系以及学习模式的转变。

最后,语料库技术可以直接应用于外语教材编写。其一,利用语料库技术,我们可对课文难易度进行量化分析,控制课文难度,并根

① Hunston, S. *Corpora in Applied Linguistics* [M]. Cambridge: Cambridge University Press, 2002.

② Stubbs, M. *Text and Corpus Analysis: Computer-Assisted Studies of Language and Culture* [M]. Oxford: Blackwell, 1996.

③ 何安平. 语料库辅助的基础英语教材分析[J]. 课程·教材·教法,2007,27(3):44–49.

④ 胡秋红,何安平. 对高中英语教材中性别文化价值取向的分析[J]. 中小学英语教学与研究,2008,(5):4–7+14.

⑤ Biber, D., Conrad, S. & Reppen, R. *Corpus Linguistics: Investigating Language Structure and Use* [M]. Cambridge: Cambridge University Press, 1998.

⑥ Cosmay, E. Interactivity in university classrooms: A corps-based perspective [R]. Paper presented at the *ICAME 26 & AAACL 6 conference*, University of Michigan, U.S.A., 2005.

⑦ Mindt, D. Corpora and the teaching of English in Germany [A]. In A. Wichmann & S. Fligelstone(eds.). *Teaching and Language Corpora* [C]. London: Routledge, 1998: 40–50.

⑧ 同③。

据难易度编排课文顺序,从而确保课文编排的科学性。其二,应用WordSmith 及其他相关软件,我们可以自动生成语料库所收录文章的词表和生词表。在分析这些词表的基础上,我们可以依据每篇课文的生词比例选用现成的英语文章,而不必对作为课文的文章进行任何改编,从而确保课文的完整性和语言的真实性。其三,我们可以提取每篇课文的高频词、重点词汇或短语以及相关句法结构,并在分析这些语料的基础上编写相关练习题,保证课文练习的真实性和针对性。其四,我们可以编写以语料库应用为手段的探索式练习题或研究性练习题。这些练习题旨在考查学生利用词表、关键词和语境共现等语料库技术发现和总结语言规律的能力,包括从语义角度总结常用词缀的含义和构词规律,分析高频词的搭配,从搭配或语义韵角度比较英语同义词或近义词的差异,从关键词和词频角度分析文章的主题和体裁等。兰卡斯特大学 McCarthy、McCarten 和 Sanditord[①]利用口语语料库,编写了综合技能系列教材《试金石》(*Touchstone*)。该教材介绍口语的语法结构,提供有价值的语言使用信息、口语语料库中各类语言特征使用的频率信息以及基于语料库的练习题。McCarthy、O'Dell 和 Reppen[②] 以剑桥国际口笔语语料库(Cambridge International Corpus of Written and Spoken English)为基础,编写了《基础英语词汇实用手册》(*Basic Vocabulary in Use*)。该书基于上述语料库中的频率信息,将日常生活中最常用的单词、单词最常见的搭配、单词最常出现的时态和语法结构呈现给学习者,强调每个重要词项的最常见意义和用法,并标注出了典型错误。

胡开宝和李翼[③]分析了当代英语教材语料库的建设及其在英语教材编写中的具体应用,指出该语料库可直接应用于英语教材的课

① McCarthy, M., McCarten, J. & Sanditord, H. *Touchstone Levels 1－4*[M]. New York：Cambridge University Press, 2006.
② McCarthy, M., O'Dell, F. & Reppen, R. *Basic Vocabulary in Use*[M]. New York：Cambridge University Press, 2010.
③ 胡开宝,李翼. 当代英语教材语料库的创建与应用研究[J]. 外语电化教学,2016,(3)：34－39.

文组编、内容编排、练习编写以及在线学习平台的研发。作者强调当代英语教材语料库的建设与应用将有效克服传统英语教材编写中存在的诸多缺陷,引导英语教材编写理念和方法的变革。

11.2 语料库在外语教学中应用的切入点

语料库在外语教学中应用的切入点主要包括词表、索引行、搭配与语义韵、关键词和典型词汇。

1）词表

利用 WordSmith 或 ParaConc 等软件的词表功能,我们可以统计、比较和分析外语学习者与母语者使用人称代词、情态动词、关系从句和不定式结构等特定词汇和句法结构的频率差异及其呈现的趋势和特征,并据此分析学习者语言所体现的少用和超用趋势,揭示外语学习或二语习得的规律。将外语教材与通用语料库的词表进行比较,我们可以分析外语教材中常用词汇或句法结构的覆盖率及其编排顺序,并以此为依据对外语教材编写质量进行评估。此外,我们可以考察具体课文词表中的高频实词,分析文章主题及其所体现的社会文化内涵。最后,依据词表所列的特定词汇或句式结构的频率,我们可以对外语课堂教学话语的语言特征进行定量分析和定性研究,探讨外语课堂教学话语的有效性及其与课堂教学质量之间的相关性。

2）索引行

索引行指语料库软件将包括检索项的语句集中呈现,并按照指定排序方式排列,以方便用户观察检索项的趋势和规律。索引行一般采用语境中的关键词(KWIC)形式呈现。运用语料库软件的索引行功能,我们不仅可以获得具体词汇或句法结构的使用频率,考察具体词汇或句法结构使用的趋势和特征,还可以考察具体词汇搭配或类联接即语法范畴间的结合,分析这些词汇的搭配模式和语法模式,并将成果直接应用于外语课堂教学。此外,利用索引行功能,我们可以向学生集中展现具有相同词根和词缀的词汇或者近义词的前后搭配,组织学生分析这些词汇的索引行,区分它们的用法。

此外,凭借索引行功能,我们可以编写构词法、词语搭配和词义辨析的练习题。例如,由胡开宝教授担任总主编的《新时代大学应用英语:综合教程》设置了 Corpora in Language 栏目,旨在考查学生利用索引行功能分析构词法及词汇搭配的能力。

3) 搭配与语义韵

作为一种意义与形式的综合体,搭配不仅体现语言形式上的习惯性或典型性共现关系,还同时展现了词语如何在语境中获得意义。而作为语境中的语义氛围,语义韵一方面体现了词语、句法结构间的搭配选择行为,另一方面反映了暗藏在语境中的隐含意义与交际态度。因此,我们可以将搭配和语义韵作为外语教学的重要内容,而语料库技术为搭配和语义韵的研究提供了便利条件。我们可以利用语料库软件内嵌的索引行功能或搭配功能,引导学生分析具体词汇的不同搭配及其语义韵,并编制练习题和试题,考查学生对这些搭配和语义韵的掌握。我们也可以从搭配和语义韵的角度切入,分析外语教材中出现的搭配是否与语言使用的实际现状相符,从而为教材编写和质量评估提供事实依据和数据支撑。我们还可以将学习者语料与母语者语料进行比较,分析学习者语料中具体词汇搭配的使用趋势和特征,识别词汇搭配的少用、超用和误用现象,并对外语教材编写和外语课堂教学内容进行适当调整。我们还可以从搭配和语义韵入手编写词义辨析练习题,考查学生对同义词或近义词之间差异的掌握情况。

4) 关键词

关键词又称为“主题词”,可以体现文章或语篇的主题思想。从关键词分析的角度切入,我们可以分析不同体裁、不同国家或不同时期外语教材课文主题思想的异同,考察这些异同背后的语域、社会文化、意识形态等因素。我们还可以编写练习题,要求学生根据具体文章或语篇的关键词来确定文章的主题。

5）典型词汇

典型词汇指能反映目的语语言使用习惯的高频词汇,或者在源语中没有对应词汇的目的语词汇。凭借索引行的关键词语境功能,我们可以对学习者语料和母语者语料中典型词汇使用的趋势和特征进行比较,探讨学习者外语学习的规律和特征。我们还可以以典型词汇为检索项提取索引行,将之实例来编写练习题,考查学生对这些词汇或相关句法结构的使用情况。

11.3 语料库在外语教学中应用的研究方法

语料库在外语教学中的应用以语料库方法、比较方法和观察方法为主。

1）语料库方法

与其他研究方法相比,语料库方法可以使外语教学研究建立在对大规模真实语料的观察和相关数据统计与分析的基础之上。有鉴于此,学界先后建设了不同性质、不同专题的语料库,如学习者语料库、教材语料库和多模态课堂教学话语语料库,并利用这些语料库开展中介语研究、教材研究和教学话语研究。利用语料库的技术优势,结合定量研究方法,我们可以对中介语、外语教材和课堂教学话语等语料在词汇、句法或语篇等层面所呈现的特征进行微观描写,包括相关词汇或句法结构出现的频率和分布的特征,并基于此探讨二语或外语的学习规律、教材所蕴含的语言文化要素和教学理念以及课堂教学的质量。学界还建设或利用外语或二语原创语言语料库,在分析常用词和句法结构出现频率的基础之上,确定教学大纲词汇表、语法知识列表和考试大纲词汇表等。

2）比较法

一般而言,利用语料库开展外语教学研究需要对不同语料进行比较分析。一方面,中介语语言特征的分析以学习者语言和母语者语言之间的比较为基础,而教材研究离不开对教材语言和目的语原创语言之间的比较。另一方面,课堂教学话语研究常常需要对不同类型课程或不同性别教师的课堂教学话语进行比较分析,以此揭示不同课堂教学话语的有效性及其与课堂教学质量的关联。此外,利用教材语料库或目的语原创语言语料库编写教材时,我们需要对不同词汇及其搭配以及不同句法结构的使用频率及特征进行比较,并在此基础上确定教材练习考查的语言要点以及用作练习的语言实例。

3) 观察法

观察法是指人们在自然条件下,根据一定的研究目的,凭借感官或辅助工具观察研究对象的特征或行为。如前所述,凭借索引行功能,语料库可以集中呈现大量真实语料。尽管语料库所提供的关于词汇、句法或语篇层面特征的频率数据有助于我们掌握具体词汇或句法结构使用的趋势和特征,但要获取关于这些趋势和特征的全面而客观的认识,还需要我们在观察索引行的基础上进一步分析、归纳。譬如,我们可以观察关键词出现的前后搭配,并在分析这些搭配词共同特征的基础上,总结关键词的搭配行为和特征。换言之,对语料库软件提供的数据进行解读,需要我们对这些数据所体现的趋势和特征进行观察和分析,尤其要关注不同数据所呈现的共同趋势以及彼此差异,毕竟语料库软件不能提供关于数据的解释。

11.4　个案分析

自 1993 年 Mona Baker 提出“语料库翻译学”的概念以来,国内外研制了大量译学研究语料库,基于语料库的翻译研究在翻译共性、翻译语言特征、译者风格、翻译规范、口译研究等多个领域均取得了很大进展[1][2][3],促进了基于实证的描写译学研究。此外,学界也开始

① Baker, M. Corpus linguistics and translation studies: Implications and applications[A]. In M. Baker, G. Francis & E. Tognini-Bonelli (eds.). *Text and Technology: In Honour of John Sinclair*[C]. Amsterdam: John Benjamins, 1993: 233 – 250.

② 胡开宝. 语料库翻译学概论[M]. 上海: 上海交通大学出版社,2011.

③ 张威. 语料库口译研究[M]. 北京: 外语教学与研究出版社,2020.

探索语料库在翻译教学中的应用①②。然而,目前基于语料库的翻译教学平台与已经建成并投入使用的语料库之间存在较大的数量差距,前者远远不能满足基于语料库的翻译教学与翻译研究的需求,可以兼容非通用语种的翻译教学与研究平台更是鲜见。为此,上海外国语大学语言科学研究院胡开宝教授带领的研究团队研发了智能化多语种教学与科研平台。本节将阐述该平台的研制背景,介绍其 1.0 版包含的模块及其功能,并探索该平台在翻译教学中的应用③。

11.4.1 平台研制背景

随着语料库语言学的不断发展,学界开始探讨语料库在语言教学中的应用④⑤⑥⑦⑧,如教师通过语料库为课堂的词汇学习补充例句,检索语料库以呈现用法信息,以及根据语料库结果调整教学设计等。Bernardini⑨ 指出,语料库和语料分析工具为发现式学习提供了强有力的辅助工具。

---

① 王克非. 双语平行语料库在翻译教学上的用途[J]. 外语电化教学,2004,(6):27-32.
② 朱纯深,慕媛媛. 以文本解释力为导向的语料库翻译教学——香港城大翻译与双语写作在线教学/自学平台的设计与试用分析[J]. 中国翻译,2013,(2):56-62+127.
③ 李晓倩. 智能化语言教学与科研平台的研制及其在翻译教学中的应用[J]. 中国外语,2021,(3):106-111.
④ Bowker, L. Using specialized monolingual native language corpora as a translation resource:A pilot study[J]. *Meta*,1998,(4):631-651.
⑤ Sinclair, J. (ed.). *How to Use Corpora in Language Teaching* [C]. Amsterdam:John Benjamins, 2004.
⑥ 桂诗春,冯志伟,杨惠中,何安平,卫乃兴,李文中,梁茂成. 语料库语言学与中国外语教学[J]. 现代外语,2010,(4):419-426.
⑦ 何安平. 语料库辅助英语教学入门课程(修订版)[M]. 北京:外语教学与研究出版社,2017.
⑧ 甄凤超. 语料库数据驱动的外语学习:思想、方法和技术[J]. 外语界,2005,(4):19-27+40.
⑨ Bernardini, S. Corpora in the classroom[A]. In J. Sinclair (ed.). *How to Use Corpora in Language Teaching*[C]. Amsterdam:John Benjamins, 2004:15-36.

近年来,学界开始关注语料库在翻译教学中的应用[①②③]。学界普遍认可语料库作为方法和资源在翻译教学中的积极作用,认为语料库支持下的翻译教学可以丰富教学内容,促进学生主动学习,从而更利于创造自主学习的环境,发挥归纳式学习的优势[④⑤]。平行语料库"可以为自主学习和发现式学习创建有利的实施环境,而自主学习和发现式学习有助于翻译教学效果的提高"[⑥]。此外,学界还探讨了精加工平行语料库在翻译教学中的应用[⑦]和双语平行语料库在翻译教学中的应用[⑧]。朱一凡、王金波和杨小虎[⑨]分析了语料库在译者培养中的实际应用,探讨了基于语料库的翻译及翻译教学平台的开发,以及语料库翻译教学体系的构建。

语料库应用于翻译教学的巨大潜力已经得到学界的关注并取得了一定进展,然而,基于语料库的翻译教学却多停留在理念探讨和概念介绍。受限于技术等因素,目前在线语料库检索平台多以单语语料库为主,如 BNC、COCA、iWriteBaby 等,较少有语料库平台可以直接服务于翻译课堂教学。

11.4.2　平台建设目的

智能化多语种教学与科研平台的建设目的主要有三个:

① Beeby, A., Rodríguez-Inés, P. & Sánchez-Gijón, P. (eds.). *Corpus Use and Translating: Corpus Use for Learning to Translate and Learning Corpus Use to Translate*[C]. Amsterdam: John Benjamins, 2009.

② 王克非,秦洪武. 论平行语料库在翻译教学中的应用[J]. 外语教学与研究,2015,(5): 763 – 772+801.

③ 朱晓敏. 基于 COCA 语料库和 CCL 语料库的翻译教学探索[J]. 外语教学理论与实践, 2011,(1): 32 – 37.

④ 李德超,王克非. 基于双语旅游语料库的 DDL 翻译教学[J]. 外语电化教学,2011,(1): 20 – 26.

⑤ 秦洪武,王克非. 对应语料库在翻译教学中的应用:理论依据和实施原则[J]. 中国翻译,2007,28(5): 49 – 52+95 – 96.

⑥ 同上.

⑦ 王惠. "精加工"平行语料库在翻译教学中的应用[J]. 中国翻译,2015,(1): 50 – 54.

⑧ 王克非. 双语平行语料库在翻译教学上的用途[J]. 外语电化教学,2004,(6): 27 – 32.

⑨ 朱一凡,王金波,杨小虎. 语料库与译者培养:探索与展望[J]. 外语教学,2016,(4): 91 – 95.

首先,为基于语料库的翻译教学与科研提供物质基础。学界已逐渐认识到语料库应用于翻译教学的巨大潜力,包含相应语料库的平台是发掘该潜力的物质基础。智能化多语种教学与科研平台旨在推进语料库在不同语种教学与科研中的应用,实现语言教学与科研的自动化、可视化与智能化。平台可以快速呈现丰富的翻译实例,改变传统翻译教学中的规定性方法,促使翻译课堂教学从以教师为中心转变为以学习者为中心,让学生通过发现式学习和数据驱动式学习充分发挥自主性。

其次,方便平行语料及非通用语种语料的检索与分析。在大数据背景下,用于翻译教学与翻译研究的语料数量迅速增加,语料库软件的开发也相应取得了发展。然而,很多语料库检索与统计分析软件已经较难满足对大规模语料的处理分析需求,"特别是面向双语对应语料库检索与分析软件的开发较之单语语料库工具相对滞后,无论是功能还是检索效率都无法满足大规模双语文本应用的实际需求"①。此外,翻译研究,特别是语料库翻译研究,逐渐向多语种延伸,语料库研究已经不仅仅局限于汉语、英语等,而是逐渐关注非通用语种,但多语种语料检索与分析工具的开发相对滞后。智能化多语种教学与科研平台通过提供便捷的多语平行语料检索,较好地解决了对大规模语料的检索与分析以及对非通用语种的兼容等问题。

最后,实现大规模语料的统一管理,助力实现语料共享。从 1993 年语料库翻译学发轫以来,国内建设了不同规模、不同类型的翻译语料库,但并未实现大范围的语料共享,这在某种程度上导致了语料库资源的浪费。其中一个重要原因是,不同来源的语料,其建库标准和最终格式并非完全统一,因而较难进行统一管理和使用。智能化多语种教学与科研平台通过限定语料格式,将语料上传到统一平台,实现大规模、多语种语料的统一管理。一方面,这可以解决语料格式不

---

① 王克非,刘鼎甲.大规模英汉平行语料库的检索与应用:大数据视角[J].外语电化教学,2017,(6):3.

统一的问题,另一方面,语料上传到平台后,也可以更高效、便捷地实现语料共享。平台的统一管理可以提高非通用语种语料的使用效率,这样可以解决目前由于非通用语种人才较少所造成的非通用语种语料库稀缺的问题。智能化多语种教学与科研平台是一个开放的平台,既可以为院校和专业教师提供已有语料库,也可为有条件的院校提供研制自己语料库平台的可能性。

11.4.3 平台主要特色及总体设计

1) 主要特色

平行语料库可直接应用于翻译课堂教学,但需要多个软件实现相应功能,并且往往在兼容性、易操作性等方面存在一定局限。与简单的平行语料库相比,智能化多语种教学与科研平台的特色主要体现在以下三个方面。

其一,该平台可以兼容多个语种的平行语料。除较为常见的汉英语对外,平台还兼容非通用语种的语料。一方面,已有的非通用语种平行语料可直接用于翻译教学与科研,另一方面,该平台的兼容性允许上传更多的非通用语种语料,目前包括法语、西班牙语、日语、德语、俄语等多个语种。

其二,该平台可以在很大程度上实现翻译教学与研究的自动化、数据化、个性化和可视化。因学科背景等主客观因素,部分翻译教师可能对语料库软件与工具并不特别熟悉,而该平台通过内置相应模块,有效地解决了这一问题,借助用户友好的界面,助力实现翻译教学案例的自动化呈现。平台在提供具体检索结果的基础上,实现了词频、搭配等的可视化呈现。

其三,该平台尽量保证多个模块的一体化。在简化不同功能模块、提升操作便捷性的同时,平台将这些模块按照惯用顺序排列,而非随意摆放。例如,词频、词簇、搭配、索引行等子模块具有一定的逻辑关系,连带使用的情况较多,因此平台将其排放在一起。此外,该平台中的语料库模块分为教学子模块与科研子模块,这两个子模块并非隔断的,而是可以相互调用、互为支撑的。同时,平台中的语料库、知识库、文献库三个模块也可以相互支持,促进文本检索与文本外的知识库、文献库相结合。

2) 总体设计

智能化多语种教学与科研平台基于 B/S(Browser/Server,浏览器/服务器)架构,摆脱传统的 C/S(Client/Server,客户机/服务器)架构,支持服务器系统部署,用户无须安装管理客户端,只需通过浏览器即可在线访问平台,访问设备的类型也不受限,这使得平台在跨平台、稳定性方面得到支持,可满足用户在不同场景下的实际操作需求。平台分为后台和前端,后台可进行数据管理、用户管理等,前端包含语料库(教学科研模块)、知识库、文献库三个主要功能模块。

后台管理主要分为两个层面。一是系统的管理与维护。例如,新语种的语料增加后,前端显示中也需要相应增加该语种的选项,这通过后台编辑即可实现。后台具有个性化、易编辑、可协同等特点。不同教学科研单位或个人可根据自身需求,在通用型平台的基础上编辑适合自己的某些字段。另外,不同的用户获得相应权限后可进行协同,方便语料的上传、维护等。二是资源管理,包括语料、术语与典故、文献的管理。为保证语料库、知识库、文献库数据的干净,1.0版本不允许用户通过后台添加任何数据,只有管理员有权限编辑后台的资源。后期版本拟计划对用户进行分级,赋予不同权限。具体来说,为了管理后台数据和用户信息,保证用户安全访问系统,平台拟将用户分为不同级别,赋予用户浏览、检索、编辑、上传、下载等不同权限;对特定资源实行限制性访问,通过相关机制,对用户错误编辑的信息进行恢复。此外,为保障共享语料的质量,上传的资源在入库前必须经过严格的审核,待总管理员确定后方可加入平台总资源中,否则只能是该用户自己的数据。

11.4.4 平台模块

基于后台的架构及语料等资源,平台前端呈现为语料库、知识库和文献库三个模块,并各自包含不同的子模块。

1) 语料库模块

语料库模块包含教学和科研两个子模块,可为语言教学与科研提供数据支持。需要指出的是,翻译教学与翻译研究相辅相成。因此,智能化多语种教学与科研平台中的教学模块与科研模块也可以相互支持。

教学模块分为语篇展示和翻译策略与技巧查询两部分。语篇展示可以显示单语语篇或句对齐的多语平行语篇,有助于学生了解某一特定语篇的篇章内容,还可以直观地呈现原文与译文之间的对应关系,以直接应用于翻译教学。翻译策略与技巧查询模块可根据不同目录、语对以及翻译策略与技巧等进行相应查询,考察特定语境中具体词语或短语的翻译策略与技巧。

科研模块可以进行单语或平行语料的检索与查询,实现词频、词簇、搭配、索引行等功能,并可在提供具体检索结果的基础上,实现词频、搭配等的智能化和可视化呈现。词频模块可呈现选定语篇的词汇使用频率信息,可选择只显示特定词性的词汇,或排除某类词性的词汇。上述信息可用云图或表格的形式展示。在呈现词频信息的表格中,用户可点击某一词语,进入该词所在的句子,进一步点击句子,查看该词所在的具体语境。词簇功能允许选择语种和长度,可生成相应语种和长度的词簇;可输入关键词,查询包含该词的词簇;可以选定中心词,也可以不选,生成 2—10 个词的词簇列表。

搭配模块可以根据语种、节点词、位置等查询节点词的搭配词,并以射线图或表格等形式展示搭配强度,实现搭配信息的可视化。

索引行模块可提供关键词检索,检索结果可以单语或多语形式显示。该模块支持复合检索和排除检索,如可检索包含"世界"和"中国"但不包含"特色"一词的句子。此外,索引行模块也支持精确检索、模糊检索(通配符检索)和正则表达式检索。平台可支持单语语料或平行语料的检索。在语料库建设中,语料的可及性是决定语料库最后形式的重要因素之一。有的语料只有一种译文,有的语料可能有同一语言的不同版本甚至多种语言的译本。因而,考虑最终语料的可及性,智能化多语种教学与科研平台中的索引行模块既可以进行一对一的平行检索,也可以实现一对多的平行检索。

2)知识库模块

知识库模块包含术语库和典故库两部分,提供多语种术语和典故信息,为用户了解术语和典故的翻译、出处、意义等提供便利。知识库模块中的术语和典故均提取自语料库模块中的平行语料库,因此,除了可在知识库模块查看术语和典故的多语翻译及解释外,还可通过语料库模块中的索引行子模块查看术语和典故使用的真实语境,为术语和典故的翻译教学与实践提供参考。

3)文献库模块

文献库模块提供与语料主题相关的文献,可按标题、作者、来源、出版时间、主题等检索项进行单一检索或复合检索,并通过提供相应链接,支持查看相关文献、影像资料、图片资料等。文献库模块提供的文献链接可以在一定程度上减轻语料库对文本的依赖。如前文所述,为保证平台的一体化,文献库模块中的文献并非直接从网上抓取,而是与语料库模块和知识库模块相关且经过人工标注等处理后的文献。与网络文献相比,平台文献库经过人工干预,可提高文献查询的精确性。

11.4.5 平台在翻译教学与科研中的主要应用领域

1)典型词汇、句式结构的翻译教学

典型词汇、句式结构的翻译是翻译教学中的重要环节。借助平台,以具体词语或句式结构为检索项对平行语料进行检索,可以为翻译教学提供丰富的翻译实例和相关数据,从而使翻译教学自动化、客观化、直观化。就典型词汇的翻译教学而言,平台中的词频、搭配、索引行功能可以加强学习者对特定词汇的了解。首先,词频功能可通过云图和表格的形式,显示选定文本中词汇的使用情况,帮助学生对词汇总体特征有直观的印象。其次,搭配功能可以用于考察某一特定词语在选定文本中的搭配模式、语义倾向、语义韵等,了解其经常与哪些词共现,以便学习者在翻译中更好地使用该词。最后,平台的索引行功能可以为典型词汇的翻译教学提供以句子为单位的真实例子,并且可以通过点击句子进入篇章,显示某一特定词语使用的上下文语境。更为重要的是,索引行功能可以提供平行索引行,便于学习者比较源语文本和目的语文本,观察典型词汇的使用及翻译,进行文化限定词、虚化动词等典型词汇的翻译学习。

关于典型句式结构的翻译教学,平台中的索引行功能直接检索典型句式的常用词,如"把""被""使"等,还可以自行编辑正则表达式,检索更为复杂的结构或句式。师生可以对检索到的语言实例进行详细分析,总结其规律性特征,以期实现高质量的翻译学习。朱一凡、王金波和杨小虎①的研究表明,平行语料库可以用于探索篇章衔接词的使用、口译中话语标记的语用功能及翻译对策。此外,平台中的单语语料可用于验证语言直觉,增强学生的语言意识②,有助于学习习惯表达法。

2) 翻译策略与技巧应用教学

基于智能化多语种教学与科研平台,我们可以利用翻译策略与技巧模块,分析具体语篇中翻译策略与技巧应用的趋势和特征。"基于语料库的翻译技巧分析是翻译教学中可以发挥较大潜能的部分"③,在翻译策略与技巧模块直接检索某一翻译策略与技巧,平台可呈现采取该策略与技巧的平行文本,并高亮显示采用特殊翻译策略与技巧的词汇或词块,供师生比较源语文本和目的语文本,以观察该翻译策略与技巧使用的具体语境。师生可结合高亮词的翻译策略与技巧,分析具体策略和技巧应用的动因和效果。

---

① 朱一凡,王金波,杨小虎. 语料库与译者培养: 探索与展望[J]. 外语教学,2016,(4): 91 - 95.
② Bernardini, S. Corpora in the classroom[A]. In J. Sinclair (ed.). *How to Use Corpora in Language Teaching*[C]. Amsterdam: John Benjamins, 2004: 15 - 36.
③ 王克非,秦洪武. 论平行语料库在翻译教学中的应用[J]. 外语教学与研究,2015,(5): 763 -772+801.

此外,平台包含不同语言对或同一源语文本的不同目的语文本,因而我们还可以对比分析不同语言对在翻译过程中所采取的翻译策略与技巧,或比较同一源语文本翻译成不同语言时所采取的翻译策略与技巧。在此基础上,我们可以提炼多个语对的翻译策略与技巧,归纳其规律性特征,为翻译策略与技巧教学提供更多的数据支持。王克非、秦洪武和王海霞在分析了双语平行语料库翻译教学平台的应用效果后指出,"学生在观察语料后能够归纳和总结出有意义的翻译技巧,并能据此评估或反思自己的翻译行为"[①]。基于智能化多语种教学与科研平台的翻译教学可以使学生自主且有针对性地选择语料并做出概括或解释,充分发挥其自主捕捉翻译技巧和自主构建翻译策略的能力。

3) 翻译语言特征教学

语料库收录的所有语料都来自真实的语言材料,并且入库前经过了合理处理,这为翻译语言特征教学提供了独特的优势。一方面,语料库的词频、词簇、搭配等功能可以迅速呈现语篇的语言特征,另一方面,针对标注后的语料,我们可以利用正则表达式相对简单、快速地提取相应的句式结构。"学习者大量观察双语对应语料后,可能对搭配、语义偏向和语义韵等现象更加敏感"[②],借助平台可以更加直观、全面地总结词汇使用规律,提高学生的语料分析能力和词汇学习效率。

了解翻译文本的语言特征有助于更好地了解翻译过程及其转换规律。平台可以通过已经设置好的模块,推动翻译语言特征教学,使师生更好地掌握翻译规律。另外,平台使用者还可以结合译者、翻译时间、翻译文体、语言等多个元信息标签,对比分析不同翻译文本的语言特征及其动因。平台所包含的多个语言对可以为比较分析不同语言的翻译特征提供物质基础。已有研究表明,双语语料库可以提

---

① 王克非. 双语平行语料库在翻译教学上的用途[J]. 外语电化教学,2004,(6): 27 – 32.
② 王克非、秦洪武,王海霞. 双语对应语料库翻译教学平台的应用初探[J]. 外语电化教学,2007,(6): 3 – 8.

高学习者的理解能力,发展学习者的外语能力。基于智能化多语种教学与科研平台,学习者可将实际的双语语料作为具体的观察对象,对不同翻译文本的语言特征进行比较分析,从而加深对翻译本质、过程、现象等的了解。

4)翻译风格教学

翻译风格指翻译实践中表现出的综合特征,可具体划分为译本风格、译者风格、不同时代的翻译风格等。智能化多语种教学与科研平台可为翻译风格教学提供客观、可视的数据,从而使学生对不同翻译风格有较为直观的了解。利用平台中的高频词、词簇、搭配和索引行等功能,我们可以分析译者的不同翻译作品在词汇、词簇和句法等层面所表现出的规律性特征,探讨翻译风格的表现,并可通过分析对应源语文本考察不同翻译风格的成因。此外,借助语料的元信息标注,我们可对语料进行筛选,对比考察不同译者翻译同一源语文本,或者同一译者翻译不同源语文本时所呈现出的风格。平台中的平行语料库不仅可以直接为检索项提供丰富多样的双语例证,还可以提供同一源语文本的多种译本供学习者和翻译教师参考。

此外,基于平台我们还可以进行专门用途文体翻译语言风格的识别。具体而言,借助元信息等标签,选定某一专门用途文体,使用词频、词簇等功能,分析该语域文本的翻译风格。例如,利用词频功能,选择只显示某一类或几类词性的词,可以较好地了解专门用途文体翻译中的词汇选择倾向。同样,词簇功能也可以显示高频词簇,助力学习者观察选定文本的翻译风格。引导学习者观察专门用途翻译文本的词汇特征和句式结构特征,这种教学方式有助于实现学生对翻译风格的归纳式学习。

5)术语、典故翻译教学

智能化多语种教学与科研平台中的知识库模块可以较好地服务于术语和典故翻译教学。其一,平台中已有的术语库、典故库可以提供较为权威的多语种术语、典故以及相应语种的解释,有助于师生了解术语、典故的背景知识及多语种译文。研究表明,专门领域语料库可以帮助学习者提高术语翻译准确性,使译文更加地道①②③。智能化多语种教学与科研平台知识库中的术语和典故及其译文均从语料库模块中高质量的平行语料抽取而来,其准确性和规范性有所保障。因而,平台用户利用知识库模块,通过关键词查询术语或典故,可以获取术语的译文和解释等,从而对照验证术语或典故翻译的规范性和准确性。

其二,平台中的高质量平行语料可为知识库模块尚未包含的术语和典故提供参考译文。利用索引行功能,选择特定语对的原文或译文,检索相应术语或典故,可以通过平台呈现的平行索引行分析术语或典故的对应译名,探讨其翻译策略与方法,从而提高术语或典故翻译的准确性;还可以进一步考察术语或典故在原文或译文中使用的上下文语境,加深对其语义内涵的了解。Laursen 和 Pellón④ 指出,平行语料库能够作为学生修订译文的重要参考工具。如此,平行语料库中的术语和典故的翻译可为学生的翻译学习提供借鉴与参考。

11.4.6 结语

智能化多语种教学与科研平台在方便平行语料检索与分析、助力实现资源共享的基础上,可以为翻译教学与科研提供丰富的实例,在词汇及句式结构翻译策略与技巧、翻译语言特征、翻译风格、术语与典故等翻译教学内容中发挥重要作用,实现语言教学与科研的数据化、可视化与智能化。需要说明的是,智能化多语种教学与科研平台将在 1.0 版的基础上,结合翻译课堂中的实际使用,不断优化升

---

① Bowker, L. Using specialized monolingual native language corpora as a translation resource: A pilot study[J]. *Meta*, 1998,(4): 631-651.

② Bowker, L. & Pearson, J. *Working with Specialized Text: A Practical Guide to Using Corpora* [M]. London: Routledge, 2002.

③ Kübler, N. Corpora & LSP translation[A]. In F. Zanettin, S. Bernadini & D. Stewart (eds.). *Corpora in Translator Education*[C]. Manchester: St. Jerome, 2003: 25-42.

④ Laursen, A. L. & Pellón, I. A. Text corpora in translator training: A case study of the use of comparable corpora in classroom teaching[J]. *Interpreter & Translator Trainer*, 2012, 6(1): 45-70.

级,以期助力翻译教学与研究的进一步发展。

11.5　小结

　　本章介绍了语料库在外语教学中的主要应用领域、研究的切入点和方法,并通过个案分析展示如何将语料库应用于翻译教学。我们认为语料库在外语教学中的应用可以推进外语教学的科学化、数据化、智能化和个性化。不过,该领域的研究,尤其是语料库在外语教学中直接应用的研究尚有很大的提升空间。为此,学界未来应充分发挥语料库的技术优势,大力推进语料库在外语教学中的直接应用。

 思考题

　　1. 基于语料库的中介语研究对外语教学研究的价值体现在哪些方面?
　　2. 如何利用语料库技术编写外语教材?
　　3. 为什么说课堂教学话语的有效性与课堂教学质量相关?
　　4. 语料库与大数据相比具有哪些特征和优势?
　　5. 数据驱动式外语教学模式能否成功构建取决于哪些因素?

 推荐阅读

Alderson, C. Do corpora have a role in language assessment? [A]. In J. Thomas & M. Short (eds.). *Using Corpora for Language Research* [C]. London: Longman, 1996: 248 – 259.

Hunston, S. *Corpora in Applied Linguistics* [M]. Cambridge: Cambridge University Press, 2002.

Kettlemann, B. & Marko, G. *Teaching and Learning by Doing Corpus*

Aalysis[C]. Amsterdam：Rodopi，2002.

Sinclair，J.（ed.）. *How to Use Corpora in Language Teaching*［C］. Amsterdam：John Benjamins，2004.

Stubbs，M. *Text and Corpus Analysis: Computer-Assisted Studies of Language and Culture*［M］. Oxford：Blackwell，1996.

何安平. 基于语料库的英语教师话语分析［J］. 现代外语，2003，(4)：161－170.

何安平. 语料库辅助英语教学入门课程(修订版)［M］. 北京：外语教学与研究出版社，2017.

胡开宝，李翼. 当代英语教材语料库的创建与应用研究［J］. 外语电化教学，2016，(3)：34－39.

王克非，秦洪武. 论平行语料库在翻译教学中的应用［J］. 外语教学与研究，2015，(5)：763－772+801.

甄凤超. 语料库数据驱动的外语学习：思想、方法和技术［J］. 外语界，2005，(4)：19－27+40.

第 12 章
语料库建设与应用研究：问题与展望

12.0　引言

　　在前面的章节中，我们概述了语料库的建设与应用，介绍了语料库的设计、语料采集与加工、常用语料库数据和软件及其应用和在线语料库的应用，探讨了语料库在语言研究、话语研究、文学研究、翻译实践与翻译研究和外语教学中的应用和切入点，并通过个案分析展示了如何将语料库应用于这些领域。应当指出，自 20 世纪 60 年代初以布朗语料库为代表的第一代电子语料库问世以来，国内外学界先后建成了各种语料库，并利用这些语料库在诸多领域开展研究，取得了一批令人瞩目的科研成果。然而，不容忽略的是，目前的语料库建设与应用研究仍然面临一些局限和瓶颈问题，无论是广度还是深度均有较大的提升空间。未来学界应当针对这些局限和问题，以语料库技术和数据分析与阐释为出发点，从语料库研究的跨学科属性出发，拓宽研究范围，不断深化语料库建设与应用研究。

12.1　语料库建设与应用研究存在的问题

　　应当指出，随着计算机技术和互联网技术的发展，语料的获取和存储变得更加便捷，语料库的规模愈来愈大，应用的领域不断增加。然而，由于各种主客观因素的制约，语料库建设和应用研究在语料库多样性、加工技术、共享以及语料库应用广度和研究方法等方面存在一些问题和局限，应当引起学界的关注。

12.1.1　语料库多样性问题

近年来,国内外学界根据不同研究目的,先后建设了不同种类或不同规模的语料库,如通用语料库、专门语料库、原创语言语料库和翻译语料库等。然而,这些语料库大多为书面文字语料库或者收录口语转写材料的口语语料库,多模态语料库却不大多见。多模态语料库是指收集音频、视频和文字等语料,采用多模态方式对语料进行加工、检索和应用的语料库。自20世纪末以来,随着信息技术的快速发展,人类社会进入"读图时代",图像和多模态符号已发展为人类交际的重要方式。在这一历史背景下,学界开始建设并应用多模态语料库,探讨多模态交际的话语特征与功能,以及话语因素与非话语因素之间的关系。此外,多模态语料库还是人类言语行为和翻译过程研究的重要物质基础,然而,由于多模态语料库的建设难度远远超过文字语料库,目前建成并投入使用的多模态语料库为数较少。国外已建成的多模态语料库主要有 AMI、SmartKom 和 HuComTech 等近20个。国内只有中国社会科学院顾曰国教授研发的现场即席话语多模态语料库、湖南衡阳师范学院刘剑教授研发的多模态口译语料库和临沂大学谢楠教授建设的汉语多模态口语语料库。这些语料库所收录的多模态话语主要来自人工智能、医疗和会议口译等领域,在语料范围和数量上尚不能有效满足日益增长的多模态话语研究。

此外,由于口语语料库和口译语料库建设难度远远大于书面文字语料库和笔译语料库,现有的口译语料库数量非常少,国内外比较成熟的口译语料库估计不会超过20个,研究中常涉及的有意大利博洛尼亚大学研发的欧洲议会口译语料库和上海外国语大学胡开宝教授团队研发的汉英会议口译语料库。有必要指出,随着全球化进程的加快,国际交流日益深入,口译活动在人类翻译实践中所占比重大幅提高,而口译活动的种类和形式日益多样化。除会议口译之外,商务口译、医疗口译和法庭口译活动的开展也愈来愈频繁。遗憾的是,目前为数不多的口译语料库主要收录议会演讲和记者招待会口译语料,很少收录其他领域的口译语料。因而,口译语料库的数量和种类与日趋丰富、频繁的口译实践不成正比,基于语料库的口译研究与语料库翻译学其他领域的研究相比严重滞后。

还应指出,语料库自诞生之日起便与外语教学结下不解之缘。不过,学界一直关注语料库在外语教学中的间接应用,而对于语料库在外语教学中的直接应用并未给予充分关注,教学专用语料库的建设也亟待更多关注。为满足语料库在课堂教学直接应用的需要,教学专用语料库在设计上应当按照以下原则收录语料：1) 影响力原则,即拟收录的语料应当是名家撰写或知名出版社出版的高质量语料;2) 真实性原则,即拟收录的语料应为真实、自然环境下产生的语料;3) 多样性原则,即应尽可能收录不同体裁的文章;4) 信息点原则,即拟收录的语料应包含尽可能多的语言点,包括构词法、词汇语义、词汇搭配和句法运用等方面的信息。

12.1.2　语料库加工技术问题

语料库加工技术主要包括语料的标注技术和双语语料之间的平行对齐技术。前者涉及语料词性、句法、语义和语篇等层面的信息以及其他相关信息的标注,后者是指目的语和源语语料在语篇、段落和句子层面的对齐。目前,语料的词性标注以及双语语料在语篇和段落层面的对齐均可采用软件自动实现。然而,由于缺乏必要的技术,语料在句法、语义和语篇等层面的标注以及双语句级层面的对齐仍然不能完全自动化,必须人工干预才能保证准确性,因而耗时、费力。这在很大程度上制约了语料库建设的规模、速度和加工深度,影响了语料库应用研究的广度和深度。此外,尽管近年来语料库检索技术取得了长足进展,但在检索的便捷性和准确性方面仍然存在较大上升空间,尤其是在多维度数据分析技术方面亟待加强。

12.1.3　语料库共享问题

前文述及,自 20 世纪 60 年代以来,一大批语料库先后建成并投入使用。然而,由于包括版权问题在内的各种主客观原因,目前建成的许多语料库不能共享。尽管近年来国内外一些语料库可以免费或付费使用,但能够实现共享并直接应用于研究的语料库在数量和种类上与旺盛的研究需求不成正比。许多个人或机构各自为政,纷纷建设语料库,其中许多语料库属于重复建设,造成不必要的资源浪费。而且,许多语料库项目在没有进行充分论证的情况下仓促上马,导致建成之后无法发挥应有的效用。此外,由于没有实现语料库共享,很多耗费大量资金建成的语料库应用受限,利用率很低。

还应指出,国外一些语料库之所以实现了共享并得到了广泛应用,主要原因在于国外出版社直接参与了语料库建设,如牛津大学出版社参与建设的 BNC 和剑桥大学出版社参与建设的 BNC2014。与其他机构相比,出版社本身拥有诸多作品的版权,而且在协调解决版权方面具有便利和优势。希望国内出版社今后也在语料库建设方面有更多作为。

12.1.4 语料库应用广度问题

语言可以用于构建学科知识体系。理论上,收录语言使用样本的语料库可以应用于各学科,尤其是以语言为重要载体或主要研究对象的学科。具体而言,语料库不仅可以应用于人文社科领域的研究,如语言学、文学、翻译学、传播学、历史学、外交学、法学和教育学等,还可以应用于自然科学领域的研究,如人工智能和医学等。目前的语料库应用研究严重失衡,大多集中于语言学和翻译学,而语料库在其他学科中的应用尚未得到充分关注。

近年来,语料库在文学、法学、传播学和教育学等领域中的应用虽然尚未形成气候但也取得了一些可喜的进步。自 20 世纪 80 年代以来,语料库在语言学和翻译学研究中的应用呈现出蓬勃发展的态势。然而,语料库在文学领域的应用研究却一直停滞不前,学界对于语料库在文学研究中应用的必要性和可行性仍然心存疑虑,相关研究成果屈指可数。另外，语料库在外语教学中的直接应用可以推进数据驱动式外语教学体系的构建，推动外语教学的数据化、智能化和个性化，但是迄今为止该体系的构建仍处于理论探索阶段。

　　有必要指出，现有的语料库重视共时研究而轻视历时研究，强调产品导向研究，忽略过程导向研究。纵观语料库建设与应用的发展历程，常见语料库以共时语料库为主，历时语料库寥寥无几，而现有语料库应用研究也大多侧重于语言现象或语言事实的共时分析，很少探讨语言现象或语言事实的历时演变。另外，由于语料库收录的语料多为语言使用的产物，语料库研究大多呈现显著的产品导向，很少关注语言使用过程及其认知特征。这一现象容易导致我们对语言使用过程的特征及语言认知规律的认识比较肤浅、片面。

12.1.5　语料库应用研究方法问题

　　语料库应用研究主要采用语料库考察和定量分析的方法，在对文本语言特征进行分析的基础之上，开展相关学科或领域的研究。不过，语料库应用研究所采用的方法往往局限于对词汇、句子和语篇层面的形式类参数的分析，且以单一语言特征的分析为切入点，往往导致文本分析不能深入语义层面，只能揭示文本某一方面的语言特征。而且，一些语料库研究一味强调量化研究，甚至为了技术而技术，陶醉于令人眼花缭乱的图表的制作和应用，使得研究沦为数字游戏，缺乏问题意识和深入细致的理论分析。应当指出，语料库技术的应用为不同种类或不同性质的文本特征的描写创造了得天独厚的物质条件，但研究人员在特征解释方面往往用力不够或者心有余而力不足。

12.2　语料库建设与应用研究的展望

　　针对前文所述的现存问题，未来我们应当从以下六个方面入手，开展相关领域的研究,努力推动语料库建设与应用研究的发展。

1) 积极推动语料库加工技术的发展,促进语料库共享

前文述及,由于语料库加工技术的研发相对滞后,语料库建设一直主要依赖于人工加工和处理,费时费力。此外,现有语料库检索工具大多侧重于语言形式参数的获取和分析,在文本语义层面数据的自动提取和分析方面尚有很大的提升空间。为此,未来语料库研究专家应与计算机技术专家和自然语言处理专家加强合作,针对语料库建设所面临的问题以及语料库研究的具体需求,共同研发相关软件,重点解决句法标注、语义和语用信息标注以及双语句级对齐的自动化问题,以最大限度推进语料库建设工作的自动化和智能化,提高语料库的质量。学界还应依据包括句法学、语义学和语用学等在内的语言学领域的相关理论,梳理并确定文本语言特征在句法、语义和语用等层面的参数,以实现自动提取和分析。

为推广和充分利用语料库,未来学界还应促进语料库的共享,以避免重复建设,减少不必要的人力和物力的浪费。一方面,学界可以主动与出版社或其他相关机构合作,解决语料的版权问题,建成不同专题或不同用途的网络版或单机版语料库,供研究人员免费或有偿使用。另一方面,学界可以组织不同高校或研究机构本着共建、共享、共用的原则,分工采集语料或者向社会各界征集语料,联合建设语料库。

2) 建设多模态语料库,推动多模态语料库应用研究

与普通文字语料库相比,多模态语料库的建设流程更加复杂,除采集、预处理和标注之外,还需要对语料进行转写和切分。而且,多模态语料库涉及视频和图片等多模态语料,处理难度远超文字语料库。首先,多模态语料的采集涉及不同视角的摄像和语料使用的伦理问题。语料的预处理则要求对语料进行格式转换,视频文件通常转换成 MPEG 格式,音频文件转换成 WAV 格式,有时还需要去除视频语料的水印。语料的转写要求转写者不仅用文字记录会话者的话语内容,还应当将各种能够通过感官直接接收到的信息记录下来。

语料的切分是指将音视频语料按照其停顿进行切分。语料的标注包括元信息标注、语言信息标注和副语言信息标注。元信息涵盖参与者的年龄和性别、交流主题、场景和时间等。语言信息涉及语音、词汇、句法和语用等层面。副语言信息包括参与者的表情和姿态、环境噪声和其他物理信息等。

利用多模态语料库，一方面，我们可以开展多模态话语研究。我们可以探讨语言要素和非语言要素之间的关系，研究交际符号的不同模态之间的关系和多模态构成的整体意义、特征和功能，分析多模态话语中隐喻和转喻的建构以及隐喻和转喻之间的互动关系。具体而言，我们可以分析多模态交际中的话语特征，副语言现象如手势和表情等的特征及其相互关系，情感对话语同现的手势的影响，会话交际中的话轮转换、话语密度及目光模式之间的关系等。在此基础之上，我们还可以比较不同文化背景的人在话语、手势、表情和身体姿势等方面呈现出的交际差异。

另一方面，我们可以开展教学研究。实际上，多模态语料库可以为课堂教学、教师发展等教学研究课题提供蕴含丰富信息的例证、视角和方法，并且能够反映学生使用语言的多个维度，为教师反思教学、提升教学能力提供数据基础。王珊、刘峻宇[①]选取国际汉语初级综合课示范教学视频中的词汇教学环节，以多模态话语分析综合框架为基础，使用 ELAN 软件对多模态符号进行标注，构建多模态汉语教学语料库，通过定量和定性分析探究词汇教学环节的多模态使用情况、各阶段的模态选用情况以及多模态协同关系。数据统计及分析显示：PPT 是该研究所涉教学中使用最多的模态符号；听觉模态是主模态，在教学中起主导作用；各阶段多模态配合关系多样化以适应不同的教学内容，达到最佳教学效果。

还应指出，多模态语料库可以直接应用于人工智能、客户服务和

---

① 王珊，刘峻宇.国际汉语词汇教学中的多模态话语分析[J].汉语学习,2020,(6)：85－96.

医疗诊断等领域。Cooper 等①研究了一种利用手形与方向来自动识别手势的方法,并统计了识别的准确率。该成果有望提高人机互动的效率,例如研发不需要遥控器而仅用手势就能操控的电视机。Kipp 等②则重点探讨了虚拟角色的情感设计及其多模态行为的自动合成方法,以便用于设计智能虚拟客服机器人。西班牙马德里理工大学的 Fernández 等③构建了 OSA 语料库用于"阻塞型睡眠呼吸暂停症"(obstructive sleep apnoea)的自动诊断。Inoue 等④创建了一个用于心理治疗(psychotherapy)的多模态语料库,并就其建库原则与步骤提出了一个完整的框架。西班牙萨拉戈萨大学 Ortega 等⑤录制长途汽车司机的驾驶视频并构建"AV@ CAR"多模态语料库,在此基础上开发的疲劳驾驶报警系统能根据摄像头(安装在司机前上方)所探测到的驾驶员的眼睛闭合度、头部角度、语音及其他面部特征,判断驾驶员是否疲劳驾驶并发出警告。

3)研制不同主题的口译语料库,推动基于语料库的口译研究

自 20 世纪 90 年代以来,语料库翻译学研究发展迅速,成为独立的翻译学分支学科。然而,与语料库翻译学的其他研究领域相比,基于语料库的口译研究相当落后,在研究广度和深度上不尽如人意。究其原因,主要在于目前建成并投入使用的口译语料库屈指可数。为此,学界应克服口译语料获取及口译语料库建设等方面的困难,着力建设不同种类、不同主题的口译语料库,以开展基于语料库的口译

① Cooper, H., et al. Sign language recognition: Working with limited corpora [A]. In C. Stephanidis (ed.). *Universal Access in HCI* [C]. Heidelberg: Springer, 2009: 472 – 481.
② Kipp, M., et al. Designing emotions — An empirical approach to realistic affect simulation [J]. *Künstl Intell*, 2011, (25): 205 – 211.
③ Fernández, R., et al. Design of a multimodal database for research on automatic detection of severe apnoea cases [A]. In M. Kipp, et al. (eds.). *Proceedings of the 6th LREC* [C]. Marrakech, Morocco, 2008: 1785 – 1790.
④ Inoue, M., et al. Multimodal corpus for psychotherapeutic situation [A]. In M. Kipp, et al. (eds.). *Proceedings of the 8th LREC* [C]. Istanbul, Turkey, 2012: 19 – 21.
⑤ Ortega, A., et al. AV@ CAR: A Spanish multichannel multimodal corpus for In-vehicle automatic audio-visual speech recognition [A]. In M. Kipp, et al. (eds.). *Proceedings of the 4th LREC* [C]. Lisbon, Portugal, 2004: 763 – 766.

语言特征、口译规范、译员风格以及口译与意识形态之间关系的研究。除现有的会议口译语料库之外，学术会议口译语料库、商务口译语料库、法庭口译语料库和医疗口译语料库等口译语料库的建设应予以关注。学界还可以研制并应用多模态口译语料库，考察口译中包括手势、不流畅以及语音拖长等现象，帮助分析口译过程的认知规律。

4）建设并应用外语教学专用语料库，推进数据驱动的外语教学体系构建

前文述及，语料库在外语教学中的应用大致划分为直接应用和间接应用。长期以来，学界在间接应用研究方面开展了大量工作，取得了丰硕的成果，然而在直接应用研究方面着力不够，成果有限。要推进语料库在外语教学中的直接应用，必须建设外语教学专用语料库，并以之为基础开发外语教学平台，以实现外语教学的数据化、科学化和可视化，最终构建数据驱动的外语教学体系。

5）立足于文本特征分析，推动基于语料库的文学等人文社会科学领域及其他相关领域的研究

文学研究与语言研究、翻译研究之间存在诸多共性，如均强调对文本特征的分析。学界已经在探索将语料库技术应用于文学研究之中。关于这一点，第九章已进行了较为细致的梳理与阐述。然而，与在语言研究和翻译研究中的应用相比，语料库在文学研究中的应用仍然处于起步阶段，研究的广度和深度均有待提升。语料库在文学研究中的应用前景广阔。利用语料库技术，我们可以研究作家风格、创作手法及其创作思想，分析作品主题、人物形象、意识形态，比较不同作家或同一作家作品的语言风格和创作手法的异同。为此，未来我们应花大力气推动基于语料库的文学研究。

我们还应关注语料库在其他人文社会科学领域中的应用，如教育学、传播学、艺术学、外交学、法学以及历史学等。譬如，我们可以采用语料库方法分析教师的课堂教学话语和教学行为以及学生的课堂话语和学习行为，帮助评估课堂教学效果，分析存在的问题。再

如,我们可以基于语料库技术及其他相关技术,分析某一概念或思想的传播趋势和特征,考察具体国家或地区受众的文化心理、认知和态度,揭示概念或思想传播背后的社会文化因素。

外交学和法学所涉及的专业实践或活动均依赖于语言的使用,这为语料库的应用提供了作为空间。利用语料库技术,我们可以基于外交话语,分析某一国家的外交政策、外交思想以及国家之间的双边或多边关系,探讨外交话语的特征、功能及影响。语料库在法学研究中的应用则可以帮助揭示具体某个国家的法律规范和法律思想,还可以帮助研发智能审判系统。

此外,人们的语言行为和语言能力往往在一定程度上反映其心理状态。因此,语料库技术在医学中的应用具有比较广阔的前景。具体而言,利用语料库技术,我们可以分析语言行为和语言能力与人们心理状态之间的相关性,帮助判断人们是否患有心理疾病以及所患心理疾病的严重程度。

6) 描写与解释并重,完善并丰富量化研究

语料库在对研究对象的描写方面拥有不同于其他研究领域或研究方法的技术优势。凭借语料库技术,我们可以在对大规模语言事实的考察和数据统计与分析的基础之上,采用数据可视化手段,对研究对象进行客观而充分的描写。然而,语料库技术却不能提供关于语言事实或数据所体现趋势成因的解释,更不能对研究对象进行理论层面的阐释。为此,我们不能满足于语言事实或语言现象的描写,更不能为了描写而描写,而应从语言事实或数据出发,依据语言学、文学、翻译学或其他与研究对象或研究问题相关的理论和原则,解释这些事实或现象的成因,并进一步建构相关理论。

量化研究是语料库应用研究的重要特征,但语料库应用研究所采用的量化方法大多为简单的频数或频率统计,且局限于单一维度特征的统计与分析,较少采用复杂的统计分析方法,如卡方检验等。为此,语料库应用研究应利用文本数据挖掘技术和计算语言学的统计或测量方法,采用回归分析、降维、聚类、分类等数据挖掘方法以及

机器学习的信息增益算法对语言现象或语言事实进行多维度考察与分析，必要时可以建立数学模型，以期获得客观而全面的认识。此外，学界还应克服目前语料库应用研究普遍存在的强调形式参数量化分析的局限，从语义和语用层面对语言现象或语言事实进行量化分析。

 思考题

1. 为什么语料库能够应用于人文社会科学以及其他相关领域的研究之中？

2. 与其他研究领域或研究范式相比，语料库应用研究具有哪些优势和不足？

3. 外语教学专用语料库与其他语料库相比具有哪些特征？

4. 多模态语料库在外语教学中应用的价值具体表现在哪些方面？

5. 语料库在人工智能领域中的应用主要包括哪些领域？

 推荐阅读

Candela, G. & Carrasco, R. Discovering emerging topics in textual corpora of gallaries, libraries, archives, and musumes institutions [J]. *JASIST*, 2021, 73(6): 820–833.

Hirata, Y. & Hirata, Y. Applying Sketch Engine for language learning in the Japanese English classroom[J]. *Journal of Computing in Higher Education*, 2019, (31): 233–248.

Kawazoe, Y., Shibata, D., Shinohara, E., Aramaki, E. & Ohe K. A clinical specific BERT developed using a huge Japanese clinical text corpus[J]. *PLoS ONE*, 2021, 16(11): e0259763.

Kennedy, B., et. al. Introducing the Gab Hate Corpus: Defining and

applying hate-based rhetoric to social media posts at scale [J].
Language Resources and Evaluation, 2022, 56: 79 – 108.

Siegelman, N., et al. Expanding horizons of cross-linguistic research on reading: The Multilingual Eye-movement Corpus (MECO) [J]. *Behavior Research Methods*, 2022, 54(6): 2843 – 2863.

冯德正,张德禄,Kay O'Halloran. 多模态语篇分析的进展与前沿[J]. 当代语言学,2014,(1): 88 – 99+126.

胡开宝,潘峰,李鑫. 基于语料库的记者招待会汉英口译研究[M]. 北京: 外语教学与研究出版社,2015.

刘剑. 国外多模态语料库建设及相关研究述评[J]. 外语教学,2017,(4): 40 – 45.

张德禄. 多模态话语分析理论与外语教学[M]. 北京: 高等教育出版社,2015.

甄凤超. 语料库数据驱动的外语学习: 思想、方法和技术[J]. 外语界,2005,(4): 19 – 27+40.